Curso

La diferencia entre aprobar
y sacar plaza

Técnico/a Superior de Radiodiagnóstico

SERVICIO ARAGONÉS DE SALUD

MATERIA ESPECÍFICA

Si aún no dispones de tu **Curso MAD360**, te ofrecemos un acceso GRATIS de 30 días para que disfrutes de los siguientes recursos:

- Técnicas de Memoria 360.
- MADTEST: Test *online* Nivel PRO.
- Temario en formato digital.
- Planificación de estudio.
- Foro entre opositores hasta la fecha del examen.*
- Recursos y novedades exclusivas.
- Consúltanos sobre tu oposición y proceso selectivo.
- Actualizaciones legislativas (Boletines Oficiales) hasta 60 días antes de la fecha del examen.*

Para acceder a esta prueba del Curso MAD360** será necesaria la compra de todos los libros para esta especialidad de la edición 2025.

Regístrate en **mad.es/iniciar-sesion** y en la pestaña BIBLIOTECA valida los códigos que encuentras en la última página de tus libros.

NOTA IMPORTANTE:

* Examen de esta categoría profesional correspondiente a la convocatoria publicada en el BOA núm. 72, de 14 de abril de 2025, o hasta el 30 de junio de 2026, lo que se cumpla antes, y previa renovación del servicio.

** El acceso al CURSO MAD360 estará disponible desde junio de 2025 (algunos recursos podrían estar disponibles en fecha posterior). Tendrá una duración de 30 días RENOVABLES mediante pago, desde la validación de códigos, o hasta el 31 de diciembre de 2026, lo que se cumpla antes.

MAD se reserva el derecho a ampliar dichas fechas.

Técnico/a Superior de Radiodiagnóstico del Servicio Aragonés de Salud

Técnico/a Superior de Radiodiagnóstico del Servicio Aragonés de Salud

Test

Materia Específica

JUAN MANUEL GIL RAMOS
Licenciado en Medicina
Profesor de Procesos Diagnósticos Clínicos y Productos Ortoprotésicos
Profesor de Procesos Sanitarios y Asistenciales

HERMINIA ANDRADES ROMERO
Diplomada en Fisioterapia
Técnica Superior en Imagen para el Diagnóstico

© 7 Editores Recursos para la Cualificación Profesional y el Empleo, S.L. (7 Editores)
© Los autores
Primera edición, mayo 2025 (360 páginas)
Derechos de edición reservados a favor de 7 Editores
IMPRESO EN ESPAÑA
Diseño Portada: 7 Editores
Edita: 7 Editores
Avda. San Francisco Javier, 9 · Edificio Sevilla 2 · Planta 11 · Módulos 25-27 · 41018 Sevilla
Teléfono: 954 784 411 · WEB: www.mad.es · e-mail: administracion@7editores.com
ISBN: 978-84-142-9533-5
© "Editorial Mad" y "Eduforma" son nombres comerciales registrados de
7 Editores Recursos para la Cualificación Profesional y el Empleo, S.L.

Índice

TEMARIO MATERIAS ESPECÍFICAS

TEMARIO
MATERIAS ESPECÍFICAS

Protección radiológica durante la gestación y al paciente pediátrico

1. ¿En qué fase de la gestación es más frecuente que se den anomalías congénitas específicas del día de la irradiación? En la fase:

a) Embrionaria de organogénesis.
b) Embrionaria post-organogénesis.
c) Fetal precoz.
d) Fetal tardía.

2. ¿En qué fase gestacional hay menor radiosensibilidad a igual dosis de radiación (50 a 100 mSv)?

a) Embrionaria de organogénesis.
b) Embrionaria post-organogénesis.
c) Fetal precoz.
d) Fetal tardía.

3. ¿Qué tipo de efectos son más frecuentes (aunque raros) que se den en el producto de la concepción si hay irradiación en la fase fetal tardía como anomalía congénita tardía?

a) Deterministas tipo carcinogénesis (tumores).
b) Deterministas tipo malformación congénita (retraso mental).
c) Estocásticos tipo carcinogénesis (o tumores).
d) Estocásticos tipo malformación congénita (deformaciones).

4. ¿Cuándo se dan los efectos genéticos en el producto de la concepción?

a) Preembarazo.
b) Pre-implantación.
c) Organogénesis.
d) Fase fetal.

5. ¿Qué efecto estocástico carcinogénico es más frecuente de los expuestos por exposición fetal o en primera infancia de manera tardía (al cabo de unos años de la exposición)?

a) Leucemias.
b) Neuroblastoma.
c) Tumor de Ewing.
d) Cáncer de tiroides.

6. ¿Cómo calificarías normalmente los efectos ocasionados en la gestación por efecto ionizante de la radiación que desarrolla una malformación congénita?

a) Estocástico, somático y precoz.
b) Determinista, genético y diferido.
c) Determinista, somático e inmediato.
d) Estocástico, genético y tardío.

7. Una irradiación de 70 mSv en el día 35 de la gestación ocasionará una anomalía congénita:

a) Inespecífica en morfogénesis.
b) Inespecífica en fase preembrionaria.
c) Específica en morfogénesis.
d) Específica en fase preembrionaria.

8. ¿Debajo de qué dosis de radiación no se justifica una interrupción voluntaria del embarazo por efecto radiológico en embarazada como trabajadora expuesta? Para dosis menores que:

a) 10 mGy.
b) 50 mGy.
c) 100 mGy.
d) 500 mGy.

9. ¿Qué afirmación es incorrecta de una trabajadora embarazada como expuesta ocupacionalmente?

a) Durante el disparo, al realizar una placa, la trabajadora profesionalmente expuesta debe llevar colocado el dosímetro a nivel abdominal (ya que se mide riesgo fetal).
b) La trabajadora profesionalmente expuesta durante el disparo debe permanecer detrás de la mampara mientras se efectúa el disparo, como cualquier operario que trabaje en este tipo de servicio.

c) En la práctica se toma como límite de dosis equivalente en 0,5 mSv en la superficie del abdomen de la gestante desde la comunicación del embarazo.

d) Nunca debe permanecer en la sala de examen mientras se efectúa una exploración, a menos que sea imprescindible, en cuyo caso deberá usar un delantal plomado.

10. ¿Qué dosis anual es la máxima permisible para el feto si la futura madre es TSID?

a) La ocupacional de la madre.
b) La poblacional.
c) 1 mGy.
d) Son ciertas las respuestas b) y c).

11. ¿Qué medida de las que se nombran como especiales de protección en radiología pediátrica parece más ineficaz?

a) Inmovilización si no colaboran, para evitar repeticiones e incremento de dosis.
b) El uso de protectores gonadales en niñas si ha de explorarse la región pélvico-abdominal.
c) Optimización, usando técnicas, películas y aparatos que evitan dosis absorbidas altas (máxima eficiencia con un bajo flujo de rayos X).
d) Colimando, es decir, limitando la exposición justo a la zona de interés clínico.

12. ¿Qué organismo de los que se nombran hacen recomendaciones de protección radiológica en pediatría en España?

a) La Sociedad Española de Radiología Pediátrica (SERPE).
b) La Sociedad Española de Protección Radiológica (SEPR).
c) El Consejo de Seguridad Nuclear.
d) Son ciertas a) y b).

13. ¿Qué estructura anatómica se protege con las proyecciones radiográficas PA de cráneo en niños?

a) Tiroides.
b) Córnea.
c) Cristalino.
d) Conjuntiva.

14. El generador empleado en radiología pediátrica debe ser de:

a) Frecuencia alterna.
b) Muy baja frecuencia.
c) Baja frecuencia.
d) Alta frecuencia.

15. ¿Qué tiempos de exposición cortos debe permitirnos un generador en el tubo de rayos con potencia suficiente en radiología pediátrica? Tiempos de exposición de...

a) 3 ms.
b) 10 ms.
c) 20 ms.
d) 30 ms.

16. ¿En qué estudios de imagen médica en pediatría las dosis altas son más importantes, y por ello deben estar bien justificados? En exámenes de...

a) TAC y radiología periapical (dental).
b) Radiología convencional y radiología dental (estudio periapical).
c) TAC y radiología intervencionista.
d) Radiología convencional y radiología intervencionista.

17. ¿Cuál de las siguientes afirmaciones sobre la fase de organogénesis es correcta?

a) Se extiende desde la fecundación hasta el día 10.
b) Es una fase sin diferenciación celular.
c) En ella se forman los tejidos y órganos del embrión.
d) Es el periodo menos radiosensible del desarrollo embrionario.

18. ¿Qué medida se recomienda para evitar la irradiación innecesaria en mujeres en edad fértil?

a) Aplicar protectores de abdomen en todos los estudios.
b) Solicitar estudios radiológicos solo después de la ovulación.
c) Realizar estudios radiológicos únicamente en los primeros diez días del ciclo menstrual.
d) Evitar completamente cualquier exposición radiológica.

19. ¿Cuál de los siguientes efectos estocásticos puede manifestarse tras la exposición prenatal a radiación ionizante?

a) Aborto espontáneo.
b) Anomalías congénitas específicas del día de la gestación.
c) Leucemia infantil.
d) Espina bífida.

20. ¿Qué principio de protección radiológica se aplica prioritariamente en radiología pediátrica?

a) Dosis máximas en el menor tiempo posible.
b) Uso sistemático de protectores gonadales.

c) Aplicación del criterio ALARA (As Low As Reasonably Achievable).
d) Uso exclusivo de técnicas digitales.

21. ¿Qué factor explica la mayor necesidad de radioprotección ovárica respecto a la testicular?

a) Los óvulos se renuevan con cada ciclo ovárico.
b) El ovario produce más mutaciones espontáneas.
c) La mujer solo libera un óvulo por ciclo, sin posibilidad de regeneración.
d) El testículo está más expuesto anatómicamente.

22. ¿Cuál es la diferencia principal entre los efectos deterministas y estocásticos de la radiación sobre el embrión?

a) Los deterministas no tienen umbral de dosis.
b) Los estocásticos presentan siempre efectos visibles al nacer.
c) Los deterministas tienen un umbral de dosis definido y los estocásticos no.
d) Los estocásticos afectan solo al sistema nervioso.

23. ¿Qué estructuras ováricas producen los estrógenos en la mujer?

a) Células de la granulosa del folículo terciario.
b) Tecas del folículo terciario.
c) Cuerpo albicans.
d) Trompas de Falopio.

24. ¿Qué lesión genética puede clasificarse como una autosomopatía recesiva?

a) Alteración del cromosoma Y.
b) Enfermedad ligada al sexo.
c) Mutación en cromosomas no sexuales con manifestación en pocos individuos.
d) Alteración del cromosoma X.

25. ¿Cuál es la enfermedad más característica del síndrome del "niño zarandeado"?

a) Espina bífida.
b) Progeria.
c) Tríada de hematoma subdural, fracturas metafisarias y costales posteriores.
d) Escoliosis lumbar.

26. ¿Qué técnica de imagen ofrece mejor caracterización en lesiones por maltrato infantil craneal?

a) Radiografía simple.
b) Tomografía computarizada.

c) Ecografía transfontanelar.
d) Resonancia magnética craneal.

27. ¿Cuál es la medida más efectiva para reducir la dosis al cristalino en estudios craneales pediátricos?

a) Uso de gafas plomadas.
b) Evitar la colimación.
c) Sustituir proyecciones AP por PA.
d) Usar protectores abdominales.

28. ¿Qué tipo de filtración reduce la radiación innecesaria en el paciente pediátrico?

a) Filtros de plomo.
b) Filtración añadida de aluminio.
c) Rejilla antiescatter.
d) Filtros de cobre.

29. ¿Qué tipo de lesiones se clasifican como cromosomopatías por efecto de la radiación?

a) Alteraciones estructurales del ADN.
b) Mutaciones no viables.
c) Enfermedades hereditarias dominantes.
d) Alteraciones en número o forma de los cromosomas.

30. ¿Qué afirmación es correcta respecto a la dosis máxima permitida al feto de una trabajadora embarazada?

a) No debe superar los 5 mSv durante el embarazo.
b) La misma que cualquier trabajador sanitario.
c) No debe superar 1 mSv desde la comunicación del embarazo.
d) La dosis se mide exclusivamente en extremidades.

Solución al test n.º 11

1. a) Embrionaria de organogénesis.

2. d) Fetal tardía.

3. c) Estocásticos tipo carcinogénesis (o tumores).

4. a) Preembarazo.

5. a) Leucemias.

6. c) Determinista, somático e inmediato.

7. c) Específica en morfogénesis.

8. c) 100 mGy.

9. c) En la práctica se toma como límite de dosis equivalente en 0,5 mSv en la superficie del abdomen de la gestante desde la comunicación del embarazo.

10. d) Son ciertas las respuestas b) y c).

11. b) El uso de protectores gonadales en niñas si ha de explorarse la región pélvico-abdominal.

12. d) Son ciertas a) y b).

13. c) Cristalino.

14. d) Alta frecuencia.

15. a) 3 ms.

16. c) TAC y radiología intervencionista.

17. c) En ella se forman los tejidos y órganos del embrión.

18. c) Realizar estudios radiológicos únicamente en los primeros diez días del ciclo menstrual.

19. c) Leucemia infantil.

20. c) Aplicación del criterio ALARA (As Low As Reasonably Achievable).

21. c) La mujer solo libera un óvulo por ciclo, sin posibilidad de regeneración.

22. c) Los deterministas tienen un umbral de dosis definido y los estocásticos no.

23. b) Tecas del folículo terciario.

24. c) Mutación en cromosomas no sexuales con manifestación en pocos individuos.

25. c) Tríada de hematoma subdural, fracturas metafisarias y costales posteriores.

26. d) Resonancia magnética craneal.

27. c) Sustituir proyecciones AP por PA.

28. b) Filtración añadida de aluminio.

29. d) Alteraciones en número o forma de los cromosomas.

30. c) No debe superar 1 mSv desde la comunicación del embarazo.

TEST N.º 12

Calidad en el Sistema Sanitario: Métodos de evaluación. Tendencias actuales en la evaluación de la calidad

1. Al hablar de calidad se puede decir que quien establece el marco conceptual para el estudio de la calidad asistencial es:

a) Vuori.
b) Donabedian.
c) JCHA.
d) Palmer.

2. En 1996 el Dr. Avedis Donabedian equipara la atención sanitaria con una línea de producción, proponiendo contemplar tres aspectos como sistemática en la evaluación sanitaria. ¿Cuáles son dichos aspectos?

a) Estructuras, continuidad y resultados.
b) Accesibilidad, continuidad y resultados.
c) Estructura, proceso y resultados.
d) Eficacia, eficiencia y equidad.

3. ¿Qué proyecto comienza en España y Portugal y trata de evaluar la calidad en Atención Primaria?

a) Proyecto COMAC.
b) Proyecto Ibérico.
c) Proyecto programa.
d) Todos los anteriores.

4. La capacidad del sistema sanitario de ofrecer a cada ciudadano la atención que requieren sus propias necesidades, dedicando el máximo de los recursos a aquellos que más puedan necesitarlo se denomina:

a) Eficiencia.
b) Accesibilidad.

c) Eficiencia.
d) Equidad.

5. La relación entre el coste de una actividad y el efecto que produce sobre la salud (un procedimiento consigue los mismos objetivos al mínimo coste) se conoce como:

a) Productividad.
b) Eficiencia.
c) Efectividad.
d) Eficacia.

6. El componente de calidad más interesante para el consumidor como característica que indica el nivel de aprobación que tiene la atención sanitaria que se presta es:

a) Efectividad.
b) Eficiencia.
c) Aceptabilidad o adecuación.
d) Calidad científico-técnica.

7. El "audit" es un método de control de calidad enfocado hacia:

a) Estructura.
b) Proceso.
c) Resultados.
d) Todas son correctas.

8. ¿Dentro de qué aspecto de la calidad ha de considerarse incluido el trato personal con el enfermo?

a) Competencia (nivel científico-técnica).
b) Eficiencia.
c) Aceptabilidad.
d) Conveniencia.

9. La capacidad para obtener determinados servicios está relacionada con:

a) Accesibilidad.
b) Equidad.
c) Adecuación.
d) Todas.

10. No es correcto sobre la auditoría o "audits":

a) Se basa en la revisión de historias clínicas.
b) Se centra en el resultado.

c) Suelen explicitarse los criterios utilizados.

d) Su inconveniente principal es la limitación de la historia clínica.

11. Los cuestionarios de satisfacción del cliente miden el elemento:

a) Proceso.

b) Resultado.

c) Competencia profesional.

d) Estructura.

12. ¿Cómo se denominan los criterios que son elaborados por profesionales y en los que se especifican las condiciones a seguir en una determinada situación?

a) Estándares.

b) Implícitos.

c) Implícitos normativos.

d) Explícitos.

13. La adecuación:

a) Se define como el grado de consecución de los objetivos propuestos sin tener en cuenta el coste empleado.

b) Se refiere a la posibilidad real de disponer del personal o del servicio que se precise en el momento en el que se precise. Un servicio sanitario tendría una elevada accesibilidad si durante 24 horas al día, los 365 días del año, pudiesen acceder a él los usuarios.

c) Mide lo apropiado de los servicios que se ofertan en relación con las necesidades de la población que se atiende.

d) Indica el nivel en que se implica a los mismos usuarios en el cuidado de su salud.

14. ¿Qué cuestión sanitaria trata de evaluar desde el punto de vista de la calidad el proyecto ibérico (1989)?

a) La comparación entre las diferentes estrategias que, en diferentes campos de la salud, se emplean para mejorar la calidad de la atención.

b) La Atención Primaria.

c) La Atención Especializada.

d) Son ciertas b) y c).

15. ¿Qué principio de los que se nombra no se incluye en un Sistema de Salud Perfecto según la OMS?

a) Equidad.

b) Eficacia.

c) Eficiencia.

d) Universalidad.

16. ¿A qué se refiere el concepto de accesibilidad respecto a la calidad de un sistema sanitario? Se refiere a:

a) Al grado de consecución de los objetivos propuestos sin tener en cuenta el coste empleado.

b) La posibilidad real de disponer del personal o del servicio que se precise en el momento en el que se precise.

c) Lo apropiado de los servicios que se ofertan en relación con las necesidades de la población que se atiende.

d) Al seguimiento de las necesidades sanitarias del individuo o la población.

17. ¿Qué característica respecto a la calidad de un sistema sanitario es aquella que nos indicaría el nivel de aprobación que tiene la atención sanitaria que se presta?

a) Participación.

b) Universalidad.

c) Aceptabilidad.

d) Accesibilidad.

18. El análisis para evaluar la calidad en un sistema sanitario según el Dr. A. Donabedian debe realizarse contemplando un marco conceptual y debe incluir:

a) La eficacia, efectividad y eficiencia.

b) La estructura, el proceso y los resultados.

c) La equidad y el componente científico- técnico.

d) Todas son correctas.

19. Una Norma es:

a) Un documento de aplicación voluntaria que contiene especificaciones técnicas basadas en los resultados de la experiencia y del desarrollo tecnológico.

b) Un documento de aplicación temporal y da fe de que una empresa cumple con los requisitos de una norma.

c) Un proceso que consiste en testificar que un producto o servicio se ajusta a un protocolo.

d) Todas son correctas.

20. ¿Cómo se denomina el proceso de verificación externa al que se someten voluntariamente los centros, se realizan por órganos independientes que poseen criterios y estándares prefijados, y que otorgarán, en el caso de que el resultado se ajuste al baremo, la certificación correspondiente durante un determinado período de tiempo, pasado el cual habrá que volver a solicitarlo?

a) Auditoría.

b) Peer review.

c) Acreditación.
d) Método MAQSI.

21. Normalización es:

a) Toda actividad colectiva encaminada a establecer soluciones a situaciones repetitivas y consiste en la elaboración, difusión y aplicación de normas.
b) El reconocimiento de una institución, persona jurídica o actividad en el sentido de que reúne una serie de características de tipo administrativo y de carácter obligatorio ante un organismo.
c) La determinación independiente de la conformidad de un producto, proceso o servicio, respecto de una cierta norma, reglamentaria o profesional.
d) El procedimiento por el cual un organismo oficial reconoce, formalmente, que una entidad o persona es competente para llevar a cabo unas determinadas funciones.

22. Una auditoría externa es realiza por:

a) Agentes que tengan relación o intereses con la propia organización.
b) La propia empresa.
c) Organizaciones independientes a la propia empresa.
d) Personal contratado por la empresa para tal fin.

23. ¿Cuál de los siguientes organismos de normalización opera en el ámbito Español?

a) AFNOR.
b) AENOR.
c) ISO.
d) CEN.

24. ¿Qué significa que un indicador sanitario posee validez?

a) Que es eficiente.
b) Que las diferencias detectadas sean debidas a diferencias reales.
c) Que es sencillo y fácil de utilizar.
d) Cuando mide lo que pretende medir.

25. ¿Qué se define como aquellas condiciones que debe cumplir la practica asistencial (una estructura, un proceso, o un resultado), para que se le pueda considerar de calidad?

a) Indicador de calidad.
b) Estándar de calidad.
c) Criterio de calidad.
d) Ninguno de los anteriores.

26. ¿Cómo se puede valorar un indicador sanitario que posee mucha sensibilidad?

a) Cuando es reconocido por todos los usuarios del sistema.
b) Cuando es reconocido por todos los usuarios y profesionales del sistema.
c) Cuando lo que mide da mucho verdaderos positivos.
d) Cuando lo que mide da pocos falsos positivos.

27. ¿Qué elemento del sistema se refiere al conjunto de recursos?

a) Output.
b) Input.
c) Proceso.
d) Feed-back.

28. ¿Qué tipo de indicador es aquel si digo que es externo?

a) De localización.
b) De atributo del proceso asistencial.
c) De valoración.
d) De tasas.

29. ¿Qué indicador sanitario es aquel que trata sobre el acceso diario a determinadas pruebas diagnósticas, según el atributo del proceso asistencial?

a) Estructura.
b) Proceso.
c) Resultado.
d) Valorativo.

30. ¿Qué método de evaluación o monitorización de indicadores de salud es interno?

a) Audits.
b) Acreditaciones.
c) Auditorías externas.
d) Ninguna de las anteriores.

Solución al test n.º 12

1. b) Donabedian.

2. c) Estructura, proceso y resultados.

3. b) Proyecto Ibérico.

4. d) Equidad.

5. b) Eficiencia.

6. c) Aceptabilidad o adecuación.

7. b) Proceso.

8. a) Competencia (nivel científico-técnica).

9. d) Todas.

10. b) Se centra en el resultado.

11. b) Resultado.

12. d) Explícitos.

13. c) Mide lo apropiado de los servicios que se ofertan en relación con las necesidades de la población que se atiende.

14. b) La Atención Primaria.

15. b) Eficacia.

16. b) La posibilidad real de disponer del personal o del servicio que se precise en el momento en el que se precise.

17. c) Aceptabilidad.

18. b) La estructura, el proceso y los resultados.

19. a) Un documento de aplicación voluntaria que contiene especificaciones técnicas basadas en los resultados de la experiencia y del desarrollo tecnológico.

20. c) Acreditación.

21. a) Toda actividad colectiva encaminada a establecer soluciones a situaciones repetitivas y consiste en la elaboración, difusión y aplicación de normas.

22. c) Organizaciones independientes a la propia empresa.

23. b) AENOR.

24. d) Cuando mide lo que pretende medir.

25. c) Criterio de calidad.

26. c) Cuando lo que mide da mucho verdaderos positivos.

27. b) Input.

28. a) De localización.

29. a) Estructura.

30. a) Audits.

TEST N.º 13

Aspectos éticos del trabajo del técnico especialista en radiodiagnóstico. Confidencialidad de la información

1. ¿Qué tipo de responsabilidad es la responsabilidad en vía de repetición derivada de la responsabilidad patrimonial de la Administración Pública? Responsabilidad:

a) Penal.
b) Civil.
c) Administrativa.
d) Ética.

2. Las obligaciones que adquiere el profesional sanitario por hacerse cargo de la salud y asistencia del paciente, conlleva una responsabilidad:

a) Civil.
b) Moral.
c) Penal.
d) Civil y Moral.

3. ¿En qué circunstancia se comete o puede cometerse responsabilidad penal?

a) Ante un delito doloso.
b) Ante una imprudencia.
c) Ante un delito culposo.
d) En todos los anteriores.

4. La mayoría de los problemas derivados de la práctica de la Medicina se plantean dentro de los delitos:

a) Dolosos.
b) Culposos.
c) Imprudentes.
d) Ninguno de los anteriores.

5. El código penal dice: "El que por imprudencia grave causare la muerte de otro, será castigado, como reo de homicidio imprudente, con la pena de prisión de":

a) Tres meses a un año.
b) Uno a cuatro años.
c) Cinco a seis años.
d) Por vida.

6. Las *lesiones imprudentes* constitutivas de delito se regulan en el código penal en el artículo:

a) 142.
b) 145.
c) 152.
d) 155.

7. ¿Cómo es considerada la imprudencia simple o leve? Es considerada como:

a) Delito grave.
b) Falta.
c) Falta y delito.
d) Delito leve.

8. ¿Cómo se denomina la responsabilidad que se deriva del carácter público que tiene la relación de servicios de los profesionales que trabajan en las Instituciones Sanitarias del Sistema Nacional de Salud?

a) Pública.
b) Civil.
c) Administrativa.
d) Penal.

9. En el aborto imprudente, la pena de inhabilitación sería de:

a) Seis meses a un año.
b) Uno a tres años.
c) Tres a seis años.
d) Seis a diez años.

10. ¿Cómo se exige la responsabilidad disciplinaria a un sanitario? Se exige mediante:

a) Oficio.
b) Denuncia.
c) Llamamiento público.
d) Puede ser por las opciones a o por b.

11. ¿Qué se define como toda obligación de satisfacer, por quien la deba o por otra persona, cualquier pérdida o daño que se hubiere causado a un tercero, porque así lo exija la naturaleza de la convención originaria, se halle determinado por la ley, previsto en las estipulaciones del contrato, o se deduzca de los hechos acaecidos, aunque en la realización de los mismos no haya intervenido culpa ni negligencia del obligado a reparar?

a) Delito.
b) Responsabilidad.
c) Cumplimiento.
d) Falta.

12. ¿Qué elementos de estos no son necesarios para que exista responsabilidad civil?

a) Acción u omisión antijurídica del agente.
b) Culpa o dolo del agente, así como daño producido.
c) Relación causal entre la acción u omisión y el daño.
d) Son necesarios todos los anteriores.

13. Según la jurisprudencia los elementos necesarios para que exista responsabilidad civil son:

a) Acción u omisión antijurídica del agente.
b) Culpa o dolo de éste.
c) Daño producido y relación causal entre la acción u omisión y el daño.
d) Cualquiera de los anteriores.

14. ¿En qué artículos del Código Civil vienen los preceptos fundamentales en materia de responsabilidad civil contractual?

a) 1.101. y 1.102.
b) 1.101. y 1.103.
c) 1.102. y 1.103.
d) 1.101. y 1.104.

15. La responsabilidad extracontractual es una modalidad de responsabilidad:

a) Pública.
b) Civil.
c) Administrativa.
d) Penal.

16. Según el Art. 1.261 del Código Civil sólo hay contrato cuando concurren las siguientes circunstancias:

a) Consentimiento de los contratantes y objeto cierto que sea materia del contrato.
b) Consentimiento de los contratantes y causa de la obligación que se establezca.

c) Objeto cierto que sea materia del contrato y causa de la obligación que se establezca.

d) Consentimiento de los contratantes, objeto cierto que sea materia del contrato y causa de la obligación que se establezca.

17. La responsabilidad culposa extracontractual prescribe a:

a) Año.
b) 5 años.
c) 10 años.
d) 15 años.

18. Todo lo que se expone de la responsabilidad culposa contractual es cierto, excepto:

a) Es leve (se exige la diligencia del «buen padre de familia»).
b) La responsabilidad solidaria hay que pactarla.
c) Se da en el ámbito privado.
d) La carga de la prueba recae en el creador de los riesgos.

19. ¿Qué significa que el daño o el perjuicio resultante sea propio? Significa que:

a) El daño o perjuicio debe estar derivado del acto médico cuestionado y catalogado como falta médica y nunca puede estar derivado de la propia patología del paciente o de una evolución negativa posterior.
b) El daño debe ser valorado en el momento de emitir la sentencia y se puede considerar la previsible aparición de secuelas posteriores si existe certeza.
c) El daño debe haber sido padecido por la persona que reclama.
d) Nada de lo anterior es cierto.

20. ¿Qué aspectos se incluyen en la responsabilidad civil como daños y perjuicios? Se incluye:

a) Los daños morales.
b) Los daños materiales y corporales.
c) El lucro cesante.
d) Todo lo anterior.

21. ¿Qué criterios para hacer el juicio global, importante para establecer una relación de causalidad en la responsabilidad civil sanitaria es aquel que donde se puede establecer una relación entre la zona o el sistema afectado por la falta y la aparición del daño?

a) Cronológicos.
b) Topográficos.

c) De continuidad sintomática.
d) De severidad.

22. ¿Qué concepto se refiere a la forma en que un individuo percibe los requisitos necesarios para que las personas vivan en sociedad y como responde a ellos?

a) Biosociología.
b) Conducta moral.
c) Moralidad.
d) Desarrollo moral.

23. ¿Qué autor elabora la teoría sobre el desarrollo de las virtudes o fuerzas uniformadoras del hombre bueno?

a) Freud.
b) Peters.
c) Erikson.
d) Schulman y Mekler.

24. ¿Cómo se denomina al acto cuando se actúa no para beneficiar o perjudicar a los demás? Acto:

a) Incívico.
b) Inmoral.
c) Amoral.
d) Son ciertas b y c.

25. ¿Sobre qué principios se apoya toda la asistencia sanitaria? Principios de:

a) Beneficencia y Autonomía.
b) Beneficencia y Justicia.
c) Autonomía, Beneficencia y Justicia.
d) Autonomía, Beneficencia, no maleficencia y Justicia.

26. ¿A qué se denomina un conjunto de creencias importantes, que se han ido consensuando a lo largo del tiempo y tienen verdadera importancia a nivel universal o bien a nivel regional en una cultura o pueblo?

a) Costumbre.
b) Cultura.
c) Valores.
d) Civismo.

27. ¿Qué aspecto o cuestión posee valor extrínseco?

a) Aire.
b) Agua.
c) Salud.
d) Alimentos.

28 Una desacreditación de una persona por medio de manifestaciones o declaraciones públicas para hacerle perder su reputación es:

a) Difamación.
b) Calumnia.
c) Negligencia.
d) Agresión.

29. La primera formulación a nivel ético e importante la constituye:

a) El «Juramento Hipocrático».
b) El «Juramento Sardónico».
c) Reglas de Moralidad de la Junta Suprema de Sanidad Española.
d) Declaración de Ginebra.

30. La violación del secreto profesional por parte de un sanitario de la Administración ocasiona en el mismo:

a) Responsabilidad estatutaria o administrativa.
b) Responsabilidad civil.
c) Responsabilidad penal.
d) Incurre en todas las anteriores.

Solución al test n.º 13

1. c) Administrativa.

2. a) Civil.

3. d) En todos los anteriores.

4. c) Imprudentes.

5. b) Uno a cuatro años.

6. c) 152.

7. b) Falta.

8. c) Administrativa.

9. b) Uno a tres años.

10. d) Puede ser por las opciones a o por b.

11. b) Responsabilidad.

12. d) Son necesarios todos los anteriores.

13. d) Cualquiera de los anteriores.

14. d) 1.101. y 1.104.

15. b) Civil.

16. d) Consentimiento de los contratantes, objeto cierto que sea materia del contrato y causa de la obligación que se establezca.

17. a) Año.

18. d) La carga de la prueba recae en el creador de los riesgos.

19. c) El daño debe haber sido padecido por la persona que reclama.

20. d) Todo lo anterior.

21. b) Topográficos.

22. b) Conducta moral.

23. c) Erikson.

24. c) Amoral.

25. c) Autonomía, Beneficencia y Justicia.

26. c) Valores.

27. c) Salud.

28 a) Difamación.

29. a) El «Juramento Hipocrático».

30. d) Incurre en todas las anteriores.

TEST N.º 14

Gestión de residuos sanitarios:
clasificación, transporte, eliminación y tratamiento

1. ¿En qué caso es de aplicación la Ley 7/2022, de 8 de abril, de residuos y suelos contaminados para una economía circular?

a) Suelos contaminados.
b) Residuos radiactivos.
c) Los explosivos desclasificados.
d) Todas las respuestas son correctas.

2. ¿Cuál de los siguientes es un biorresiduo?

a) Residuos biodegradables vegetales.
b) Residuos de industrias en las que se transforman alimentos.
c) Restos de comidas de los servicios de restauración colectiva.
d) Todas las respuestas son correctas.

3. Según la Ley 7/2022, de 8 de abril, de residuos y suelos contaminados para una economía circular, un poseedor de residuos es:

a) Una instalación de almacenamiento en el ámbito de la recogida de una entidad local, donde se recogen de forma separada los residuos domésticos.

b) El productor de residuos u otra persona física o jurídica que esté en posesión de residuos.

c) Cualquier persona física o jurídica que desarrolle, fabrique, procese, trate, llene, venda o importe productos de forma profesional, con independencia de la técnica de venta utilizada en su introducción en el mercado nacional.

d) Persona encargada de desempeñar los cometidos previstos en la ley, que designen, en su ámbito respectivo de competencias.

4. ¿Con qué siglas se nombran a los residuos que, generalmente liberando oxígeno, pueden provocar o facilitar la combustión de otras sustancias?

a) HP 2.
b) HP 7.
c) HP 8.
d) HP 9.

5. ¿Qué ley deroga la Ley 7/2022, de 8 de abril, de residuos y suelos contaminados para una economía circular?

a) La Ley 37/2009, de 17 de enero, de residuos y suelos contaminados.
b) La Ley 33/2010, de 9 de abril, de residuos y suelos contaminados.
c) La Ley 5/2011, de 30 de septiembre, de residuos y suelos contaminados.
d) La Ley 22/2011, de 28 de julio, de residuos y suelos contaminados.

6. La Ley 7/2022, de 8 de abril, de residuos y suelos contaminados para una economía circular, no es aplicable a:

a) Los explosivos desclasificados.
b) Los suelos contaminados.
c) Los productos fabricados con plástico oxodegradable.
d) Los artes de pesca que contienen plásticos.

7. ¿Qué consideración otorga la Ley 7/2022, de 8 de abril, a los animales domésticos muertos y los vehículos abandonados?

a) Residuos industriales.
b) Residuos domésticos.
c) Residuos comerciales.
d) Residuos municipales.

8. ¿Cómo define la Ley 7/2022, de 8 de abril, a cualquier sustancia u objeto que su poseedor deseche o tenga la intención o la obligación de desechar?

a) Resto.
b) Sobrante.
c) Despojo.
d) Residuo.

9. ¿Qué forma tiene el símbolo de reciclaje?

a) Tres flechas giradas para formar un anillo.
b) Una persona tirando algo a un contenedor.
c) Un triángulo con una C en su interior.
d) Un contenedor de basura tachado.

10. ¿Quién debe dar la autorización previa del procedimiento a seguir de elimi-nación de residuos sanitarios no contemplados en el Decreto 29/1995 de la Comu-nidad Autónoma de Aragón (modificado por Decreto 52/1998)

a) El Departamento de Medio Ambiente.
b) Gobierno de la Comunidad.
c) Consejería de Salud.
d) Consejería de Industria.

11. ¿Qué residuos requieren generalmente de neutralizantes químicos?

a) Citostáticos.
b) Radiactivo.
c) Infecciosos.
d) Urbanos.

12. ¿Cuál la empresa pública autorizada en manipulación y tratamiento de resi-duos radiactivos?

a) CSN.
b) ENRESA.
c) CIEMAT.
d) UNSCEAR.

13. ¿A qué grupo pertenecen los residuos humanos como cadáveres, abortos, restos quirúrgicos... que regulados por el Reglamento de Policía Sanitaria Mortuo-ria (decreto 2263/1974)? Al grupo:

a) V.
b) IV.
c) VI.
d) III.

14. ¿Cómo se denomina la gestión de residuos que se lleva a cabo específica-mente en los Centros Sanitarios?

a) Extracentro.
b) Intracentro.
c) Hospitalaria.
d) Extrahospitalaria.

15. ¿A qué tipo de residuo se refiere el Decreto 29/1995, de 21 febrero de la Co-munidad Autónoma de Aragón? Residuo...

a) Ganadero.
b) Agrícola.
c) Sanitario.
d) Industrial.

16. Según el Decreto 29/1995, de 21 febrero de residuos sanitarios en la Comunidad Autónoma de Aragón, los residuos incluidos en el Grupo II, residuos sanitarios no específicos, se depositarán en bolsas de color verde, de polietileno, con galga:

a) 150.
b) 25.
c) 69.
d) 225.

17. ¿Por qué se caracterizan los residuos sólidos, según la clasificación establecida por la OIEA, para los residuos de la categoría 2? Se caracterizan por:

a) Tasa de dosis en superficie (R/h) < 0,2 y ser emisores alfa.
b) Tasa de dosis en superficie (R/h) > 2 y ser emisores beta y gamma.
c) Tasa de dosis en superficie (R/h) de 0,2 a 2 y ser emisores beta y gamma.
d) Tasa de dosis en superficie (R/h) de 0,2 a 2 y ser emisores alfa.

18. ¿Por qué se caracterizan los residuos sólidos radiactivos de la categoría 4, según la clasificación establecida por la OIEA para residuos líquidos? Se caracterizan por:

a) Actividad de 10^{-3} a 10^{-1} Ci/m^3.
b) Actividad de 10^{-5} a $10{-}3$ Ci/m^3.
c) Actividad de < 10^{-6} Ci/m^3.
d) Actividad de 10^{-1} a 10^4 Ci/m^3.

19. ¿Cómo es la gestión adecuada para actividades importantes de los residuos radiactivos que poseen una vida media y larga? La gestión adecuada se efectúa por:

a) Dilución en aire.
b) Dispersión al medio ambiente.
c) Aislamiento.
d) Almacenamiento temporal.

20. ¿Qué es el proceso de evacuación de residuos radiactivos?

a) El resultado del almacenamiento.
b) Es el resultado del almacenamiento en el tiempo, con la liberación de unos residuos radiactivos que han perdido su carácter de radiactivo.
c) Es el resultado del almacenamiento en el tiempo, con la liberación de unos residuos radiactivos que han perdido un 50 % de su carácter de radiactivo.
d) Es el resultado del almacenamiento en el tiempo, con la liberación de unos residuos radiactivos que no han perdido su carácter de radiactivo.

21. ¿Qué medida primera se lleva a cabo en la gestión hospitalaria de residuos radiactivos?

a) Inmovilizar.
b) Confinar.
c) Aislar.
d) Separar.

22. ¿Entre las características ideales de un almacén para residuos radiactivos cuál de las siguientes no se cumple?

a) Sistema de ventilación provisto de filtro apropiado.
b) Refrigeración a -20 ºC continuada.
c) Suelos sin fisuras, y fácilmente descontaminables.
d) Situación lo más próxima posible al lugar donde se generan los residuos.

23. ¿Cuál de las precauciones es incorrecta entre las que se deben tomar en la utilización de recipientes destinados a la recogida de residuos radiactivos de cualquier tipo?

a) Para emisores beta de baja o media energía, o emisores gamma de baja energía, los recipientes no necesitan disponer de blindaje.
b) Para emisores beta de alta energía (32P por ejemplo), puede ser necesario un blindaje grueso (1 o 2 cm) de metacrilato, o incluso metacrilato con revestimiento metálico externo.
c) Para emisores gamma de media o alta energía, pueden ser necesarios recipientes blindados con plomo.
d) Para emisores gamma de media energía, puede ser necesario un blindaje grueso (1 o 2 cm) de metacrilato, o incluso metacrilato con revestimiento metálico externo.

24. ¿De qué manera, siempre que sea posible, se pueden almacenar los residuos radiactivos sólidos?

a) En la propia instalación hasta que su actividad especifica alcance valores inferiores a 74 Bq/g, momento en el que se pueden evacuar como basura convencional, una vez comprobado que su tasa de dosis en contacto corresponde al fondo ambiental.
b) En la propia instalación hasta que su actividad especifica alcance valores inferiores a 74 mCi/g, momento en el que se pueden evacuar como basura convencional, una vez comprobado que su tasa de dosis en contacto corresponde al fondo ambiental.
c) En la propia instalación hasta que su actividad especifica alcance valores inferiores a 27 Bq/g, momento en el que se pueden evacuar como basura convencional, una vez comprobado que su tasa de dosis en contacto corresponde al fondo ambiental.
d) En la propia instalación hasta que su actividad especifica alcance valores inferiores a 27 mCi/g, momento en el que se pueden evacuar como basura convencional, una vez comprobado que su tasa de dosis en contacto corresponde al fondo ambiental.

25. ¿Qué medida de actividad especifica en Bq/g (como consecuencia de la NORMA) debe poseer un desperdicio radiactivo para ser tratado como basura convencional?

a) Menor de 500.
b) Menor de 750.
c) Menor de 100.
d) Menor de 74.

26. ¿Qué característica no cumplen los residuos radiactivos de baja y media actividad?

a) No generan calor.
b) Son emisores beta o/y gamma.
c) T1/2 < 30 años.
d) Emisores alfa > a 0,37 GBq/T.

27. ¿Cuál es el objetivo del Decreto 29/1995, de 21 de febrero, sobre residuos sanitarios en Aragón?

a) Controlar las emisiones a la atmósfera de los centros sanitarios.
b) Regular el transporte de residuos urbanos.
c) Establecer requisitos mínimos para garantizar la salud pública y el medio ambiente.
d) Determinar la tasa impositiva sobre residuos industriales.

28. ¿A qué grupo pertenecen los residuos sanitarios citostáticos según la clasificación del Decreto 29/1995, de 21 de febrero, sobre residuos sanitarios en Aragón?

a) Grupo II.
b) Grupo IV.
c) Grupo VI.
d) Grupo VII.

29. ¿Cuál de los siguientes objetivos estratégicos está contemplado en el Plan GIRA?

a) Fomentar el vertido controlado como solución final.
b) Promover la economía circular y la recogida selectiva.
c) Centralizar la gestión en un único municipio.
d) Eliminar las campañas de sensibilización ciudadana.

30. ¿Qué función cumple el Catálogo Aragonés de Residuos dentro del Plan GIRA de Aragón?

a) Determinar los responsables penales por abandono de residuos.
b) Codificar los residuos y orientar sobre su mejor gestión.
c) Establecer tasas por generación de residuos.
d) Clasificar los productos reutilizables según su origen.

Solución al test n.º 14

1. a) Suelos contaminados.

2. d) Todas las respuestas son correctas.

3. b) El productor de residuos u otra persona física o jurídica que esté en posesión de residuos.

4. a) HP 2.

5. d) La Ley 22/2011, de 28 de julio, de residuos y suelos contaminados.

6. a) Los explosivos desclasificados.

7. b) Residuos domésticos.

8. d) Residuo.

9. a) Tres flechas giradas para formar un anillo.

10. a) El Departamento de Medio Ambiente.

11. a) Citostáticos.

12. b) ENRESA.

13. b) IV.

14. b) Intracentro.

15. c) Sanitario.

16. c) 69.

17. c) Tasa de dosis en superficie (R/h) de 0,2 a 2 y ser emisores beta y gamma.

18. d) Actividad de 10^{-1} a 10^4 Ci/m^3.

19. c) Aislamiento.

20. b) Es el resultado del almacenamiento en el tiempo, con la liberación de unos residuos radiactivos que han perdido su carácter de radiactivo.

21. d) Separar.

22. b) Refrigeración a -20 ºC continuada.

23. d) Para emisores gamma de media energía, puede ser necesario un blindaje grueso (1 o 2 cm) de metacrilato, o incluso metacrilato con revestimiento metálico externo.

24. a) En la propia instalación hasta que su actividad especifica alcance valores inferiores a 74 Bq/g, momento en el que se pueden evacuar como basura convencional, una vez comprobado que su tasa de dosis en contacto corresponde al fondo ambiental.

25. d) Menor de 74.

26. d) Emisores alfa > a 0,37 GBq/T.

27. c) Establecer requisitos mínimos para garantizar la salud pública y el medio ambiente.

28. c) Grupo VI.

29. b) Promover la economía circular y la recogida selectiva.

30. b) Codificar los residuos y orientar sobre su mejor gestión.

TEST N.º 15

**Epidemiología de las enfermedades transmisibles.
Infección nosocomial: barreras higiénicas.
Consecuencias de las infecciones nosocomiales. Informe Epine**

1. ¿Cuál es la definición de epidemiología propuesta por B. MacMahon y T.F. Pugh?

a) Ciencia que analiza la inmunidad celular.
b) Ciencia que estudia la frecuencia y distribución de enfermedades.
c) Conjunto de métodos para tratar enfermedades infecciosas.
d) Técnica de diagnóstico aplicada a poblaciones.

2. ¿Qué fin práctico tiene la epidemiología?

a) Reducción de errores sistemáticos.
b) Clasificación de enfermedades.
c) Evaluación de programas de salud.
d) Razonamiento diagnóstico.

3. En la etapa descriptiva del método epidemiológico, ¿qué acción se realiza primero?

a) Recolección de todos los hechos.
b) Tabulación de datos.
c) Observación del fenómeno.
d) Elaboración de hipótesis.

4. ¿Qué enfermedad requiere aislamiento entérico?

a) Rubéola.
b) Difteria.
c) Hepatitis A.
d) Tuberculosis.

5. ¿Qué porcentaje de IRAS respiratorias se observó según el EPINE 2024?

a) 20,13 %.
b) 24,85 %.
c) 12,55 %.
d) 9,58 %.

6. ¿Cuál es un componente de la cadena epidemiológica?

a) Glóbulo blanco.
b) Factor de riesgo.
c) Agente causal.
d) Periodo prodrómico.

7. ¿Cuál es una medida preventiva de grado I según Eickhoff?

a) Uso sistemático de desinfectantes.
b) Educación sanitaria.
c) Flujo laminar.
d) Lavado de manos.

8. ¿Cuál de los siguientes agentes pertenece al grupo biológico 4?

a) *Legionella pneumophila*.
b) *Virus Ébola*.
c) *Brucella melitensis*.
d) *Neisseria meningitidis*.

9. ¿Cuál es la vía de transmisión más frecuente de las enfermedades transmisibles?

a) Digestiva.
b) Cutánea.
c) Respiratoria.
d) Parenteral.

10. ¿Qué microorganismo es más frecuente en las infecciones urinarias nosocomiales?

a) Klebsiella pneumoniae.
b) Escherichia coli.
c) Pseudomonas aeruginosa.
d) Staphylococcus epidermidis.

11. ¿Qué se entiende por portador sano en epidemiología?

a) Persona que transmite una enfermedad sin presentar síntomas.
b) Persona curada que ya no transmite la enfermedad.
c) Persona que presenta síntomas leves.
d) Persona que ha sido vacunada recientemente.

12. ¿Cuál de las siguientes medidas pertenece a la prevención secundaria?

a) Vacunación.
b) Screening o cribado.
c) Rehabilitación funcional.
d) Aislamiento respiratorio.

13. ¿Cuál es el principal agente etiológico de la neumonía nosocomial?

a) *Pseudomonas aeruginosa.*
b) Herpes zóster.
c) Bacillus cereus.
d) Virus del sarampión.

14. ¿Qué enfermedad requiere aislamiento estricto?

a) Herpes simple labial.
b) Rubéola congénita.
c) Tuberculosis cutánea.
d) Sarampión leve.

15. ¿Cuál de las siguientes enfermedades tiene declaración obligatoria urgente?

a) Fiebre del Nilo Occidental.
b) Varicela común.
c) Herpes zóster.
d) Brucelosis crónica.

16. ¿Qué precaución es fundamental en el aislamiento de contacto?

a) Uso de mascarilla quirúrgica.
b) Lavado de manos y uso de guantes y bata.
c) Ventilación forzada del ambiente.
d) Desinfección aérea.

17. ¿Qué tipo de transmisión utiliza un vector biológico?

a) Contacto directo.
b) Transmisión aérea.
c) Transmisión indirecta.
d) Transmisión por gotas.

18. ¿Cuál es un factor de riesgo extrínseco para las IRAS?

a) Edad avanzada.
b) Diabetes mellitus.
c) Quimioterapia.
d) Sexo femenino.

19. ¿Qué microorganismo se asocia con infecciones en heridas quirúrgicas?

a) *Staphylococcus aureus*.
b) *Streptococcus pneumoniae*.
c) *Escherichia coli*.
d) Adenovirus.

20. ¿Qué característica presenta la etapa patogénica subclínica?

a) El paciente está completamente sano.
b) Ya existe lesión sin síntomas apreciables.
c) Los síntomas son floridos y evidentes.
d) Es cuando se realiza la rehabilitación.

21. ¿Cuál es el objetivo del aislamiento protector o inverso?

a) Aislar al paciente que contagia por aire.
b) Evitar infecciones al paciente inmunodeprimido.
c) Proteger al entorno de secreciones digestivas.
d) Aplicar tratamiento antivírico.

22. ¿Qué microorganismo es más frecuente en infecciones de catéter venoso?

a) Staphylococcus epidermidis.
b) Bacillus anthracis.
c) Virus de la gripe.
d) Giardia lamblia.

23. ¿Qué indica la fase prodrómica de una enfermedad?

a) Periodo de completa salud.
b) Inicio de síntomas generales leves.
c) Máxima intensidad de la enfermedad.
d) Ausencia de signos clínicos.

24. ¿Cuál de las siguientes medidas se considera de eficacia dudosa (Grado III)

a) Lavado de manos.
b) Esterilización de instrumental.
c) Desinfección rutinaria del suelo.
d) Quimioprofilaxis en cirugía contaminada.

25. ¿Qué bacterias aparecen con frecuencia en infecciones nosocomiales urinarias?

a) *Enterococcus faecalis*.
b) *Streptococcus pyogenes*.
c) *Listeria monocytogenes*.
d) *Corynebacterium diphtheriae*.

26. ¿Qué se entiende por contagiosidad?

a) Capacidad para infectar órganos internos.
b) Capacidad para eliminar el agente por mucosas.
c) Capacidad de transmisión del agente entre individuos.
d) Intensidad de los síntomas provocados.

27. ¿Qué microorganismo es responsable del botulismo?

a) *Clostridium botulinum*.
b) *Vibrio cholerae*.
c) *Escherichia coli*.
d) *Campylobacter jejuni*.

28. ¿Qué grupo presenta la mayor prevalencia de IRAS según EPINE 2024?

a) UCI.
b) Rehabilitación.
c) Geriatría.
d) Cirugía.

29. ¿Qué material contaminante está presente en el aislamiento respiratorio?

a) Orina y vómitos.
b) Heces.
c) Secreciones respiratorias y gotas de Pflügge.
d) Sangre y semen.

30. ¿Qué significa "estado de salud" según la OMS?

a) Ausencia de enfermedad únicamente.
b) Estado de bienestar físico, psíquico y social.
c) Nivel óptimo de rendimiento físico.
d) Cumplimiento del calendario vacunal.

Solución al test n.º 15

1. b) Ciencia que estudia la frecuencia y distribución de enfermedades.

2. c) Evaluación de programas de salud.

3. c) Observación del fenómeno.

4. c) Hepatitis A.

5. b) 24,85 %.

6. c) Agente causal.

7. d) Lavado de manos.

8. b) *Virus Ébola*.

9. c) Respiratoria.

10. b) Escherichia coli.

11. a) Persona que transmite una enfermedad sin presentar síntomas.

12. b) Screening o cribado.

13. a) *Pseudomonas aeruginosa*.

14. b) Rubéola congénita.

15. a) Fiebre del Nilo Occidental.

16. b) Lavado de manos y uso de guantes y bata.

17. c) Transmisión indirecta.

18. c) Quimioterapia.

19. a) *Staphylococcus aureus*.

20. b) Ya existe lesión sin síntomas apreciables.

21. b) Evitar infecciones al paciente inmunodeprimido.

22. a) Staphylococcus epidermidis.

23. b) Inicio de síntomas generales leves.

24. c) Desinfección rutinaria del suelo.

25. a) *Enterococcus faecalis*.

26. c) Capacidad de transmisión del agente entre individuos.

27. a) *Clostridium botulinum*.

28. a) UCI.

29. c) Secreciones respiratorias y gotas de Pflügge.

30. b) Estado de bienestar físico, psíquico y social.

TEST N.º 16

Sistemas de control de calidad de las instalaciones radiológicas: Factores de calidad del proceso. Instrumentos para el control de calidad. Garantía de calidad y mantenimiento de la misma

1. Según la OMS, ¿cómo se define un programa de garantía de calidad en radio-diagnóstico?

a) Es un esfuerzo organizado para conseguir que las imágenes diagnósticas tengan una calidad suficientemente elevada.

b) Los esfuerzos anteriores deben llevarse a cabo con el menor coste posible.

c) El paciente debe tener la menor exposición a las radiaciones en Radiología.

d) Todo lo anterior entra dentro de la definición de programa de garantía de calidad según la OMS.

2. ¿En qué normativa de las que se exponen vienen recogidas las bases para trabajar bajo marcos de calidad asistencial en España?

a) En la Ley General de Sanidad de 1986.

b) En el marco de la Constitución Española.

c) En el Código Civil.

d) En la Ley General de Sanidad de 2002.

3. ¿Cuál es el objetivo principal de la garantía de calidad en imagen para el diagnóstico?

a) Disminuir los costos de las pruebas.

b) Garantizar el diagnóstico mediante la obtención de imágenes excelentes.

c) Disminuir el número de placas defectuosas.

d) Ninguno de los anteriores.

4. ¿Qué afirmación es correcta del programa de garantía de calidad en radio-diagnóstico?

a) Los procedimientos para la evaluación de los indicadores de dosis en pacientes en las prácticas más frecuentes, se realizarán con una periodicidad mínima de 5 años.

b) El programa no recogerá, por innecesario, la tasa de rechazo o repetición de imágenes.

c) Será obligatorio implantarlo, en todas las unidades asistenciales de radiodiagnóstico.

d) Todo lo anterior es falso.

5. ¿Cómo se deben garantizar los protocolos de cada tipo de práctica radiológica estándar para cada equipo, por el responsable del programa de garantía de calidad? Se deben garantizar:

a) En cada acto verbalmente.

b) En cada sesión clínica del equipo mediante discusión grupal.

c) Por escrito, optimizándose la dosis absorbida recibida por los pacientes como consecuencia del acto médico, odontológico o podológico.

d) Todas las maneras anteriores son correctas.

6. ¿Cuál debe ser el valor de referencia de dosis superficie a la entrada del paciente para radiografías periapicales en adultos? Se tomará como valor de referencia:

a) 0,5 mGy.

b) 5 mGy.

c) 7 mGy.

d) 10 mGy.

7. ¿Mediante qué sistemas de los que se exponen se pueden llevar a cabo la verificación de los niveles de radiación en los puestos de trabajo y en aquellos lugares accesibles al público?

a) Mediante cámara de ionización con un rango de energía para fotones que alcance, al menos, 25 keV y una exactitud en la respuesta de ± 15 por 100.

b) Mediante dosímetros de termoluminiscencia.

c) Con ninguno de los anteriores.

d) Son ciertas las respuestas a) y b). Aunque también se pueden hacer con los indicados en ambas opciones a la vez.

8. ¿Cuál debe ser el valor de referencia de dosis superficie a la entrada del paciente para radiografías de la columna lumbosacra en adultos? Se tomará como valor de referencia:

a) 10 mGy.

b) 15 mGy.

c) 25 mGy.

d) 40 mGy.

9. Todo lo que se expone sobre el ruido o moteado cuántico es cierto excepto que:

a) Con él disminuye la resolución en contraste.

b) Cuanto menor sea la cantidad de fotones que se aproximen a la pantalla menor será el moteado y viceversa.

c) Se origina por la variación estadística que se produce a causa del número de fotones que se absorbe por mm² de superficie en la pantalla de refuerzo.

d) El ruido se aprecia más en las imágenes digitales que en las analógicas.

10. ¿Qué afirmación es incorrecta respecto al control de calidad de las pantallas intensificadoras y chasis?

a) El chasis no debe ocasionar en la radiografía zonas con diferencias visibles de densidad o zonas poco nítidas.

b) El chasis debe estar herméticamente cerrado ante la exposición, y se comprueba siempre que aparezcan bordes negros en la placa, que es lo adecuado.

c) No se deben apreciar artefactos importantes en las películas previamente expuestas y reveladas.

d) Las densidades ópticas de las imágenes obtenidas con combinaciones pantalla-película del mismo tipo y en idénticas condiciones de exposición no deben diferir en más de 0,3 DO.

11. Atendiendo a la calidad en radiografías, ¿cuál debe ser la calidad de la radiación en radiografía dental?

a) 40 kV, como mínimo.
b) 50 kV, como mínimo.
c) 60 kV, como mínimo.
d) 70 kV, como mínimo.

12. ¿Para qué se calibran las pantallas intensificadoras de los aparatos radiográficos?

a) Para mejorar la imagen.
b) Para mejorar el contraste en la placa.
c) Para disminuir el ruido de fondo.
d) Para evitar la presencia de artefactos en las placas.

13. ¿Qué valor (en kV) no debe excederse en los equipos radiográficos con la prueba de kilovoltaje de pico con respecto al kilovoltaje real?

a) ± 4 kV.
b) ± 15 kV.
c) ± 22 kV.
d) ± 33 kV.

14. ¿Con qué debe coincidir el campo exploratorio donde va incidir el haz útil en radiología convencional?

a) Con la zona anatómica a explorar y un margen de más menos 2 cm.
b) Con el campo luminoso del colimador.

c) Son correctas las respuestas a) y b).

d) Son incorrectas las respuestas a) y b).

15. ¿Qué método es el más idóneo en el control de calidad del tamaño del punto focal de un aparato radiográfico?

a) El estetoscopio.

b) El patrón en estrella.

c) La cámara de hendidura.

d) El fotocronómetro.

16. ¿Qué valor es normal si se le realiza a un fluoroscopio una prueba del sistema de exposición automática (mR/s)?

a) 30 mR/s.

b) 60 mR/s.

c) 90 mR/s.

d) 120 mR/s.

17. ¿Cómo se denomina una señal no deseada que llega a los sistemas de representación y que se manifiesta en la imagen final como un granulado en la imagen TC?

a) Filtración.

b) Linearidad.

c) Ruido.

d) Cinesis.

18. ¿Qué dispositivos son capaces de medir varios parámetros de calidad en TC?

a) Maniquí de agua.

b) Fantoma de serrín.

c) Catpham.

d) Burbuja de gas.

19. ¿Qué es en un TC la relación entre el brillo de las zonas más claras y de las más oscuras de la imagen?

a) Resolución espacial.

b) Resolución de densidades.

c) Sensibilidad.

d) Linearidad.

20. ¿Cuándo aparecen los artefactos en anillos en un TC?

a) Cuando hay fallos en el tubo de Rx.

b) Cuando falla el generador de alta.

c) Cuando falla alguno de los detectores.

d) Cuando el paciente se deja una prenda personal durante el examen, como por ejemplo un anillo.

21. ¿Qué se mide en el contador de centelleo de una RIA, como medio de control interno de la prueba?

a) Actividad en un tubo de vacío.

b) Voltaje al máximo del tubo fotomultiplicador.

c) Son ciertas las respuestas a) y b).

d) Ninguna es verdadera.

22. ¿Qué técnica es la más empleada para el control de calidad radiológico de radiofármacos para valorar la pureza radionucleídica?

a) Atenuación con blindaje de plomo.

b) Cromatografía en papel.

c) Cromatografía en capa fina.

d) Espectrofotometría de elevada sensibilidad.

23. ¿Qué prueba de radiofármacos consiste en valorar la proporción (en %) de la actividad total que está presente en la forma química deseada?

a) De pureza radioquímica.

b) De pureza radionucleídica.

c) De pH.

d) De apirogenicidad.

24. ¿Qué método se utiliza en el control biológico del TC99m, como medio de control de calidad del Generador de Molibdeno/Tecnecio, respecto a la apirogenicidad de la disolución?

a) Se utiliza el método de las cobayas.

b) Se utiliza el método de las liebres.

c) Se utiliza el método de los conejos.

d) Se utiliza el método de los ratones.

25. ¿Qué prueba del tomógrafo PET debe realizar el técnico?

a) Prueba de estabilidad o de uniformidad.

b) Resolución y fracción espacial.

c) Sensibilidad.

d) Pérdida de cuentas por tiempo muerto y sucesos aleatorios.

26. ¿Qué temperatura debe mantener el sistema de refrigeración del gantry de una unidad PET?

a) 18 ºC.
b) 28 ºC.
c) 38 ºC.
d) La temperatura debe ser superior a la del paciente.

27. ¿De qué factores o parámetros van a depender los estudios de Medicina Nuclear?

a) De los radiofármacos.
b) De los pacientes.
c) De la resolución del sistema utilizado.
d) De todos los anteriores.

28. En el consentimiento informado para realizar un examen de resonancia magnética deberá quedar registrado:

a) Si el paciente es portador de marcapasos.
b) Si tiene grapas quirúrgicas debido a una intervención anterior.
c) Si tiene algún implante metálico.
d) Todo lo anterior es cierto.

29. El manejo del helio correrá a cargo:

a) Del técnico en radiodiagnóstico.
b) Del personal de mantenimiento del hospital.
c) Del radiólogo.
d) Del personal especializado en el mantenimiento del equipo de resonancia.

30. ¿Qué se entiende con el término anglosajón *Quench* en un aparato de RM?

a) Parada de la máquina por pérdida del helio.
b) Es sinónimo de vóxel.
c) El gradiente empleado en campos magnéticos variables.
d) Un sonido hiperintenso de la máquina RM.

Solución al test n.º 16

1. d) Todo lo anterior entra dentro de la definición de programa de garantía de calidad según la OMS.

2. a) En la Ley General de Sanidad de 1986.

3. b) Garantizar el diagnóstico mediante la obtención de imágenes excelentes.

4. c) Será obligatorio implantarlo, en todas las unidades asistenciales de radiodiagnóstico.

5. c) Por escrito, optimizándose la dosis absorbida recibida por los pacientes como consecuencia del acto médico, odontológico o podológico.

6. c) 7 mGy.

7. d) Son ciertas las respuestas a) y b). Aunque también se pueden hacer con los indicados en ambas opciones a la vez.

8. d) 40 mGy.

9. b) Cuanto menor sea la cantidad de fotones que se aproximen a la pantalla menor será el moteado y viceversa.

10. b) El chasis debe estar herméticamente cerrado ante la exposición, y se comprueba siempre que aparezcan bordes negros en la placa, que es lo adecuado.

11. b) 50 kV, como mínimo.

12. d) Para evitar la presencia de artefactos en las placas.

13. a) ± 4 kV.

14. b) Con el campo luminoso del colimador.

15. c) La cámara de hendidura.

16. a) 30 mR/s.

17. c) Ruido.

18. c) Catpham.

19. b) Resolución de densidades.

20. c) Cuando falla alguno de los detectores.

21. c) Son ciertas las respuestas a) y b).

22. a) Atenuación con blindaje de plomo.

23. a) De pureza radioquímica.

24. c) Se utiliza el método de los conejos.

25. a) Prueba de estabilidad o de uniformidad.

26. a) 18 °C.

27. d) De todos los anteriores.

28. d) Todo lo anterior es cierto.

29. d) Del personal especializado en el mantenimiento del equipo de resonancia.

30. a) Parada de la máquina por pérdida del helio.

Radioprotección. Concepto, objetivos y principios generales. Fundamentos de la detección de las radiaciones. Detectores utilizados en las instalaciones radiológicas. Tipos y aplicaciones

1. ¿Qué organismo en España promueve y mantiene el estudio y análisis de cuestiones en materia de radioprotección?

a) ICRP.
b) AETR.
c) SERAM.
d) SEPR.

2. ¿Qué característica de las que se nombra es incorrecta de la ICRP (o en español: CIPR) como organismo que trata la protección radiológica?

a) Es un organismo independiente.
b) Es un organismo autónomo.
c) Es un organismo internacional.
d) Es un organismo que realiza recomendaciones a los países en materia de radioprotección, en busca siempre de un beneficio neto económico, por encima del beneficio sanitario.

3. ¿A quiénes van dirigidas las recomendaciones de la Red ALARA Europea?

a) A los organismos reguladores nacionales.
b) A los profesionales implicados en la protección radiológica.
c) A los sectores industriales, médicos y de investigación, interesados en esta materia.
d) A todos los anteriores.

4. ¿Qué recomendación o afirmación de las que se exponen en materia de protección radiológica es incorrecta?

a) A pesar de los límites de dosis existentes, se debe evitar o intentar que se reciba la menor dosis posible.
b) A nivel del operador de radiaciones ionizantes, y debido al riesgo de su uso, hay que tener en cuenta el balance riesgo-beneficio.

c) Con el control de los límites anuales de dosis, y teniendo en cuenta la distancia y el factor tiempo de exposición, no es necesario utilizar barreras u otras medidas protectoras frente a la radiación.

d) Se ha comprobado científicamente que no sobrepasando los límites anuales de dosis no existen riesgos ni efectos biológicos.

5. ¿Qué sujeto de los que se nombran será considerado de la misma categoría de riesgo que los trabajadores expuestos a la radiación, independientemente sea de la categoría A o B?

a) Un visitante habitual del Servicio de Radiología.

b) Un acompañante de un paciente que requiere un examen radiológico.

c) Un estudiante en su fase de Formación en Centros de Trabajo (FCT) de Laboratorio de Análisis Clínico, mayor de 18 años.

d) Un estudiante en su fase de Formación en Centros de Trabajo (FCT) de Imagen para el Diagnóstico, mayor de 18 años.

6. ¿A qué distancia de seguridad (alcance máximo: R), se reducen los riesgos por radiación beta? Los riesgos por radiación beta se reducen a:

a) Escasas decenas de metro.

b) Escasos metros.

c) Escasos centímetros.

d) Escasos milímetros.

7. ¿Qué tipo de emisión puede producirse si se blinda un material emisor de radiaciones β?

a) No se produce nada si se blinda con plomo.

b) Se produce radiación X característica.

c) Se puede producir radiación corpuscular neutrónica.

d) Puede producirse radiación X de frenado.

8. Si la intensidad de la radiación primaria es de 80 rad, calcular cuánto se absorberá totalmente al atravesar dos capas consecutivas (C1 y C2) de coeficientes de atenuación diferentes: $\eta 1 = 20\%$, y $\eta 2 = 30\%$.

a) 44,8 rad.

b) 64 rad.

c) 35,2 rad.

d) 28,8 rad.

9. ¿De qué factor dependiente de la penetrabilidad de las radiaciones ionizantes surge el denominado coeficiente de atenuación lineal (η)?

a) Naturaleza de la sustancia con la que interacciona.

b) Densidad del medio material.

c) Espesor del medio material.
d) Dureza de la radiación.

10. ¿Qué fenómenos abarca la luminiscencia?

a) La fluorescencia y la fosforescencia.
b) La fosforescencia y los destellos.
c) La absorción y dispersión.
d) La atenuación y la penetrabilidad.

11. ¿Qué zona de la película radiográfica posee lucencia?

a) Zona de emulsión.
b) Zona de base.
c) Zona protectora.
d) Zona óxido-reducible.

12. ¿Qué se produce por el movimiento de electrones ocasionados en las diferentes ionizaciones de la radiación ionizante sobre el aire?

a) Efecto fotoeléctrico.
b) Corriente eléctrica.
c) Luz.
d) Nada de lo anterior.

13. ¿Por qué aparato se puede medir el efecto ionizante de la radiación en el aire?

a) Amperímetro.
b) Galvanómetro.
c) Potenciómetro.
d) Tubo fotomultiplicador.

14. ¿A qué es directamente proporcional dentro de una cámara de condensación la cantidad de radiación?

a) A la cantidad de fotones de luz.
b) A la cantidad de electricidad.
c) A la cantidad de materia.
d) Son ciertas las respuestas a) y c).

15. ¿Qué tipo de efecto biológico de la radiación considerarías cualitativo?

a) Ennegrecimiento de placas.
b) Energía o dureza de la propia radiación.
c) Fluorescencia.
d) Catálisis.

16. ¿Cuáles son los aparatos de área, que miden en general la tasa de exposición en el lugar de trabajo?

a) Monitores de tasa de dosis.
b) Monitores de contaminación radiactiva.
c) Exposímetros.
d) Nada de lo anterior.

17. ¿Qué procedimiento de medición de contaminación es aquel que se le realiza a personas?

a) Medición personal.
b) Dosimetría personal.
c) Detección directa.
d) Detección indirecta.

18. ¿Qué área deben abarcar los frotis a realizar cuando se hace un control de contaminación de medición indirecta de superficies (en cm²)?

a) 100.
b) 150.
c) 200.
d) 1000.

19. ¿Qué dosímetro o detector de la radiación ionizante consideras activo?

a) De termoluminiscencia.
b) De película.
c) Personales de bolsillo (cámara ionización).
d) Ninguno de los anteriores.

20. ¿Qué detector o dosímetro es de señal visual?

a) Detector proporcional.
b) Detector Geiger-Müller.
c) De película.
d) Cámara de ionización.

21. ¿Cuándo se dice que existe pluridosimetría en un mismo sujeto al mismo tiempo?

a) Si hay dosímetro de área y pectoral.
b) Si hay dosímetro pectoral y de muñeca.
c) Si hay detector ambiental y dosímetro individual.
d) Si hay detector de contaminación y detector de irradiación.

22. ¿Dónde se localiza el electrodo negativo en un dosímetro de bolsillo?

a) En el hilo central.
b) En el electrómetro.
c) En la estructura de grafito de la cámara de condensación.
d) En la zona de la escala.

23. ¿A qué principio es análogo el que siguen los dosímetros de películas?

a) Al de la obtención de placas radiográficas.
b) Al de la Ley del inverso al cuadrado de la distancia.
c) Al principio que rige la LIA.
d) A la Ley de proporcionalidad directa entre intensidad de la radiación y número de electrones producidos.

24. ¿Qué elementos del dosímetro de película analiza la calidad de la radiación?

a) La escala.
b) El electrómetro.
c) Los filtros.
d) Nada de lo anterior.

25. ¿A qué temperatura inicial se calientan los dosímetros de termoluminiscencia para borrarlos y poder de nuevo reutilizarlos?

a) A 110 ºC.
b) A 210 ºC.
c) A 300 ºC.
d) A 500 ºC.

26. ¿Qué defecto poseen los cristales que se usan en los dosímetros de termoluminiscencia?

a) Trampas de electrones.
b) Defectos de superficie.
c) Superposición de capas cristalinas.
d) No poseen ningún tipo de defectos.

27. ¿Qué detector Geiger es más eficiente?

a) Detector de partículas beta (–).
b) Detector de partículas beta (+).
c) Detector de radiación X.
d) Detector de radiación gamma.

28. ¿Cuál de las siguientes afirmaciones no es correcta con respecto a los contadores de neutrones?

a) Se utilizan para detectar neutrones rápidos.
b) Detectan solo neutrones.
c) Son contadores proporcionales, en medio gaseoso.
d) Usan el fenómeno de luminiscencia en un medio sólido.

29. ¿Qué dispositivo estructural típico posee un contador de centelleo que lo caracteriza?

a) Pozos o trampas.
b) Tubo fotomultiplicador.
c) Cámara de ionización.
d) Colimador.

30. ¿Qué miden los detectores de emisiones alfa?

a) Mediciones indirectas de aire.
b) Mediciones indirectas de superficies.
c) Mediciones directas en personas.
d) Mediciones indirectas de personas (ej.: heces) que luego se traspolan a la globalidad.

Solución al test n.º 17

1. d) SEPR.

2. d) Es un organismo que realiza recomendaciones a los países en materia de radioprotección, en busca siempre de un beneficio neto económico, por encima del beneficio sanitario.

3. d) A todos los anteriores.

4. c) Con el control de los límites anuales de dosis, y teniendo en cuenta la distancia y el factor tiempo de exposición, no es necesario utilizar barreras u otras medidas protectoras frente a la radiación.

5. d) Un estudiante en su fase de Formación en Centros de Trabajo (FCT) de Imagen para el Diagnóstico, mayor de 18 años.

6. b) Escasos metros.

7. d) Puede producirse radiación X de frenado.

8. c) 35,2 rad.

9. c) Espesor del medio material.

10. a) La fluorescencia y la fosforescencia.

11. b) Zona de base.

12. b) Corriente eléctrica.

13. b) Galvanómetro.

14. b) A la cantidad de electricidad.

15. b) Energía o dureza de la propia radiación.

16. a) Monitores de tasa de dosis.

17. c) Detección directa.

18. a) 100.

19. c) Personales de bolsillo (cámara ionización).

20. c) De película.

21. b) Si hay dosímetro pectoral y de muñeca.

22. a) En el hilo central.

23. a) Al de la obtención de placas radiográficas.

24. c) Los filtros.

25. c) A 300 ºC.

26. a) Trampas de electrones.

27. a) Detector de partículas beta (–).

28. d) Usan el fenómeno de luminiscencia en un medio sólido.

29. b) Tubo fotomultiplicador.

30. d) Mediciones indirectas de personas (ej.: heces) que luego se traspolan a la globalidad.

TEST N.º 18

Dosimetría de la radiación. Dosimetría individual. Dosis máxima permisible. Grupos de riesgo

1. ¿Dónde no se suele ubicar un Servicio de Radiología Básico?

a) En centros de salud.
b) En pequeños hospitales públicos.
c) En clínicas pequeñas.
d) En grandes hospitales públicos.

2. ¿En qué Servicio de Radiodiagnóstico existe generalmente el área de Radiología intervencionista? En el Servicio de Radiología:

a) Primordial.
b) Básico.
c) General.
d) Especializada.

3. ¿A qué se denomina año oficial según la normativa?

a) Es el periodo de tiempo de 365 días consecutivos.
b) Es cualquier espacio de tiempo de 12 meses consecutivos.
c) Es el periodo de tiempo de doce meses a contar desde el 1 de enero hasta el 31 de diciembre, ambos días inclusive.
d) Todo es cierto.

4. ¿Qué término técnico debe emplearse para la actividad que produce un radionúclido en el interior del organismo, que procede de una fuente exterior?

a) Ingestión.
b) Penetración.
c) Incorporación.
d) Irradiación.

5. Contaminación por efecto a la radiación ionizante es lo mismo que:

a) Exposición interna.
b) Exposición externa.
c) Irradiación.
d) Son ciertas las respuestas a) y c).

6. ¿Qué tipo de vigilancias se deben hacer por efecto de la radiación ionizante por exposición externa o irradiación en el personal profesionalmente expuesto?

a) Vigilancias individuales (profesionales) y vigilancias colectivas.
b) Vigilancias de áreas y vigilancias colectivas.
c) Vigilancias colectivas y vigilancias individuales poblacionales.
d) Vigilancias individuales (profesionales) y vigilancias de áreas.

7. ¿Qué grupo de riesgo de estos como personal profesionalmente expuesto a las radiaciones ionizantes no es necesario que lleve de manera permanente en el trabajo el dosímetro personal?

a) Trabajadores expuestos de la categoría B.
b) Trabajadores expuestos de la categoría A.
c) Estudiantes en prácticas de rayo con riesgos de dosis efectivas superiores a 6 mSv por año oficial y mayor de 18 años.
d) Son ciertas las respuestas a) y c).

8. ¿Cuál es el mínimo de tiempo requerido para cuantificar la dosis que ha podido recibir el personal profesionalmente expuesto de la categoría A medible en su dosímetro?

a) Una semana.
b) Quince días.
c) Un mes.
d) Un trimestre.

9. Los trabajadores profesionalmente expuestos de categoría B son los que:

a) Pertenecen a esta categoría los que es probable que reciban dosis efectivas superiores a 6 mSv por año oficial, o una dosis equivalente superior a los 3/10 de la dosis para el cristalino, la piel y las extremidades.
b) Pertenecen a esta categoría aquellos trabajadores expuestos que no sean clasificados como trabajadores de la categoría A.
c) Pertenecen a esta categoría aquellos que es muy probable que reciban dosis efectivas superiores a 10 mSv por año oficial, o a 5/10 de los límites de dosis equivalente para el cristalino, la piel y las extremidades.
d) Son todos los que trabajan en Radiodiagnóstico.

10. ¿Qué aspectos se deben registrar en trabajadores expuestos al radón en su historial dosimétrico? Se registrará:

a) Las dosis acumuladas por año oficial.
b) Los parámetros relevantes para la estimación de estas dosis.
c) Las dosis acumuladas por año oficial, así como los parámetros relevantes para la estimación de estas dosis.
d) Ninguna de las anteriores.

11. ¿Qué afirmación es incorrecta?

a) El uso de dosímetros individuales en categoría A es voluntario.
b) El uso de dosímetros individuales en categoría B es voluntario.
c) El uso de dosímetros individuales en categoría A es obligatorio.
d) El uso de dosímetros de área en categoría B es obligatorio.

12. ¿Quién velará en España por el cumplimiento de los principios de protección radiológica que se establecen en la normativa?

a) CSN.
b) Ministerio de Sanidad.
c) SEPR.
d) SERAM.

13. ¿Hasta qué edad debe archivarse todo el historial dosimétrico de los trabajadores expuestos?

a) Hasta que este haya o hubiese alcanzado la edad de 45 años.
b) Hasta que este haya o hubiese alcanzado la edad de 60 años.
c) Hasta que este haya o hubiese alcanzado la edad de 75 años.
d) Hasta que este haya o hubiese alcanzado la edad de 85 años.

14. ¿Quién es el responsable de cumplir y hacer cumplir los principios de protección radiológica que se establecen en la normativa?

a) El sindicato o representante de los trabajadores.
b) El personal profesionalmente expuesto.
c) El empresario o titular de la práctica.
d) El Consejo de Seguridad Nuclear (CSN).

15. ¿A quién debe comunicar el trabajador los datos dosimétricos si trabaja en dos instalaciones radiológicas diferentes?

a) A los titulares de la práctica de ambas instalaciones pero a cada uno el de la otra, y al Jefe del SPR o al de la UTPR, o en su defecto al responsable de dicha función en la empresa.
b) A los titulares de la práctica de ambas instalaciones pero a cada uno el de la otra.

c) Al Jefe del SPR o al de la UTPR, o en su defecto al responsable de dicha función en la empresa.
d) Al Consejo de Seguridad Nuclear.

16. ¿Qué calificación se les ha dado en los reconocimientos médicos a los trabajadores expuestos que pueden ejercer su trabajo bajo determinadas condiciones médicas?

a) No aptos.
b) Aptos parcial.
c) Aptos en determinadas condiciones.
d) Aptos.

17. El protocolo médico preventivo en el personal expuesto de la categoría A:

a) Es voluntario.
b) Es obligatorio.
c) Depende del CSN que sea obligatorio o voluntario.
d) Depende del SPR que sea obligatorio o voluntario.

18. ¿Cuál será el límite de dosis efectiva por año oficial para los trabajadores expuestos?

a) 6 mSv en un año oficial.
b) 20 mSv en un año oficial.
c) 25 mSv en un año oficial.
d) 40mSv en un año oficial.

19. ¿A quién debe ser comparable la protección del feto, tan pronto como una trabajadora expuesta comunique su estado de embarazo al titular de la práctica, o de la empresa externa en el caso de trabajadoras externas? Debe ser comparable a los límites de dosis efectiva de:

a) Las personas en formación y estudiantes con edades comprendidas entre dieciséis y dieciocho años que, durante sus estudios, tengan que utilizar fuentes de radiación.
b) Las personas en formación y estudiantes mayores de dieciocho años que, durante sus estudios, tengan que utilizar fuentes de radiación.
c) Los miembros del público.
d) Los trabajadores expuestos de la categoría B.

20. ¿Qué grupo de personas no podrán exceder de los 6 mSv por año oficial de dosis efectiva?

a) Personas en formación y estudiantes de Imagen para el diagnóstico u otra especialidad donde haya exposición con una edad mayor o igual a 18 años.
b) Personas en formación y estudiantes de Imagen para el diagnóstico u otra especialidad donde haya exposición, con edades comprendidas entre 16 y 18 años.

c) Personas en formación y estudiantes que no son de Imagen para el diagnóstico u otra especialidad donde no haya exposición con una edad mayor o igual a 18 años.

d) Personas en formación y estudiantes de que no son de Imagen para el diagnóstico u otra especialidad donde no haya exposición con una edad menor de 18 años.

21. ¿Cuál será el límite de dosis equivalente sin perjuicio de los límites de dosis efectiva, de las personas en formación y los estudiantes que, durante sus estudios, tengan que utilizar fuentes de radiación, con edad entre los 16 y 18 años para el cristalino? Será de:

a) 15 mSv por año oficial.
b) 25 mSv por año oficial.
c) 50 mSv por año oficial.
d) 100 mSv por año oficial.

22. ¿A qué área de irradiación se aplicará el límite de dosis equivalente para la piel, que será de 150 mSv por año oficial, como dosis promediada, en el caso de las personas en formación y los estudiantes entre 16 y 18 años que, durante sus estudios, tengan que utilizar fuentes de radiación, con independencia de la superficie expuesta?

a) 1 cm².
b) 2 cm².
c) 10 cm².
d) 20 cm².

23. ¿Cuál será el límite de dosis equivalente para la piel en el caso de las personas en formación y los estudiantes mayores de 18 años que, durante sus estudios, tengan que utilizar fuentes de radiación, sin perjuicio del límite de dosis efectiva permitida para los mismos?

a) El límite de dosis equivalente para la piel será de 50 mSv por año oficial.
b) El límite de dosis equivalente para la piel será de 100 mSv por año oficial.
c) El límite de dosis equivalente para la piel será de 150 mSv por año oficial.
d) El límite de dosis equivalente para la piel será de 500 mSv por año oficial.

24. ¿Cuál será el límite de dosis equivalente para cada extremidad en el caso de personas en formación y estudiantes con edades comprendidas entre dieciséis y dieciocho años que, durante sus estudios, tengan que utilizar fuentes de radiación?

a) 6 mSv/año oficial
b) 10 mSv/año oficial.
c) 150 mSv/año oficial.
d) 500 mSv/año oficial.

25. ¿Cuál será el límite de dosis efectiva de una trabajadora expuesta a las radiaciones ionizantes ocupacionalmente si es fértil y no gestante?

a) Igual que la de un varón trabajador expuesto.
b) La mitad de dosis de un varón trabajador expuesto.
c) 6 mSv/año oficial.
d) 10 mSv/año oficial.

26. ¿Cómo se denominan las situaciones excepcionales, de las cuales quedan excluidas las exposiciones accidentales y las situaciones de exposición de emergencia, donde el Consejo de Seguridad Nuclear podrá autorizar, para cada caso concreto, exposiciones ocupacionales individuales superiores al límite de dosis efectiva establecido en el artículo 11 (20 mSv/año oficial)?

a) Apremiantes.
b) Especialmente autorizadas.
c) Provisionales.
d) Eventuales.

27. ¿A quiénes se podrán autorizar de las personas expuestas nombradas a continuación, a exposiciones especialmente autorizadas? Sólo serán admitidos en exposiciones especialmente autorizadas a:

a) Los trabajadores expuestos pertenecientes a la categoría B, o las tripulaciones de vehículos espaciales.
b) Los trabajadores expuestos pertenecientes a la categoría A o/y B, o las tripulaciones de vehículos espaciales.
c) Los trabajadores expuestos pertenecientes a la categoría A, o las tripulaciones de vehículos espaciales.
d) Las trabajadoras expuestas en período de lactancia, e incluso a las gestantes.

28. ¿Cuál es el límite de dosis efectiva para los miembros del público en un año oficial?

a) 1 mSv.
b) 3 mSv.
c) 6 mSv.
d) 20 mSv.

29. ¿Cuál es el límite de dosis equivalente para el cristalino para los miembros del público en un año oficial?

a) 1 mSv.
b) 5 mSv.
c) 15 mSv.
d) 50 mSv.

30. ¿Cuál es el límite de dosis equivalente para la piel para los miembros del público en un año oficial?

a) 1 mSv.
b) 5 mSv.
c) 15 mSv.
d) 50 mSv.

Solución al test n.º 18

1. d) En grandes hospitales públicos.

2. d) Especializada.

3. c) Es el periodo de tiempo de doce meses a contar desde el 1 de enero hasta el 31 de diciembre, ambos días inclusive.

4. c) Incorporación.

5. a) Exposición interna.

6. d) Vigilancias individuales (profesionales) y vigilancias de áreas.

7. a) Trabajadores expuestos de la categoría B.

8. c) Un mes.

9. b) Pertenecen a esta categoría aquellos trabajadores expuestos que no sean clasificados como trabajadores de la categoría A.

10. c) Las dosis acumuladas por año oficial, así como los parámetros relevantes para la estimación de estas dosis.

11. a) El uso de dosímetros individuales en categoría A es voluntario.

12. a) CSN.

13. c) Hasta que este haya o hubiese alcanzado la edad de 75 años.

14. c) El empresario o titular de la práctica.

15. a) A los titulares de la práctica de ambas instalaciones pero a cada uno el de la otra, y al Jefe del SPR o al de la UTPR, o en su defecto al responsable de dicha función en la empresa.

16. c) Aptos en determinadas condiciones.

17. b) Es obligatorio.

18. b) 20 mSv en un año oficial.

19. c) Los miembros del público.

20. b) Personas en formación y estudiantes de Imagen para el diagnóstico u otra especialidad donde haya exposición, con edades comprendidas entre 16 y 18 años.

21. a) 15 mSv por año oficial.

22. a) 1 cm².

23. d) El límite de dosis equivalente para la piel será de 500 mSv por año oficial.

24. c) 150 mSv/año oficial.

25. a) Igual que la de un varón trabajador expuesto.

26. b) Especialmente autorizadas.

27. c) Los trabajadores expuestos pertenecientes a la categoría A, o las tripulaciones de vehículos espaciales.

28. a) 1 mSv.

29. c) 15 mSv.

30. d) 50 mSv.

Dosimetría de área. Clasificación de zonas, señalización, sistemas de acceso y control

1. ¿Quién debe clasificar, tras hacer una evaluación previa, los lugares de trabajo, en función del riesgo de exposición y teniendo en cuenta la probabilidad y magnitud de las exposiciones potenciales?

a) El Jefe de Servicio de Medicina Nuclear y Jefe de Servicio de Radiología.
b) El Jefe de Servicio de Radioterapia.
c) El titular de la práctica.
d) Lo harán a) y b).

2. ¿Qué zona es aquella zona en la que, no siendo zona controlada, exista la posibilidad de recibir dosis efectivas superiores a 1 mSv por año oficial? La zona…

a) Libre.
b) Vigilada.
c) De permanencia limitada.
d) De permanencia reglamentada.

3. Las zonas no controladas son las zonas:

a) De permanencia limitada.
b) Prohibidas de paso.
c) De permanencia reglamentada.
d) Vigiladas.

4. ¿Qué afirmación es correcta respecto a la señalización de zonas de riesgo por efecto de las radiaciones ionizantes?

a) Ante un riesgo de irradiación el fondo presentará un punteado.
b) Ante un riesgo de irradiación el fondo será grisáceo y no blanco.
c) Ante un riesgo de irradiación el trébol no presentará puntas radiales.
d) Ante un riesgo de irradiación el trébol presentará puntas radiales.

5. ¿Cuál es el símbolo de señalización de las zonas de trabajo con riesgo de exposición a nivel internacional? Es:

a) Un trébol, con un fondo enmarcado en una orla hexagonal, del mismo color del símbolo y de la misma anchura que el diámetro de la circunferencia interior de dicho símbolo.

b) Un trébol, con un fondo enmarcado en una orla rectangular, del mismo color del símbolo y de la misma anchura que el diámetro de la circunferencia interior de dicho símbolo.

c) Un imán, con un fondo enmarcado en una orla rectangular de color blanco, del mismo color del símbolo y de la misma anchura que el diámetro de la circunferencia interior de dicho símbolo.

d) Un imán, con un fondo enmarcado en una orla rectangular de color amarillo, del mismo color del símbolo y de la misma anchura que el diámetro de la circunferencia interior de dicho símbolo.

6. ¿Mediante qué norma se realizará los distintivos de la señalización de radiaciones ionizantes en los lugares de trabajo? Norma:

a) AENOR 250.
b) UNE 73302:2018.
c) UNE 73302:2021.
d) UNE 73302:2024.

7. ¿Dónde se situarán las señalizaciones de riesgo de radiación ionizante (tipo trébol)?

a) Se situarán de forma bien visible en los lugares significativos de las diferentes áreas de trabajo.

b) Se situarán en los lugares significativos de las diferentes áreas de trabajo, aunque no estén bien visibles y, siempre clara y visiblemente en la revista científica radiológica.

c) Se situarán de forma bien visible en la entrada y en los lugares significativos de las diferentes áreas de trabajo.

d) Se situarán de forma bien visible en la salida, detrás de los lugares significativos de las diferentes áreas de trabajo.

8. ¿Qué nos indicará la ausencia de punteado como fondo en la orla rectangular en los pictogramas o señalizaciones de riesgo de radiación ionizante?

a) Riesgo de exposición interna.
b) Riesgo de exposición externa.
c) Riesgo de irradiación y de contaminación.
d) Ausencia de riesgo de contaminación.

9. ¿Qué indica esta señal en el servicio de radiología? El trébol es de color gris azulado.

a) Es aquella en la que existe el riesgo de recibir una dosis superior a los límites anuales de dosis (> 20 mSv), así como riesgo de contaminación.

b) Es aquella en la que existe el riesgo de recibir, en cortos periodos de tiempo, una dosis superior a los límites de dosis fijados en el artículo 9 (> 20 mSv), y que requieren prescripciones especiales desde el punto de vista de la optimización, así como riesgo de contaminación.

c) Es aquella en la que existe el riesgo de recibir, en una exposición única, dosis superiores a los límites anuales de dosis fijados en la normativa (> 20 mSv) y sin riesgo de contaminación.

d) Es aquella zona en la que, no siendo zona controlada, exista la posibilidad de recibir dosis efectivas superiores a 1 mSv por año oficial y con riesgo de contaminación.

Imagen pregunta 9

10. ¿En qué zona no es obligatorio emplear el dosímetro personal, pero sí al menos el dosímetro de área?

a) Zona controlada.
b) Zona vigilada.
c) Zona de libre acceso.
d) Zona permanencia limitada.

11. ¿Qué requisitos dosimétricos serán obligatorios en las zonas controladas en las que exista riesgo de exposición externa?

a) Dosimetría de área.
b) Estimación de tasa de dosis, que, en el caso de trabajadores de categoría B, deberá estar basada en dosimetría individual, salvo cuando el Consejo de Seguridad Nuclear acepte expresamente alternativas propuestas por el titular con base en las características especiales del puesto de trabajo.
c) Estimación individual de dosis, que, en el caso de trabajadores de categoría A, deberá estar basada en dosimetría individual, salvo cuando el Consejo de Seguridad Nuclear acepte expresamente alternativas propuestas por el titular con base en las características especiales del puesto de trabajo.
d) Dosimetría de área y dosimetría individual.

12. ¿Qué entidad o quiénes son los responsables del asesoramiento y la supervisión de que se cumplen los requisitos normativos que deben exigirse para las zonas señalizadas por riesgo de exposición a radiación ionizante, delegada por el titular de la práctica?

a) La empresa.

b) El Consejo de Seguridad Nuclear.

c) El Servicio de Protección Radiológica (SPR) o Unidad TPR, o en su defecto del supervisor o persona responsable a la que se le encomienden las funciones de protección radiológica.

d) Los órganos inspectores del Ministerio de Industria.

13. ¿Dónde será obligatorio el uso de equipos de protección individual?

a) En zonas controladas con riesgo de contaminación.

b) En zonas controladas con riesgo de irradiación.

c) En zonas vigiladas con riesgo de irradiación.

d) En zonas vigiladas con riesgo de contaminación.

14. ¿De qué color es el trébol de la zona controlada?

a) Verde.

b) Amarillo.

c) Naranja.

d) Rojo.

15. ¿De qué color es el trébol de la zona controlada de permanencia limitada?

a) Gris.

b) Amarillo.

c) Naranja.

d) Verde.

16. ¿De qué color será el trébol, si está prohibido el paso, y el color del fondo del pictograma de la señal de riesgo de radiación cuando los riesgos existentes son el de irradiación y el de contaminación?

a) Blanco y trébol rojo con puntas radiales.

b) Punteado en fondo blanco y trébol rojo sin puntas radiales.

c) Punteado en fondo blanco y trébol rojo con puntas radiales.

d) Azul y trébol rojo con puntas radiales.

17. ¿Qué indica un trébol naranja?

a) Zona vigilada.

b) Zona controlada.

c) Zona de permanencia reglamentada.
d) Zona de permanencia limitada.

18. ¿Qué se debe emplear como medio para señalizar con carácter temporal los límites de una zona, con el color correspondiente a la zona de que se trate?

a) Fibra de carbono.
b) Hormigón
c) Plomo y plásticos.
d) Vallas, barras metálicas articuladas o soportes.

19. ¿Qué elementos se emplean generalmente como barreras primarias de radiación?

a) Plomo y plásticos.
b) Hormigón y fibra de carbono.
c) Plásticos y fibra de carbono.
d) Plomo y hormigón.

20. ¿Cuánto es generalmente la intensidad de la radiación dispersa a 1 m del paciente en porcentajes del haz primario que recibe el mismo?

a) Es el 0,01 % de la intensidad del haz primario.
b) Es el 0,1 % de la intensidad del haz primario.
c) Es el 1 % de la intensidad del haz primario.
d) Es el 10 % de la intensidad del haz primario.

21. ¿Cuál es el principal productor de la radiación dispersa durante la realización de la radiografía o/y la fluoroscopia?

a) El operador de aparatos de Rx.
b) Los muros de la sala de exploración.
c) El propio paciente.
d) La camilla.

22. ¿Qué dirección no seguirá nunca la radiación de fuga?

a) La dirección de la radiación dispersa.
b) La dirección de la radiación secundaria.
c) La dirección del haz útil.
d) Podrá seguir cualquiera de esas direcciones anteriores.

23. ¿Qué límite máximo permitido no sobrepasará la radiación de fuga en tasa de dosis de exposición (mR/hora) a 1 metro de distancia entre fuente y absorbente, siempre que la carcasa esté bien diseñada?

a) No sobrepasará los 200 mR/hora.
b) No sobrepasará los 100 mR/hora.

c) No sobrepasará los 50 mR/hora.
d) No sobrepasará los 10 mR/hora.

24. ¿Cómo se denomina el tanto por ciento durante el cual el haz de RX está conectado y dirigido hacia una determinada pared? Se denomina…

a) Factor de ocupación.
b) Factor de utilización.
c) Factor longitudinal.
d) Factor temporal.

25. ¿Cuál es el factor de utilización para una barrera secundaria durante el tiempo que el tubo de rayos está conectado? Posee un factor de utilización…

a) 0 %.
b) 1 %.
c) 50 %.
d) 100 %.

26. ¿Cuál es la filtración mínima para los tubos de rayos de fluoroscopia?

a) 1,5 mm de Al.
b) 2,5 mm de Al.
c) 1,5 mm de Cu.
d) 2,5 mm de Cu.

27. ¿Qué grosor equivalente en plomo poseen los delantales de protección radiológica empleados en fluoroscopia? Equivalente a…

a) 0,01 o 0,10 mm de Pb.
b) 0,15 o 0,20 mm de Pb.
c) 0,25 o 0,50 mm de Pb.
d) 1 mm de Pb.

28. ¿Cada cuánto tiempo se debe hacer el control de la presencia o aparicion de fisuras en prendas protectoras cauchoplomadas?

a) Cada seis meses.
b) Cada año.
c) Cada dos años.
d) Cada tres años.

29. Todo lo que se dice de los facultativos designados por el Consejo de Seguridad Nuclear (CSN) con funciones de vigilancia y control, con la finalidad de detectar infracciones, en materia de protección radiológica y dosimetría es cierto, excepto:

a) Estos son inspectores del CSN.

b) La figura de este estos aparecen en el Código Penal Español.

c) Los resultados a los que concluya no tienen un alto valor.

d) Se consideran agentes de la Autoridad.

30. ¿Qué criterio es el que usa los inspectores del Consejo de Seguridad Nuclear para clasificar las infracciones que puedan detectar al titular de la práctica? Se clasifican atendiendo:

a) Al tiempo.

b) A la gravedad.

c) A la prevención de riesgos laborales.

d) A la garantía de calidad de los equipos.

Solución al test n.º 19

1. c) El titular de la práctica.

2. b) Vigilada.

3. d) Vigiladas.

4. d) Ante un riesgo de irradiación el trébol presentará puntas radiales.

5. b) Un trébol, con un fondo enmarcado en una orla rectangular, del mismo color del símbolo y de la misma anchura que el diámetro de la circunferencia interior de dicho símbolo.

6. b) UNE 73302:2018.

7. c) Se situarán de forma bien visible en la entrada y en los lugares significativos de las diferentes áreas de trabajo.

8. d) Ausencia de riesgo de contaminación.

9. d) Es aquella zona en la que, no siendo zona controlada, exista la posibilidad de recibir dosis efectivas superiores a 1 mSv por año oficial y con riesgo de contaminación.

10. b) Zona vigilada.

11. c) Estimación individual de dosis, que, en el caso de trabajadores de categoría A, deberá estar basada en dosimetría individual, salvo cuando el Consejo de Seguridad Nuclear acepte expresamente alternativas propuestas por el titular con base en las características especiales del puesto de trabajo.

12. c) El Servicio de Protección Radiológica (SPR) o Unidad TPR, o en su defecto del supervisor o persona responsable a la que se le encomienden las funciones de protección radiológica.

13. a) En zonas controladas con riesgo de contaminación.

14. a) Verde.

15. b) Amarillo.

16. c) Punteado en fondo blanco y trébol rojo con puntas radiales.

17. c) Zona de permanencia reglamentada.

18. d) Vallas, barras metálicas articuladas o soportes.

19. d) Plomo y hormigón.

20. b) Es el 0,1 % de la intensidad del haz primario.

21. c) El propio paciente.

22. c) La dirección del haz útil.

23. b) No sobrepasará los 100 mR/hora.

24. b) Factor de utilización.

25. d) 100 %.

26. b) 2,5 mm de Al.

27. c) 0,25 o 0,50 mm de Pb.

28. b) Cada año.

29. c) Los resultados a los que concluya no tienen un alto valor.

30. b) A la gravedad.

Protección del paciente ante las radiaciones: factores que afectan a la dosis. Medidas generales

1. ¿Qué afirmación no es cierta como norma básica de trabajo en el servicio de radiodiagnóstico como protección del paciente?

a) No debe haber ningún paciente en la sala, cuando se explora a otro.
b) Fijar el chasis radiográfico, especialmente en aparatos de Rayos X transportables.
c) Una vez colocado y centrado el paciente, el técnico debe diafragmar el haz adecuadamente.
d) La zona de vestuario de los pacientes no debe estar blindada por la parte adyacente.

2. ¿Cómo deben ser las instrucciones a dar al paciente? Deben de ser:

a) Completas, sencillas y prolijas.
b) Sencillas, escuetas e incompletas.
c) Completas, sencillas y escuetas.
d) Sencillas, recargadas e incompletas.

3. ¿Con que símbolo debe estar indicado el acceso directo a la sala de radiodiagnóstico?

a) Debe estar indicado con el símbolo de zona controlada.
b) Debe estar indicado con el símbolo de zona vigilada.
c) Debe estar indicado con el símbolo de zona reglamentada.
d) Debe estar indicado con el símbolo de zona de acceso prohibido.

4. ¿Dónde debe permaneces el trabajador expuesto durante el disparo radiográfico?

a) En la sala de exploración.
b) Vestuarios adyacentes del usuario.
c) En la zona protegida, donde exista un blindaje estructural (sala de control).
d) En la recepción del servicio.

5. ¿Qué elemento es el que esencialmente limita el campo de irradiación primaria a la zona de interés?

a) Filtro añadido.
b) Haz luminoso de exploración.
c) El colimador o diafragma.
d) El autotransformador del aparato de rayos X.

6. ¿Qué intensidad posee las radiaciones secundarias que se producen por colisión del haz primario sobre medios materiales en relación a éste? Las radiaciones secundarias poseen...

a) La décima parte de intensidad de la radiación primaria.
b) La centésima parte de intensidad de la radiación primaria.
c) La milésima parte de intensidad de la radiación primaria.
d) La diezmilésima parte de intensidad de la radiación primaria

7. ¿Qué medida no debe ser inferior en cuanto a la distancia foco-piel del paciente? No debe ser inferior a:

a) 15 cm.
b) 25 cm.
c) 35 cm.
d) 45 cm.

8. ¿Cuándo no está prohibida la radiología?

a) En mujeres gestantes.
b) Cuando el haz primario incide sobre órganos críticos o muy radiosensibles.
c) En niños, cuando no está claramente justificada ni optimizada la dosis.
d) Está prohibida en todos los casos anteriores, salvo situaciones excepcionales.

9. ¿Qué medida de protección frente a las radiaciones ionizantes es pasiva?

a) Disminuir al máximo el tiempo de exposición.
b) Incluir los filtros adicionales necesarios.
c) Normativas sobre criterios de calidad en radiodiagnóstico.
d) Usar protectores plomados sobre los órganos más sensibles.

10. ¿Qué medida de protección activa frente a las radiaciones ionizantes es incorrecta?

a) Usar protectores plomados sobre los órganos más sensibles.
b) La colimación apropiada disminuye la dosis recibida.
c) Aumentar al máximo el tiempo de exposición.
d) Buscar en los posible, la posición más adecuada, para aumentar la distancia.

11. ¿A qué distancia del haz primario del haz primario deben estar las gónadas para así emplearse los protectores gonadales, según recomendación de la ICRP? A menos de:

a) 5 cm.
b) 25 cm.
c) 35 cm.
d) 45 cm.

12. ¿Cómo actuará un protector gonadal en un estudio radiográfico de la zona pélvica?

a) Como barrera primaria.
b) Como barrera estructural.
c) Como barrera secundaria.
d) Como barrera terciaria.

13. ¿En qué se basa esencialmente la protección radiológica del público general a nivel hospitalario?

a) En el uso de detectores móviles de radiación ionizante y en un adecuado diseño en la construcción del Servicio de Radiología.
b) En el empleo de barreras de protección y en un adecuado diseño en la construcción del Servicio de Radiología.
c) En el uso de dosímetros de áreas y en el empleo de barreras de protección.
d) En el uso de detectores móviles de radiación ionizante y de dosímetros de áreas.

14. ¿Qué blindaje se emplea para la radiación beta?

a) Hormigón.
b) Escayola.
c) Madera.
d) Plomo.

15. ¿Cuál es la tasa media recibida por la radiación de fondo, que se contempla para sustraerla de la tasa de dosis que el personal profesionalmente expuesto percibe a nivel profesional en su trabajo?

a) 0,1 mSv/mes.
b) 0,01 mSv/mes.
c) 0,5 mSv/mes.
d) 0,05 mSv/mes.

16. ¿Qué exposición a las radiaciones ionizantes de las que se nombran será tratada como la recibida en un volumen global de manera homogénea, en un tiempo de exposición muy corto, y las personas a ellas sometidas serán consideradas de grupo de alto riesgo? La recibida por:

a) Un estudio de TC.
b) Tratamiento con radioterapia oncológica.
c) Un accidente nuclear (tipo Chernóbil).
d) Exposiciones especialmente autorizadas.

17. ¿Cómo se denomina la respuesta adaptativa biológica que reduciría el número de casos de neoplasias por efectos de la radiación ionizante (o de reparar el daño radioinducido)?

a) Carcinogénesis.
b) Apoptosis.
c) Hormesis.
d) Nada de lo anterior.

18. ¿En qué unidad hospitalaria que trata con radiación ionizante no existe riesgo de irradiación?

a) Unidad PET.
b) Unidad de cobaltoterapia o de Acelerador Lineal.
c) Unidad de Radiofarmacia.
d) Unidad de Radioinmunoanálisis (RIA).

19. ¿En qué unidad hospitalaria que trata con radiación ionizante no existe riesgo de contaminación?

a) Unidad de Gammagrafía Convencional (Medicina Nuclear).
b) Unidad de Radiofarmacia.
c) Unidad de Acelerador Lineal (Radioterapia).
d) Unidad de Radioinmunoanálisis o RIA (Medicina Nuclear).

20. ¿Cuál de las medidas siguientes de protección general frente al riesgo de irradiación no tiene validez, y es adecuada para el riesgo de contaminación?

a) Distancia, la mayor posible.
b) Tiempo, el menor posible.
c) Blindaje o barrera.
d) Ventilación adecuada.

21. ¿Cómo se denomina en medicina nuclear a una zona de laboratorio exento de material radiactivo?

a) Zona de radiofarmacia.
b) Zona de laboratorio caliente.
c) Zona de laboratorio frío.
d) Zona de almacén de residuos.

22. ¿Qué barreras evitan la acción del haz útil o directo de radiación en radio-diagnóstico?

a) Barreras difusas.
b) Barreras primarias.
c) Barreras secundarias.
d) Barreras de alerta.

23. ¿Qué blindaje consideras primario?

a) Protector gonadal.
b) Plomado en puerta de sala de examen.
c) Cristal protector de zona de control de prueba.
d) Ninguno de los anteriores.

24. ¿Cuál es el umbral de alarma por exposición externa (irradiación) a la radiación ionizante en una jornada de 8 horas?

a) 20 µSv.
b) 60 µSv.
c) 100 µSv.
d) 160 µSv.

25. ¿En qué tipo de servicio sanitario existe riesgo tanto de irradiación como de contaminación interna por materiales radiactivos?

a) Radiodiagnóstico.
b) Radioterapia.
c) Medicina nuclear.
d) Laboratorio de hematología.

26. ¿Qué técnica se considera más adecuada para evitar irradiar innecesaria-mente al cristalino durante proyecciones de cráneo?

a) Realizar proyecciones en decúbito lateral.
b) Aplicar blindaje con láminas de plomo.
c) Realizar proyecciones anteriores con colimación reducida.
d) Realizar proyecciones posteriores para aumentar la distancia al cristalino.

27. ¿Cuál es uno de los pilares estructurales para proteger al público general en una sala de radiodiagnóstico?

a) Uso de protectores individuales.
b) Control de dosis con dosimetría personal.
c) Barreras de plomo en paredes y puertas de acceso.
d) Permitir la entrada libre con vigilancia visual.

28. ¿Qué tipo de personas forman parte del grupo considerado como "público general" en un servicio de radiología?

a) Solo pacientes ambulatorios.
b) Técnicos superiores de imagen para el diagnóstico.
c) Familiares, personal no expuesto y personal ajeno al servicio.
d) Solo personal de limpieza y mantenimiento.

29. ¿Qué tipo de instalación presenta simultáneamente riesgos de irradiación y contaminación?

a) Radiodiagnóstico.
b) Medicina Nuclear.
c) Radioterapia.
d) Sala de ecografía.

30. ¿Cuál es uno de los factores que determinan el nivel de riesgo frente a las radiaciones ionizantes?

a) La edad del paciente.
b) La cantidad de oxígeno en la sala.
c) El volumen corporal irradiado.
d) La presión atmosférica.

Solución al test n.º 20

1. d) La zona de vestuario de los pacientes no debe estar blindada por la parte adyacente.

2. c) Completas, sencillas y escuetas.

3. a) Debe estar indicado con el símbolo de zona controlada.

4. c) En la zona protegida, donde exista un blindaje estructural (sala de control).

5. c) El colimador o diafragma.

6. c) La milésima parte de intensidad de la radiación primaria.

7. d) 45 cm.

8. d) Está prohibida en todos los casos anteriores, salvo situaciones excepcionales.

9. c) Normativas sobre criterios de calidad en radiodiagnóstico.

10. c) Aumentar al máximo el tiempo de exposición.

11. a) 5 cm.

12. a) Como barrera primaria.

13. b) En el empleo de barreras de protección y en un adecuado diseño en la construcción del Servicio de Radiología.

14. c) Madera.

15. d) 0,05 mSv/mes.

16. c) Un accidente nuclear (tipo Chernóbil).

17. c) Hormesis.

18. d) Unidad de Radioinmunoanálisis (RIA).

19. c) Unidad de Acelerador Lineal (Radioterapia).

20. d) Ventilación adecuada.

21. c) Zona de laboratorio frío.

22. b) Barreras primarias.

23. a) Protector gonadal.

24. d) 160 µSv.

25. c) Medicina nuclear.

26. d) Realizar proyecciones posteriores para aumentar la distancia al cristalino.

27. c) Barreras de plomo en paredes y puertas de acceso.

28. c) Familiares, personal no expuesto y personal ajeno al servicio.

29. b) Medicina Nuclear.

30. c) El volumen corporal irradiado.

TEST N.º 21

Plan de situaciones de emergencias. Primeros auxilios, RCP, hemorragias, actuación del técnico en radiodiagnóstico

1. Señala cuál de las siguientes afirmaciones sobre la parada cardiorrespiratoria es correcta:

a) Es la interrupción súbita, inesperada y potencialmente reversible de la circulación y respiración espontáneas.
b) El paro respiratorio suele ir precedido de un paro cardíaco.
c) Es una situación irreversible aunque se actúe de inmediato.
d) Las respuestas a) y b) son correctas.

2. La existencia de una parada cardiorrespiratoria se pone de manifiesto:

a) Estimulando al individuo para ver si está consciente.
b) Escuchando y sintiendo la respiración.
c) Por la ausencia de signos de vida.
d) Palpando el pulso traqueal en adultos y el basílico en niños y lactantes.

3. ¿Cómo se comprueba la recuperación de la circulación espontánea (RECE) mediante la palpación de un pulso central espontáneo en niños pequeños o lactantes por el personal sanitario? Presionando la arteria:

a) Tibial anterior o la arteria pedia.
b) Tibial posterior o la arteria pedia.
c) Femoral o la arteria braquial.
d) Radial o la arteria subclavia.

4. ¿Aproximadamente cuándo comienza a deteriorarse el cerebro humano al no recibir oxígeno? A partir de los:

a) 1,5 minutos.
b) 2,5 minutos.

c) 4 minutos.
d) 30 segundos.

5. Si en el análisis de situación se comprueba que el paciente está inconsciente, que no respira con normalidad o simplemente no respira, a continuación:

a) Se colocará en posición lateral de seguridad.
b) Se procederá a abrir las vías aéreas.
c) Se realizará las maniobras de RCP Básicas.
d) Se estimulará para comprobar si está consciente.

6. ¿Qué es lo primero que debemos hacer para valorar una posible parada cardiorrespiratoria (PCR) según sea el estado del paciente?

a) Comprobar el estado de consciencia del individuo.
b) Comprobar la permeabilidad de vía aérea.
c) Comprobar si hay pulso.
d) Nada de lo anterior es cierto.

7. Tras las 5 respiraciones iniciales en la RCP de los niños, el ritmo de cadencia de compresiones e insuflaciones será de:

a) 30:2.
b) 15:2.
c) 30:1.
d) 15:1.

8. ¿Cuál es la principal obstrucción de la vía aérea en el paciente inconsciente adulto?

a) La lengua.
b) Comida.
c) Pollo.
d) Dentadura.

9. ¿Qué tiempo máximo debe durar la maniobra VOS (ver-oír-sentir) para comprobar la permeabilidad de la vía aérea y que el paciente respira (valorar la ventilación)?

a) 30 s.
b) 20 s.
c) 15 s.
d) 10 s.

10. ¿Cuál será la frecuencia del masaje cardíaco según las nuevas recomendaciones de la ERC? La frecuencia será de:

a) 80 compresiones por minuto para adultos y 100 compresiones por minuto para niños y lactantes.
b) 100 compresiones por minuto para adultos y 80 compresiones por minuto para niños y lactantes.

c) 100 a 120 compresiones por minuto para todas las edades.
d) 100 compresiones por minuto para todas las edades.

11. ¿En qué posición se situará a un paciente con pérdida de consciencia que requiere maniobra de RCP que a su vez necesita la maniobra frente/mentón para evitar la obstrucción de la tráquea por la lengua?

a) Decúbito prono.
b) Decúbito lateral.
c) Posición lateral de seguridad.
d) Decúbito supino.

12. ¿Cómo colocaremos a un paciente accidentado que está inconsciente, pero respira normalmente? Lo colocaremos en la denominada posición:

a) Decúbito prono.
b) De Fowler.
c) Lateral de seguridad.
d) Decúbito supino.

13. ¿Qué debemos hacer ante un paciente inconsciente que respira normalmente y se ha colocado en la posición lateral de seguridad (PLS)?

a) Intubarlo.
b) Hacer RCP básica.
c) Realizar 5 ventilaciones de rescate, por seguridad.
d) Pedir ayuda si aún no se ha hecho, y comprobar periódicamente sus funciones vitales.

14. La RCP básica como regla general se efectuará en un adulto mediante:

a) 2 insuflaciones, seguidas de 15 compresiones torácicas, seguidas de 2 insuflaciones.
b) 15 compresiones torácicas, seguidas de 2 insuflaciones.
c) 30 compresiones torácicas, seguidas de 2 insuflaciones.
d) 2 insuflaciones, 30 compresiones torácicas, seguidas de 2 insuflaciones.

15. En el masaje cardíaco externo de un adulto se debe comprimir esternón (mitad inferior) hasta alcanzar una profundidad de al menos:

a) 1 cm.
b) 2 cm.
c) 5 cm.
d) 10 cm.

16. Si una víctima presenta una obstrucción leve o parcial de las vías respiratorias:

a) Se le darán cinco palmadas fuertes en la espalda.
b) Se realizarán cinco compresiones abdominales.

c) Alentar al paciente a que tosa.
d) Todas las respuestas anteriores son correctas.

17. En caso de hemorragias para su control se realizará en el lugar del sangrado:

a) En primer lugar se realizará un torniquete.
b) Primero se realizará una compresión arterial.
c) Primero se realizará una compresión directa con apósito limpio.
d) Simplemente se cubrirá la herida con gasas estériles.

18. ¿Cuáles son las causas más frecuentes de parada cardiorrespiratoria (PCR) en adultos?

a) La fibrilación auricular.
b) La taquicardia ventricular sin pulso (TVSP).
c) El flútter auricular.
d) La fibrilación ventricular (FV) y la taquicardia ventricular sin pulso (TVSP).

19. ¿Cuál de los siguientes signos no es característico en el caso de perfusión disminuida o mala perfusión?

a) Aumento de la temperatura.
b) Palidez.
c) Sudor frío.
d) Llenado capilar largo.

20. En caso de reacciones leves a los medios de contraste radiológicos el tratamiento consistirá en:

a) Tranquilizar al paciente, intentando transmitirle una sensación de seguridad.
b) Administrar oxígeno.
c) Administrar antihistamínicos y corticoides intravenosos si se trata de reacciones en la piel.
d) Todas las respuestas anteriores son correctas.

21. En el caso de una gammagrafía tiroidea con el fin de evitar interacciones debe suspenderse el tratamiento con:

a) T3 y T4.
b) Betabloqueantes.
c) Antidepresivos.
d) Todas las respuestas anteriores son correctas.

22. Señala cuál de los siguientes signos y síntomas no se presentará en un estado de shock:

a) Hipertensión.
b) Náuseas y vómitos.

c) Estado de nerviosismo, ansiedad.
d) Todas las respuestas anteriores son correctas.

23. Un shock debido a una pérdida de sangre o plasma ocasionando una disminución del volumen sanguíneo se denomina:

a) Hipovolémico.
b) Anafiláctico.
c) Cardiogénico.
d) Séptico.

24. Un shock desencadenado a causa de una reacción alérgica generalizada, como por ejemplo por contraste yodado, se llama:

a) Hipovolémico.
b) Anafiláctico.
c) Cardiogénico.
d) Séptico.

25. ¿Cuál de las siguientes medidas no debe adoptarse en caso de convulsiones?

a) Se introducirá en la boca algún objeto blando para que el individuo no se muerda la lengua.
b) Se sujetará al paciente con fuerza, evitando que se mueva.
c) Se colocará a la persona afectada en decúbito supino con la cabeza hacia un lado, para evitar que aspire posibles vómitos.
d) Debe evitarse que el paciente se golpee, por lo que se retirará cualquier objeto que pueda resultar peligroso.

26. En el caso de víctimas de accidentes, el técnico deberá:

a) Vigilar de forma continua su estado para detectar de inmediato cualquier signo anómalo.
b) Realizar las exploraciones, si es posible, sin mover al paciente en caso de lesión medular, manteniendo los dispositivos de inmovilización.
c) En caso de fracturas, evitar movimientos innecesarios y mantener los dispositivos de inmovilización.
d) Todas las respuestas anteriores son correctas.

27. ¿Cada cuánto tiempo se debe revisar el carro de paradas?

a) Se debe revisar cada mes.
b) Se debe revisar cada semana.
c) Se debe revisar cada tres días.
d) Diaria o cada día.

28. ¿Qué desfibriladores externos de los empleados son los que avisan de la alteración, pero requieren de la intervención del operador para efectuar su descarga?

a) Desfibriladores externos estándar.
b) Desfibriladores externos manuales.
c) Desfibriladores externos automáticos (DEA).
d) Desfibriladores externos semiautomáticos (DESA).

29. ¿Generalmente qué se prioriza antes, frente a una fibrilación ventricular resistente a la RCP?

a) Desfibrilación externa.
b) Administración de fármacos.
c) Reintentar la RCP, dándole más importancia a la ventilación que al masaje.
d) Depende de cada caso.

30. ¿Cuál es la droga de elección en convulsiones?

a) Sulfato de magnesio.
b) Atropina.
c) Amocixilina.
d) Diazepan.

Solución al test n.º 21

1. a) Es la interrupción súbita, inesperada y potencialmente reversible de la circulación y respiración espontáneas.

2. c) Por la ausencia de signos de vida.

3. c) Femoral o la arteria braquial.

4. c) 4 minutos.

5. c) Se realizará las maniobras de RCP Básicas.

6. a) Comprobar el estado de consciencia del individuo.

7. b) 15:2.

8. a) La lengua.

9. d) 10 s.

10. c) 100 a 120 compresiones por minuto para todas las edades.

11. d) Decúbito supino.

12. c) Lateral de seguridad.

13. d) Pedir ayuda si aún no se ha hecho, y comprobar periódicamente sus funciones vitales.

14. c) 30 compresiones torácicas, seguidas de 2 insuflaciones.

15. c) 5 cm.

16. c) Alentar al paciente a que tosa.

17. c) Primero se realizará una compresión directa con apósito limpio.

18. d) La fibrilación ventricular (FV) y la taquicardia ventricular sin pulso (TVSP).

19. a) Aumento de la temperatura.

20. d) Todas las respuestas anteriores son correctas.

21. a) T3 y T4.

22. a) Hipertensión.

23. a) Hipovolémico.

24. b) Anafiláctico.

25. b) Se sujetará al paciente con fuerza, evitando que se mueva.

26. d) Todas las respuestas anteriores son correctas.

27. d) Diaria o cada día.

28. d) Desfibriladores externos semiautomáticos (DESA).

29. a) Desfibrilación externa.

30. d) Diazepan.

TEST N.º 22

Documentación sanitaria que maneja el Técnico Especialista. Tipos de documentos y criterios de cumplimentación. Circulación de la información

1. ¿Qué define la OMS (1973) como aquel mecanismo para la recogida, procesado, análisis y transmisión de la información necesaria para organizar y hacer funcionar los servicios sanitarios, así como para la investigación y docencia? Se define al:

a) Sistema de vigilancia epidemiológica.
b) Sistema de información sanitaria.
c) Input jerárquico de los servicios sanitarios.
d) Nada de lo anterior.

2. ¿Qué es lo primero que hay que hacer en todo sistema de información sanitaria como partes de este mecanismo que permiten contar con un producto final?

a) Análisis de la información.
b) Recolección de datos.
c) Transmisión de los resultados.
d) Procesado de datos.

3. ¿Cuál es la última etapa en el diseño de un sistema de información sanitaria?

a) Identificar niveles de decisión.
b) Definir las funciones de los elementos que componen el sistema.
c) Definición del sistema.
d) Identificar tipos de decisión.

4. ¿En qué etapa del diseño de un sistema de información sanitaria se identifica los elementos que lo componen, las relaciones entre ellos y los objetivos a alcanzar?

a) Identificar niveles de decisión.
b) Definir las funciones de los elementos que componen el sistema.

c) Definición del sistema.
d) Identificar tipos de decisión.

5. ¿Qué fuentes de información del sistema de información sanitaria del Sistema Nacional de Salud es externa? La información proveniente de:

a) Registros del hospital.
b) Registros de unidades de Servicios.
c) Padrones municipales.
d) Índices y registros diagnósticos.

6. ¿Qué fuentes de información del sistema de información sanitaria del Sistema Nacional de Salud es interna? La información proveniente de:

a) Registro de defunciones.
b) Registros de Centro de Salud.
c) Servicios sociales personales.
d) Censo poblacional.

7. ¿Qué normativa es aquella que regula el sistema de información sanitaria del Sistema Nacional de Salud?

a) Ley 13/2010, de 25 de octubre.
b) Ley 16/2003, de 28 de mayo.
c) Ley 14/1986, de 25 de abril.
d) Ley 21/2011, de 18 de julio.

8. ¿En qué capítulo específico de la Ley 16/2003, de 28 de mayo, de cohesión y calidad del Sistema Nacional de Salud, viene la regulación del Sistema de Información Sanitaria? En el Capítulo:

a) III.
b) IV.
c) V.
d) VI.

9. ¿Qué Ministerio es el responsable de establecer un sistema de información sanitaria del Sistema Nacional de Salud? Ministerio de:

a) Información y Turismo.
b) La Presidencia.
c) Sanidad.
d) Industria e Innovación.

10. ¿En qué Organismo Público se acordarán los objetivos y contenidos de la información sanitaria relativa al Sistema Nacional de Salud? Se acordarán en:

a) El Consejo de Ministro.
b) El Consejo Interterritorial del Sistema Nacional de Salud.
c) El Ministerio de Sanidad y Consumo.
d) El Consejo de Estado.

11. ¿Qué colectivo de los que se nombran del Sistema Nacional de Salud utilizará la información sanitaria para favorecer el desarrollo de políticas y de la toma de decisiones?

a) Profesionales sanitarios.
b) Organizaciones y asociaciones en el ámbito sanitario.
c) Ciudadanos como pacientes/usuarios.
d) Autoridades sanitarias.

12. ¿Qué afirmación es falsa del Sistema de Información Sanitaria del Sistema Nacional de Salud?

a) El objetivo general del sistema de información sanitaria del Sistema Nacional de Salud será responder a las necesidades de los siguientes colectivos: autoridades sanitarias, profesionales, ciudadanos y organizaciones y asociaciones en el ámbito sanitario.
b) El sistema de información sanitaria contendrá información sobre las prestaciones y la cartera de servicios en atención sanitaria exclusivamente pública.
c) Las Administraciones autonómicas y estatal tienen derecho de acceder y disponer de los datos que formen parte del sistema de información que precisen para el ejercicio de sus competencias.
d) La cesión de los datos, incluidos aquellos de carácter personal necesarios para el sistema de información sanitaria, estará sujeta a la legislación en materia de protección de datos de carácter personal.

13. ¿Qué información de estas no le llegarán a los profesionales sanitarios dentro del ámbito del Sistema de Información Sanitaria del Sistema Nacional de Salud?

a) Recomendaciones y recogida de sugerencias.
b) Resultados de estudios y evaluaciones de medicamentos.
c) Análisis de buenas prácticas y guías clínicas.
d) Todas las anteriores les llegarán.

14. ¿Qué entidades públicas aportarán al Sistema de Información Sanitaria del Sistema Nacional de Salud, los datos necesarios para su mantenimiento y desarrollo? Aportarán al Sistema:

a) Las Comunidades Autónomas y la Administración General del Estado.
b) Las Comunidades Autónomas y las Entidades Gestoras de la Seguridad Social.
c) La Administración General del Estado y las Entidades Gestoras de la Seguridad Social.
d) Las Comunidades Autónomas, la Administración General del Estado y las Entidades Gestoras de la Seguridad Social.

15. ¿Qué documentos clínicos no se utilizan en atención primaria?

a) Impreso de citación.
b) Orden de tratamiento.
c) Historia de enfermería.
d) Historia médica.

16. ¿Qué datos generalmente obligan a separar (salvo que el paciente diga lo contrario) en el acceso a la Historia Clínica con fines judiciales, epidemiológicos, de Salud Pública, de investigación o de docencia? Generalmente obliga a separar (salvo que el paciente diga lo contrario) los datos:

a) Del área socioeconómica y laboral, separados de los de carácter clínico-asistencial, quedando asegurado el anonimato.
b) De identificación laboral del paciente, separados de los de carácter personal, quedando asegurado el anonimato.
c) De identificación personal del paciente, separados de los de carácter clínico/asistencial, quedando asegurado el anonimato.
d) Nada de lo anterior es cierto.

17. ¿Qué documento de los que se nombran será solo exigible en la cumplimentación de la Historia Clínica cuando se trate de procesos de hospitalización o así se disponga (artículo 15.2. de la Ley 41/2002)?

a) El consentimiento informado.
b) La autorización de ingreso.
c) El informe de urgencia.
d) Todos los anteriores.

18. ¿Qué se entiende por la conformidad libre, voluntaria y consciente de un paciente, manifestada en el pleno uso de sus facultades después de recibir la información adecuada, para que tenga lugar una actuación que afecta a su salud?

a) Consentimiento informado.
b) Historia Clínica.
c) Certificado médico.
d) Informe de alta médica.

19. ¿Con qué otro sistema el RIS debe de tener una total integración?

a) ACTHOS.
b) PACS.
c) DICOM.
d) Ninguno de los anteriores.

20. ¿Cómo se comunica el sistema RIS con el sistema de Historia Clínica Electrónica? Se comunica vía:

a) HL-7.
b) LAN.
c) DICOM.
d) No se comunica.

21. ¿Qué elemento debe constar siempre en la cabecera de los documentos clínicos?

a) Firma del celador.
b) Código del centro de salud.
c) Filiación del paciente.
d) Registro de salida.

22. ¿Cuál de los siguientes elementos es propio del sistema RIS?

a) Registro de la demanda quirúrgica.
b) Almacenamiento de medicamentos.
c) Seguimiento del estado de exploraciones radiológicas.
d) Control de citas de rehabilitación.

23. ¿Qué documento no clínico se utiliza para gestionar la alimentación del paciente hospitalizado?

a) Hoja de evolución.
b) Hoja de interconsulta.
c) Solicitud de dietas.
d) Consentimiento informado.

24. ¿Qué aplicación informática permite el acceso a la historia clínica electrónica del paciente desde cualquier servicio del hospital?

a) RIS.
b) HIS.
c) PACS.
d) EHR Viewer.

25. ¿Cuál es el propósito principal del informe de alta de enfermería?

a) Informar al juez en caso de fallecimiento.
b) Comunicar los cuidados realizados y el estado al alta del paciente.
c) Autorizar el ingreso hospitalario.
d) Notificar incidencias médicas durante la hospitalización.

26. ¿Qué archivo almacena las historias clínicas que no han sido consultadas en más de cinco años?

a) Archivo activo.
b) Archivo histórico.
c) Archivo de fallecidos.
d) Archivo pasivo.

27. ¿Qué afirmación es correcta sobre la conservación de la documentación clínica según la Ley 41/2002?

a) Debe conservarse indefinidamente en formato papel.
b) No puede conservarse en soportes digitales.
c) Debe mantenerse como mínimo cinco años desde la fecha de alta.
d) Solo se conserva si hay reclamación judicial.

28. ¿Cuál de los siguientes elementos es obligatorio en una hoja de consentimiento informado?

a) Firma del paciente o representante legal.
b) Diagnóstico final del médico.
c) Imágenes médicas adjuntas.
d) Código de barras del paciente.

29. ¿Qué ventaja ofrece el archivo numérico correlativo para la historia clínica?

a) Requiere menos espacio físico.
b) Permite buscar por síntomas.
c) Facilita la localización rápida por número de historia.
d) Elimina la necesidad de fichero accesorio.

30. ¿Qué función cumple el sistema PACS dentro del entorno hospitalario?

a) Agendar consultas externas.
b) Gestionar los ingresos hospitalarios.
c) Archivar y distribuir imágenes médicas.
d) Controlar el inventario farmacéutico.

Solución al test n.º 22

1. b) Sistema de información sanitaria.

2. b) Recolección de datos.

3. b) Definir las funciones de los elementos que componen el sistema.

4. c) Definición del sistema.

5. c) Padrones municipales.

6. b) Registros de Centro de Salud.

7. b) Ley 16/2003 de 28 de mayo.

8. c) V.

9. c) Sanidad.

10. b) El Consejo Interterritorial del Sistema Nacional de Salud.

11. d) Autoridades sanitarias.

12. b) El sistema de información sanitaria contendrá información sobre las prestaciones y la cartera de servicios en atención sanitaria exclusivamente pública.

13. d) Todas las anteriores les llegarán.

14. d) Las Comunidades Autónomas, la Administración General del Estado y las Entidades Gestoras de la Seguridad Social.

15. b) Orden de tratamiento.

16. c) De identificación personal del paciente separados de los de carácter clínico/asistencial quedando asegurado el anonimato.

17. d) Todos los anteriores.

18. a) Consentimiento informado.

19. b) PACS.

20. a) HL-7.

21. c) Filiación del paciente.

22. c) Seguimiento del estado de exploraciones radiológicas.

23. c) Solicitud de dietas.

24. b) HIS.

25. b) Comunicar los cuidados realizados y el estado al alta del paciente.

26. d) Archivo pasivo.

27. c) Debe mantenerse como mínimo cinco años desde la fecha de alta.

28. a) Firma del paciente o representante legal.

29. c) Facilita la localización rápida por número de historia.

30. c) Archivar y distribuir imágenes médicas.

TEST N.º 23

Radiaciones ionizantes. Formas de transmisión de la energía. Campos electromagnéticos. Ondas electromagnéticas. Radiación electromagnética. Espectro de la radiación electromagnética. Radiaciones de partículas. Intensidad y energía de la radiación. Ionización por radiación: radiaciones ionizantes. Fuentes de radiación

1. ¿Qué radiación de estas no posee masa asociada?

a) Radiación beta (+).
b) Radiación gamma.
c) Radiación alfa.
d) Todas poseen masa.

2. ¿Cuál de estas es una REM?

a) Radiación X.
b) Protones.
c) Radiación alfa.
d) Radiación beta.

3. ¿Qué radiación de estas es ionizante?

a) Radiofrecuencias.
b) Infrarroja.
c) Alfa.
d) Microondas.

4. Todo lo que se dice de una radiación electromagnética (REM) es cierto, excepto que:

a) Es la emisión y propagación de energía, a través del vacío o de un medio material.
b) Se emiten y se propagan en forma de energía pura.
c) Puede emitirse y propagarse en forma de onda o de corpúsculo (fotón).
d) Cada una viaja a una velocidad diferente y depende esta de la energía que posea.

5. ¿De qué depende el equivalente másico de las REM?

a) De la constante de Planck (h).
b) De la velocidad a la que viajan (C).
c) De la energía que posean.
d) De todo lo anterior.

6. ¿Qué radiaciones son aquellas que son formas de propagación de energía a través del vacío o de un medio material, en formas de campos eléctricos y magnéticos perpendiculares y oscilantes entre sí?

a) Radiaciones electromagnéticas ionizantes.
b) Radiaciones electromagnéticas no ionizantes.
c) Radiaciones corpusculares.
d) Son ciertas a) y b).

7. ¿Qué radiación del espectro de las REM es más energética de las que se nombran?

a) Radiación X.
b) Radiación ultravioleta.
c) Radiación infrarroja.
d) Espectro visible.

8. ¿Qué radiación del espectro de las REM posee mayor frecuencia de las que se nombran?

a) Microondas.
b) Radiofrecuencia.
c) Gamma.
d) Ultravioleta.

9. ¿Qué radiación del espectro de las REM pose mayor longitud de onda de las que se nombran?

a) Gamma.
b) Ultravioleta.
c) X.
d) Microondas.

10. ¿Qué efecto de las radiaciones X y gamma se usan en medicina?

a) Fotoionizante.
b) Fotoquímico.
c) Fototérmico.
d) Fotonuclear.

11. Las partículas que son emisiones de electrones por núcleos atómicos se denominan:

a) Beta (+).
b) Beta (–).
c) Neutrones térmicos.
d) No existen.

12. ¿A qué se denomina la disminución de la intensidad de la radiación primaria o incidente a su paso por un medio material?

a) Atenuación.
b) Absorción.
c) Dispersión.
d) Colisión.

13. La transferencia de energía de la radiación primaria o incidente sobre la materia se denomina:

a) Absorción.
b) Aniquilación.
c) Atenuación.
d) Dispersión.

14. El número de fotones totales que posee un haz de radiación se denomina:

a) Amplitud.
b) Intensidad.
c) Potencia.
d) Energía.

15. Atenuación de la radiación es igual a:

a) Intensidad más elasticidad.
b) Absorción más dispersión.
c) Absorción más elasticidad.
d) Absorción más intensidad.

16. ¿Qué tipo de ionización es la más frecuente que se da con el efecto fotoeléctrico al colisionar con la materia la radiación X?

a) Ionización total.
b) Ionización directa.
c) Ionización indirecta.
d) Ionización clásica.

17. La probabilidad de que un fotón X o gamma emitido permanezca en un punto de la materia es:

a) Muy alta.
b) Alta.
c) Baja.
d) Prácticamente nula.

18. La dispersión clásica o Thompson se produce para radiaciones ionizantes con:

a) Longitud de onda larga (energía menor a 10 Kev) y con un potencial absorbente (materia) con Z bajo.
b) Longitud de onda corta (energía mayor a 10 Kev) y con un potencial absorbente (materia) con Z alto.
c) Longitud de onda larga (energía menor a 10 Kev) y con un potencial absorbente (materia) con Z alto.
d) Longitud de onda corta (energía mayor a 10 Kev) y con un potencial absorbente (materia) con Z bajo.

19. ¿Qué tipo de interacción se busca que se dé más frecuentemente en radio-diagnóstico con la materia?

a) Interacción por efecto Thompson.
b) Interacción por efecto Compton.
c) Interacción por efecto fotoeléctrico.
d) Interacción por dispersión de pares.

20. La interacción fotoeléctrica es mucho más probable cuando:

a) La energía del fotón y la de enlace del electrón están alejadas y es inversamente proporcional al cubo del número atómico de la materia de colisión.
b) La energía del fotón y la de enlace del electrón están próximas y es directamente proporcional al cubo del número atómico de la materia de colisión.
c) La energía del fotón y la de enlace del electrón están próximas y es inversamente proporcional al cubo del número atómico de la materia de colisión.
d) La energía del fotón y la de enlace del electrón están alejadas y es directamente proporcional al cubo del número atómico de la materia de colisión.

21. ¿Qué colisión de la REM ionizante a nivel microscópico de estas es elástica?

a) Dispersión coherente o Thompson.
b) Efecto Compton.
c) Efecto fotoeléctrico.
d) Ninguna de las anteriores.

22. ¿Qué tipo de ionización es la menos frecuente que se da con el efecto fotoeléctrico?

a) Total.
b) Directa.
c) Indirecta.
d) Clásica.

23. ¿Cuál es el motivo de que en el hueso se dé un efecto fotoeléctrico alto?

a) Por el Z alto de sus componentes químicos (especialmente Ca).
b) Por la baja probabilidad de absorción que se produce de la radiación X.
c) Son correctas a) y b).
d) Son incorrectas a) y b).

24. ¿Qué afirmación del efecto fotoeléctrico es correcta?

a) No es beneficioso para la obtención de la imagen médica y sí lo es para la protección del paciente.
b) No es beneficioso para la obtención de la imagen médica y tampoco para la protección del paciente.
c) Es beneficioso para la obtención de la imagen médica y no lo es para la protección del paciente.
d) Es beneficioso para la obtención de la imagen médica y para la protección del paciente.

25. El fenómeno contrario a la materialización se denomina:

a) Dispersión.
b) Aniquilación.
c) Atenuación.
d) Neutralización.

26. ¿Cómo se denomina el recorrido total de una partícula cargada en el medio material, considerándolo una medición lineal aunque su recorrido no lo sea?

a) Penetrabilidad.
b) Radiación de frenado.
c) Alcance.
d) Nada de lo anterior.

27. ¿Cuántos pares iónicos se forman con 234 ev?

a) 5.
b) 6.
c) 6,89.
d) 7.

28. ¿Cómo se denomina la capacidad de introducir una carga neta en un átomo neutral?

a) Dispersión.
b) Aniquilación.
c) Ionización.
d) Neutralización.

29. ¿Qué nos indica un salto de electrones de capas más profundas hacia las exteriores, consiguiendo el estado fundamental de estabilidad o mínima energía?

a) Estado de excitación.
b) Estado de desexcitación.
c) Estado de preexcitación.
d) Estado de paraexcitación.

30. ¿Cuál es el fenómeno que se produce cuando una radiación de tipo particulada colisiona sobre el campo eléctrico de un núcleo atómico, produciéndose una desviación de la partícula incidente y una radiación electromagnética, por disminución de la energía cinética de la partícula incidente influenciada por dicho núcleo?

a) Dispersión clásica.
b) Radiación de frenado.
c) Radiación difusa.
d) Radiación característica.

Solución al test n.º 23

1. b) Radiación gamma.

2. a) Radiación X.

3. c) Alfa.

4. d) Cada una viaja a una velocidad diferente y depende esta de la energía que posea.

5. c) De la energía que posean.

6. d) Son ciertas a) y b).

7. a) Radiación X.

8. c) Gamma.

9. d) Microondas.

10. a) Fotoionizante.

11. b) Beta (–).

12. a) Atenuación.

13. a) Absorción.

14. b) Intensidad.

15. b) Absorción más dispersión.

16. c) Ionización indirecta.

17. d) Prácticamente nula.

18. c) Longitud de onda larga (energía menor a 10 Kev) y con un potencial absorbente (materia) con Z alto.

19. c) Interacción por efecto fotoeléctrico.

20. b) La energía del fotón y la de enlace del electrón están próximas y es directamente proporcional al cubo del número atómico de la materia de colisión.

21. a) Dispersión coherente o Thompson.

22. b) Directa.

23. a) Por el Z alto de sus componentes químicos (especialmente Ca).

24. c) Es beneficioso para la obtención de la imagen médica y no lo es para la protección del paciente.

25. b) Aniquilación.

26. c) Alcance.

27. b) 6.

28. c) Ionización.

29. b) Estado de desexcitación.

30. b) Radiación de frenado.

TEST N.º 24

**Física de los rayos X. Equipos de radiología convencional.
Tubo de rayos X. Haz de rayos X. Generador.
Manejo de equipos: Fijos, móviles y portátiles**

1. ¿Cuándo se producen los rayos X?

a) Cuando interacciona con el enfermo.
b) Cuando interacciona un electrón acelerado con el ánodo del tubo.
c) Cuando interacciona con el receptor de imagen.
d) Cuando interacciona con el intensificador.

2. ¿Qué porcentaje de la energía cinética de choque de los electrones con el ánodo del tubo se convierte en energía térmica?

a) 98-99 %.
b) 55 %.
c) 25 %.
d) 1-2 %.

3. ¿Qué hay que hacer para seleccionar una determinada técnica en radiología convencional?

a) Aplicar una corriente de alto voltaje (kV) entre ambos polos y posteriormente otra de bajo voltaje o tensión.
b) Aplicar una intensidad en el filamento catódico y otra en el filamento anódico.
c) Aplicar una intensidad en el filamento catódico y un alto voltaje entre ánodo y cátodo.
d) Aplicar una intensidad en el filamento catódico, un alto voltaje entre ánodo y cátodo y llevar a cabo un tiempo de exposición apropiado.

4. ¿De qué no depende a nivel técnico la calidad del haz de radiación X producido?

a) No depende de la tensión del generador de alta.
b) No depende del kilovoltaje.
c) No depende de la diferencia de potencial entre ánodo y cátodo.
d) No depende de la intensidad de la corriente eléctrica que recibe el filamento (mA).

5. ¿Qué contribuye directa o indirectamente a formar la imagen radiológica latente de calidad?

a) La atenuación que se produce del haz incidente por efecto generalmente fotoeléctrico.
b) La radiación X dispersa.
c) La mayoría de la radiación que produce efecto generalmente Compton.
d) No contribuyen a) y b).

6. La absorción de la radiación X aumenta con:

a) Disminución de densidad del absorbente.
b) Disminución del número atómico del material del absorbente.
c) Mayor grosor del absorbente.
d) Menor número de capas de un potencial absorbente.

7. ¿Qué factor de estos no interviene en la absorción del haz de radiación X, y por tanto en la formación de la imagen latente?

a) Espesor del absorbente.
b) Densidad del material.
c) Número atómico del absorbente.
d) Radiación de fuga.

8. ¿Qué haz de radiación X colisiona con el receptor de imagen y forma realmente la imagen radiológica?

a) Haz incidente.
b) Haz útil.
c) Radiación dispersa.
d) Haz emergente.

9. ¿Qué afirmación es correcta del haz emergente que surge tras irradiar al paciente?

a) No se atenúa.
b) Su energía será mayor que la del haz inicial debido a la atenuación experimentada.
c) Su intensidad es variable según la zona atravesada del paciente.
d) Es homogéneo.

10. ¿Quién es el receptor de imagen en la fluoroscopia?

a) Película radiográfica.
b) Placa de fósforo de infinitos usos.
c) Intensificador de imagen.
d) Nada de lo anterior es cierto.

11. ¿En qué se transforman inicialmente los rayos X de las zonas que se atenúan en fluoroscopia?

a) Se transforman en electrones.
b) Se transforman en rayos X de menor intensidad.
c) Se transforman en luz visible.
d) Nada de lo anterior.

12. En fluoroscopia las zonas que más atenúan los rayos X:

a) Darán lugar a más luminosidad, apareciendo más claras.
b) Darán lugar a más luminosidad, apareciendo más oscuras.
c) Darán lugar a menos luminosidad, apareciendo más oscuras.
d) Darán lugar a menos luminosidad, apareciendo más claras.

13. ¿Dónde se localiza la fuente de electrones del tubo de rayos X?

a) En el cátodo.
b) En el ánodo.
c) En el anticátodo.
d) En el ventanilla.

14. ¿Qué tipo de espectro constituye la radiación característica?

a) Continuo.
b) Discreto.
c) Difuso.
d) Total.

15. ¿Qué elementos de los siguientes no pertenece a la estructura externa del tubo de rayos X?

a) Soporte.
b) Armazón de protección.
c) Dispositivo de enfoque del haz de electrones.
d) Ampolla de cristal.

16. ¿De qué material está compuesto el blanco del tubo?

a) De carbonato de cesio o torio.
b) De wolframio o tungsteno.
c) De toriato de cobre o de zinc.
d) Aleación exclusiva de torio y cesio.

17. ¿Qué característica del ánodo es correcta en los actuales tubos de rayos X?

a) Ha de tener una baja conductibilidad calorífica.
b) Ha de tener una alta tensión de vapor.

c) Ha de tener un alto punto de fusión.
d) Ha de tener un número atómico bajo.

18. En el tubo de rayos X, ¿cómo se llama aquel porcentaje de la energía electrónica que ha sido convertido en radiación X?

a) Rendimiento.
b) Potencia del tubo.
c) Carga específica máxima admisible.
d) Intensidad del filamento.

19. ¿Qué característica esencial del foco anódico se define como la capacidad máxima del tubo?

a) Eficiencia.
b) Rendimiento.
c) Carga específica máxima admisible.
d) Carga inespecífica mínima admisible.

20. ¿Cuánto mide el foco fino del ánodo rotatorio?

a) Entre 0,1 mm y 0,6 mm.
b) Entre 0,6 mm y 0,9 mm.
c) Entre 0,6 mm y 1,6 mm.
d) Entre 1 mm y 2 mm.

21. ¿Qué tipo de filtros añadidos utilizan los aparatos de rayos X con un kV entre 100 y 150?

a) De aluminio.
b) De wolframio.
c) De cobre.
d) De plomo.

22. ¿Qué tipo de soporte sostiene al tubo y va conectado a un solo riel en el suelo o a un riel al suelo y otro al techo, y el soporte del tubo solo se mueve en sentido longitudinal, de un lado a otro o desde arriba hacia abajo?

a) De columna.
b) Portátiles.
c) En C o en L.
d) De techo.

23. Los soportes más utilizados, principalmente, en radiología intervencionista son:

a) De techo.
b) De columna.

c) Portátiles.
d) En C o en L.

24. ¿A qué espectro se refiere la suma de fotones existentes en el espectro de frenado y el espectro característico?

a) Al espectro total.
b) Al espectro de frenado.
c) Al espectro teórico.
d) Al espectro real.

25. ¿A qué espectro se refiere con todos los fotones de rayos X que salen del tubo de rayos X?

a) Al espectro total.
b) Al espectro de frenado.
c) Al espectro teórico.
d) Al espectro real.

26. ¿De qué material suelen ser las mesas de exploración existentes en las unidades de radiología?

a) De fibra de carbono.
b) De plomo.
c) De cobre.
d) De zinc.

27. ¿Qué parámetros de los empleados en radiodiagnóstico no se manejan en los portátiles?

a) Miliamperaje: mA.
b) Tiempo de exposición: ms.
c) Kilovoltaje: kV.
d) Se manejan todos los anteriores.

28. ¿Qué afirmación es cierta en la protección radiológica operacional en aparatos de rayos X móviles?

a) El operador debe ubicarse a menos de dos metros del haz primario o directo.
b) La distancia del tubo de Rx al paciente no debería ser inferior a 30 cm.
c) El dosímetro se colocará siempre encima del delantal plomado.
d) Todo es falso.

29. ¿Qué característica posee el de la radiología telemandada?

a) Se ajusta automáticamente al tamaño de la placa radiográfica.
b) Se ajusta instantáneamente al tamaño de la imagen seleccionada en la radioscopia.

c) Se sincroniza con el colimador preintensificador.

d) Se ajusta automáticamente al tamaño de la placa radiográfica y también de forma instantánea al tamaño de la imagen seleccionada en la radioscopia.

30. ¿Cómo suelen ser los tubos de rayos X que se emplean en radiología telemandada?

a) De ánodo móvil, y de foco único.

b) De ánodo fijo, y de foco único.

c) De ánodo fijo, y de doble foco.

d) De ánodo móvil, y de doble foco.

Solución al test n.º 24

1. b) Cuando interacciona un electrón acelerado con el ánodo del tubo.

2. a) 98-99 %.

3. d) Aplicar una intensidad en el filamento catódico, un alto voltaje entre ánodo y cátodo y llevar a cabo un tiempo de exposición apropiado.

4. d) No depende de la intensidad de la corriente eléctrica que recibe el filamento (mA).

5. a) La atenuación que se produce del haz incidente por efecto generalmente fotoeléctrico.

6. c) Mayor grosor del absorbente.

7. d) Radiación de fuga.

8. d) Haz emergente.

9. c) Su intensidad es variable según la zona atravesada del paciente.

10. c) Intensificador de imagen.

11. c) Se transforman en luz visible.

12. c) Darán lugar a menos luminosidad, apareciendo más oscuras.

13. a) En el cátodo.

14. b) Discreto.

15. c) Dispositivo de enfoque del haz de electrones.

16. b) De wolframio o tungsteno.

17. c) Ha de tener un alto punto de fusión.

18. a) Rendimiento.

19. c) Carga específica máxima admisible.

20. a) Entre 0,1 mm y 0,6 mm.

21. c) De cobre.

22. a) De columna.

23. d) En C o en L.

24. a) Al espectro total.

25. d) Al espectro real.

26. a) De fibra de carbono.

27. d) Se manejan todos los anteriores.

28. b) La distancia del tubo de Rx al paciente no debería ser inferior a 30 cm.

29. d) Se ajusta automáticamente al tamaño de la placa radiográfica y también de forma instantánea al tamaño de la imagen seleccionada en la radioscopia.

30. d) De ánodo móvil, y de doble foco.

Factores que intervienen en la exposición. Relación entre ellos. Cálculo de los cambios de los factores de exposición. Control automático de la exposición

1. ¿Qué factor de exposición radiográfica de estos se considera primario?

a) La filtración.
b) El tamaño del punto focal.
c) La distancia.
d) Miliamperios-segundos (mAs).

2. ¿Cuál es el control más importante que determina la calidad del haz, como factor técnico de exposición?

a) La tensión de pico.
b) La estructura del paciente.
c) El tamaño del punto focal.
d) La distancia.

3. ¿Qué se controla si aumentamos la tensión pico como factor de exposición radiográfica?

a) El poder de penetración del haz de radiación (que es menor).
b) La calidad del haz (que disminuye).
c) Escala de contraste menos extensa.
d) Menor contraste de la imagen.

4. ¿Qué factor de exposición nos da esencialmente el poder de penetración del haz de Rx?

a) kV.
b) mAs.
c) Filtración.
d) Tamaño del foco.

5. ¿Qué factor de exposición está muy relacionado con la disminución de la borrosidad cinética?

a) Miliamperaje.
b) Tensión pico.
c) Filtración de rayos X.
d) Tiempo de exposición.

6. Si reducimos el tiempo de exposición a la radiación, ¿qué debemos modificar para obtener una radiografía con valor diagnóstico?

a) Aumentar proporcionalmente la corriente para que la intensidad de la radiación se mantenga constante.
b) Aumentar la tensión de pico o kilovoltaje.
c) Disminuir proporcionalmente la corriente para que la intensidad de la radiación se mantenga constante.
d) Disminuir la tensión de pico o kilovoltaje.

7. ¿Qué factor de exposición representa la cantidad global de radiación emitida por el tubo de rayos X?

a) Miliamperaje.
b) Tensión pico.
c) mAs.
d) Tiempo de exposición.

8. ¿Cómo podríamos obtener la misma densidad en una radiografía si partimos de un kilovoltaje pico concreto (80 kV) y un determinado mAs (20 mAs)?

a) Con un kilovoltaje de 68 kV y 10 mAs.
b) Con un kilovoltaje de 92 kV y 40 mAs.
c) Con un kilovoltaje de 68 kV y 25 mAs.
d) Con un kilovoltaje de 92 kV y 10 mAs.

9. La rodilla de un paciente es sometida a una exposición de 60 kV/12 mAs; se obtiene una escala de contraste demasiado corta. ¿Qué técnica debería emplearse en la repetición del examen?

a) 60 kV/24 mAs.
b) 69 kV/6 mAs.
c) 51 kV/24 mAs.
d) 51 kV/12 mAs.

10. Si aplicamos la ley del inverso al cuadrado de la distancia, ¿cuál sería la intensidad de la radiación ionizante en un nuevo punto que es el doble de la distancia del primero donde se mide una intensidad de 10 rem?

a) 2,5 rem.
b) 5,0 rem.
c) 7,5 rem.
d) 40 rem.

11. ¿A qué distancia se hacen normalmente las placas (fuente-receptor) sobre mesa o camilla, al estar actualmente normalizada la distancia?

a) A 100 cm.
b) A 120 cm.
c) A 150 cm.
d) A 180 cm.

12. Para conseguir la misma densidad en una radiografía con diferentes distancias, la intensidad debe ser:

a) Inversamente proporcional al cuadrado de las distancias.
b) Igual al cuadrado de las distancias.
c) Directamente proporcional al cuadrado de las distancias.
d) No sufre modificaciones.

13. ¿A qué distancia fuente-imagen se han normalizado los exámenes radiográficos de tórax?

a) Sobre una distancia de 90 cm.
b) Sobre una distancia de 120 cm.
c) Sobre una distancia de 180 cm.
d) Sobre una distancia de 250 cm.

14. ¿Para qué zonas o estructuras anatómicas se emplea más el foco pequeño?

a) Se utiliza para las radiografías de gran detalle.
b) No se emplea en la ampliación radiográfica.
c) Permite utilizar tiempos de exposición más pequeños y con ello reducir las posibilidades de borrosidad en la radiografía por movimiento del paciente.
d) Garantiza la generación de suficientes mAs para ver partes del cuerpo muy densas.

15. ¿Para qué zonas o estructuras anatómicas se emplea más el foco grande?

a) Para radiografías de extremidades superiores.
b) Para radiografías de extremidades inferiores.

c) Para radiografías de estructuras corporales más densas.
d) Para radiografías de estructuras corporales delgadas.

16. ¿Cómo se denomina el efecto causado por la colocación de cualquier otro material absorbente a la salida del haz, antes de incidir sobre el paciente?

a) Filtración total.
b) Filtración añadida.
c) Filtración inherente.
d) Ninguna es correcta.

17. ¿Cómo se denomina la filtración debida al propio ánodo?

a) Anódica.
b) Total.
c) Adicional.
d) Inherente.

18. ¿Qué afirmación respecto a los generadores del tubo de rayos X es cierta?

a) Es una estructura no unida al aparato, y por ello podemos seleccionarlo a nuestro antojo.
b) Los generadores de alta tensión influyen directamente en la calidad y no lo hacen en la cantidad de los Rx.
c) Los que tienen rectificadores de media onda generan la misma calidad de Rx que los de escala completa, pero menos cantidad de fotones.
d) Los de alimentación trifásica producen menor cantidad de rayos X (menos fotones) y de peor calidad, por tanto tienen además una influencia en los kV.

19. ¿Qué producen los generadores de alimentación trifásica?

a) Mayor cantidad de rayos X y de peor calidad.
b) Menor cantidad de rayos X y de pésima calidad.
c) Mejor calidad de rayos X y de menor intensidad.
d) Mayor cantidad de rayos X y de mejor calidad.

20. ¿Sobre qué aspectos muy importantes no propiamente técnicos hay que saber cómo introducir ajustes propiamente técnicos para conseguir buenos resultados en una gráfica sobre técnicas radiográficas?

a) Edad del sujeto y antecedente de enfermedad.
b) Pericia del operador.
c) Hábito corporal del paciente.
d) Hábito corporal del paciente, y el proceso patológico a estudiar.

21. ¿Qué incremento de kV pico se debe dar por cada cm de grosor de la parte anatómica de exploración?

a) Un incremento de 1 kVp.
b) Un incremento de 2 kVp.
c) Un incremento de 3 kVp.
d) Un incremento de 5 kVp.

22. ¿Cuántos tipos básicos de circuitos cronometradores existen y quiénes los controlan?

a) Tres, dos los controla el técnico y uno es automático.
b) Cuatro, dos los controla el técnico y los otros dos son automáticos.
c) Cinco, cuatro los controla el técnico y uno es automático.
d) Seis, tres los controla el técnico y los otros tres son automáticos.

23. ¿Para qué tiempos de exposición se emplean los exposímetros mecánicos?

a) Para tiempos de exposición mayores a 50 milisegundos.
b) Para tiempos de exposición mayores a 100 milisegundos.
c) Para tiempos de exposición mayores a 250 milisegundos.
d) Para tiempos de exposición mayores a 500 milisegundos.

24. ¿Con qué otro nombre se conoce el dispositivo denominado *phototimer*?

a) Exposímetro sincrónico.
b) Exposímetro automático.
c) Exposímetro mecánico.
d) Exposímetro electrónico.

25. ¿Qué parámetro introduce solo el técnico al emplear el fotoexposímetro?

a) Tensión pico.
b) Miliamperaje.
c) Tiempo de exposición.
d) Son ciertas las respuestas a) y b).

26. ¿A qué técnica de exposición automática nos referimos cuando su objetivo general es minimizar el tiempo de exposición a fin de reducir la borrosidad por movimiento?

a) Exposición programada.
b) Fotocronometraje.
c) Radiografía automática programada.
d) Las respuestas a) y b) son correctas.

27. ¿Qué se define como la diferente amplificación de las distintas partes del objeto, según se acerque o se aleje del foco cada una de las partes, deformando de alguna manera la imagen radiológica, pudiéndolo hacer tanto en forma, en tamaño como en posición relativa?

a) Paralelaje.
b) Ampliación.
c) Distorsión.
d) Borrosidad.

28. La borrosidad interna se denomina también:

a) Borrosidad de pantalla.
b) Borrosidad fotográfica.
c) Son ciertas a) y b).
d) Son inciertas a) y b).

29. ¿Qué borrosidad se produce por una diferencia notable de absorción entre los bordes y el centro de ciertas estructuras anatómicos o en estructuras patológicas?

a) Borrosidad cinética.
b) Borrosidad por absorción.
c) Borrosidad geométrica.
d) Borrosidad fotográfica.

30. ¿Qué borrosidad de la borrosidad total o suma de todas las existentes es la más difícil de corregir si se produce?

a) Borrosidad geométrica.
b) Borrosidad fotográfica.
c) Borrosidad cinética.
d) Borrosidad por absorción.

Solución al test n.º 25

1. d) Miliamperios-segundos (mAs).

2. a) La tensión de pico.

3. d) Menor contraste de la imagen.

4. a) kV.

5. d) Tiempo de exposición.

6. a) Aumentar proporcionalmente la corriente para que la intensidad de la radiación se mantenga constante.

7. c) mAs.

8. d) Con un kilovoltaje de 92 kV y 10 mAs.

9. b) 69 kV/6 mAs.

10. a) 2,5 rem.

11. a) A 100 cm.

12. a) Inversamente proporcional al cuadrado de las distancias.

13. c) Sobre una distancia de 180 cm.

14. a) Se utiliza para las radiografías de gran detalle.

15. c) Para radiografías de estructuras corporales más densas.

16. b) Filtración añadida.

17. d) Inherente.

18. c) Los que tienen rectificadores de media onda generan la misma calidad de Rx que los de escala completa, pero menos cantidad de fotones.

19. d) Mayor cantidad de rayos X y de mejor calidad.

20. d) Hábito corporal del paciente, y el proceso patológico a estudiar.

21. b) Un incremento de 2 kVp.

22. c) Cinco, cuatro los controla el técnico y uno es automático.

23. c) Para tiempos de exposición mayores a 250 milisegundos.

24. b) Exposímetro automático.

25. a) Tensión pico.

26. a) Exposición programada.

27. c) Distorsión.

28. c) Son ciertas a) y b).

29. b) Borrosidad por absorción.

30. c) Borrosidad cinética.

Imagen analógica en radiología.
La imagen radiográfica, factores geométricos. Radioscopia

1. ¿Cuál consideras el elemento básico necesario para la obtención de la imagen médica?

a) El médico que la interprete.
b) El técnico o profesional que realice el examen.
c) La estructura de estudio.
d) El tipo de energía utilizada.

2. ¿Qué examen de imagen médica se entiende como de radiología convencional?

a) RM cráneo.
b) TC tórax.
c) Radiografía de antebrazo.
d) Eco Doppler color de cráneo.

3. ¿Qué color se produce en la placa cuando los rayos X no pasan?

a) El negro.
b) El blanco.
c) El gris claro.
d) El gris oscuro.

4. En radiología, ¿de qué depende que se vean en la imagen las zonas anatómicas con aire de una tonalidad negra?

a) Escasa absorción.
b) Escasa densidad del aire.
c) Z bajo de sus componentes.
d) De todo lo anterior.

5. ¿De qué manera se obtiene la imagen radiográfica por la acción de los rayos X sobre la pantalla de un intensificador? Se obtiene de manera:

a) Simple.
b) Directa.
c) Indirecta.
d) Digitalmente.

6. ¿Qué ejes representan al píxel en la matriz en una imagen digital?

a) El eje X.
b) El eje Y.
c) El eje X e Y.
d) El eje X, Y, y Z.

7. ¿Cuál es el tercer valor dentro del píxel que no representa estructura, sino contenido?

a) Número de atenuación (escala de grises).
b) El eje P.
c) El valor Ω.
d) Ninguno de los anteriores.

8. Cuanto más tamaño tenga el píxel:

a) Mayor será la matriz.
b) Mayor será su peso o tamaño del archivo.
c) Menor será la calidad de la imagen.
d) Todo lo anterior es cierto.

9. ¿Qué se entiende por transformar la radiación que atraviesa el cuerpo del paciente en una imagen digitalizada?

a) Convertir la imagen en placa.
b) Convertir la imagen en números.
c) Convertir la imagen en letras.
d) Son ciertas las respuestas b) y c).

10. ¿En qué código es en el que se convierte la señal eléctrica captada por un ordenador, al transformarse la radiación que llega a los detectores?

a) En un código axel.
b) En un código hexadecimal.
c) En un código binario.
d) En un código ternario.

11. ¿Qué técnica de imagen médica es analógica?

a) TC.
b) RM.
c) Radiografía con pantalla.
d) Son todas digitales.

12. ¿Qué elemento mejoró sustancialmente la visión del radiólogo en imagen radioscópica, distinguiendo mejor los contrastes y detalles?

a) Oscurecimiento de la sala.
b) Uso de gafas rojas 30 minutos antes del examen.
c) Intensificador de imagen.
d) Chasis de plomo.

13. ¿Qué es una seriografía?

a) Es un estudio fluoroscópico simple.
b) Es un estudio fluoroscópico con intensificador de imagen.
c) Es una serie de estudios por partes a nivel dinámico de unas determinadas estructuras anatómicas, mediante radioscopia.
d) Es una radiografía tomada durante una radioscopia, que se hace para visualizar algún detalle de interés que merezca la pena.

14. En las técnicas radioscópicas:

a) No se utilizan medios de contraste.
b) Se estudian imágenes dinámicas del cuerpo humano.
c) No es posible conseguir una imagen estática de una zona de interés.
d) Las respuestas a) y c) son correctas.

15. ¿Cuál es la principal ventaja en el uso del intensificador?

a) Es fácil de utilizar.
b) Aumenta el tamaño de la imagen.
c) Aumenta el brillo de la imagen.
d) Permite prolongar las exploraciones en el paciente.

16. Los matices cromáticos en una imagen fluoroscópica son percibidos por:

a) Conos.
b) Bastones.
c) Ambos.
d) Ninguna es correcta.

17. ¿Con qué interacciona la radiación que incide sobre el intensificador de imagen?

a) Con el elemento fosforescente de salida.
b) Con el fotocátodo.
c) Con el fósforo de entrada.
d) Con el ánodo.

18. Todo lo que se dice del tubo intensificador de imagen es cierto excepto que:

a) El tubo intensificador de imagen tiene una longitud de unos 50 cm.
b) Transforma la radiación en luz visible y luego intensifica la señal.
c) El tubo se encuentra contenido normalmente en el interior de una envoltura metálica, evitando otras cubiertas (plástico, vidrio) para no perder información.
d) El ánodo es una placa circular con un orificio en su centro que permite el paso de los electrones hacia el fósforo de salida.

19. ¿Cuántos fotones más de luz se producen por cada fotoelectrón de alta energía al impactar con el elemento de salida del tubo intensificador, de los que fueron necesarios para crearlo?

a) 1 a 5 veces más fotones de luz.
b) 20 a 45 veces más fotones de luz.
c) 50 a 75 veces más fotones de luz.
d) 150 a 200 veces más fotones de luz.

20. ¿Cuál es el intensificador de imagen multicampo más utilizado en fluoroscopia digital?

a) En tubos trifocos es el de 25/17/12 o 23/15/10, y en tubos de doble foco es el de 23/15.
b) En tubos trifocos es el de 23/17/12 o 25/15/10, y en tubos de doble foco es el 23/15.
c) En tubos trifocos es el de 23/17/10 o 20/12/8, y en tubos de doble foco es 27/18.
d) En tubos trifocos es el de 25/17/12 o 23/15/10, y en tubos de doble foco es el de 25/17.

21. ¿Cuál es el kV pico usado para estudios fluoroscópicos del intestino delgado?

a) 110-120 kVp.
b) 80-90 kVp.
c) 100-110 kVp.
d) 65-75 kVp.

22. ¿Cuál es la corriente del tubo (en mA) generalmente en fluoroscopia?

a) Siempre superior a 5 mA.
b) Siempre inferior a 5 mA.
c) Entre 100 a 200 mA.
d) De cientos e incluso miles de mA.

23. ¿Cuál es la corriente del tubo generalmente en radiografía?

a) Siempre superior a 5 mA.
b) Siempre inferior a 5 mA.
c) Entre 100 a 200 mA.
d) De cientos e incluso miles de mA.

24. ¿Qué afirmación es cierta respecto a la comparación de uso de la monitorización óptica o por televisión de la imagen fluoroscópica?

a) El sistema de visualización con monitor de televisión es más barato que el sistema de espejos ópticos.
b) El campo de visión de un sistema de espejos es muy grande.
c) A pesar de ser más costoso, el sistema de visualización con monitor de televisión se emplea muy frecuentemente.
d) El sistema de visualización con monitor de televisión solo puede ser utilizado por una persona.

25. ¿Qué forma el conjunto de campos de TV entrelazados?

a) Trama de televisión.
b) Entretrazado.
c) Resolución.
d) Campos de televisión.

26. ¿Qué tipo de seriografía es aquella en la que el telemando nos ofrece la posibilidad de interrumpir la fluoroscopia y realizar una radiografía con el mismo tubo cambiando de la una a la otra mediante un simple juego de pedales, colocando la película seriográfica entre el paciente y el intensificador?

a) Seriografía mediante cámara fotoseriográfica.
b) Seriografía con Cinefluorografía.
c) Seriorradiografía o radiografías "al acecho".
d) Nada de lo anterior es cierto.

27. ¿Qué mejoras se logran con la fluoroscopia digital sobre la convencional?

a) La mejora del contraste.
b) La velocidad de adquisición de imágenes.
c) Son ciertas a) y b).
d) Son inciertas a) y b).

28. ¿Qué afirmación es cierta si el rango dinámico de exposición del detector del fluoroscopio digital es alto?

a) La visualización de las características anatómicas es menor.
b) No afecta a la visualización.

c) Es bajo en los sistemas digitales.

d) La visualización de las características anatómicas es mayor.

29. ¿Cómo se denomina la técnica de sustracción que consiste en restar una imagen obtenida en un momento a otra obtenida después?

a) Es una técnica de sustracción de energía.

b) Es una técnica de sustracción temporal.

c) Es una técnica de sustracción híbrida.

d) Las respuestas a) y b) son correctas.

30. ¿Qué afirmación no es correcta sobre las normas básicas de trabajo aplicables a salas de radioscopia?

a) Antes de explorar, cerrar las puertas de la sala de examen.

b) Se debe reducir al máximo el tiempo empleado en fluoroscopia.

c) El pedal de radioscopia puede estar pulsado todo el tiempo, solo se deja de pulsar si se necesita información del estudio.

d) Todo lo anterior es cierto.

Solución al test n.º 26

1. d) El tipo de energía utilizada.

2. c) Radiografía de antebrazo.

3. b) El blanco.

4. d) De todo lo anterior.

5. c) Indirecta.

6. c) El eje X e Y.

7. a) Número de atenuación (escala de grises).

8. c) Menor será la calidad de la imagen.

9. b) Convertir la imagen en números.

10. c) En un código binario.

11. c) Radiografía con pantalla.

12. c) Intensificador de imagen.

13. d) Es una radiografía tomada durante una radioscopia, que se hace para visualizar algún detalle de interés que merezca la pena.

14. b) Se estudian imágenes dinámicas del cuerpo humano.

15. c) Aumenta el brillo de la imagen.

16. a) Conos.

17. c) Con el fósforo de entrada.

18. c) El tubo se encuentra contenido normalmente en el interior de una envoltura metálica, evitando otras cubiertas (plástico, vidrio) para no perder información.

19. c) 50 a 75 veces más fotones de luz.

20. d) En tubos trifocos es el de 25/17/12 o 23/15/10, y en tubos de doble foco es el de 25/17.

21. a) 110-120 kVp.

22. b) Siempre inferior a 5 mA.

23. d) De cientos e incluso miles de mA.

24. c) A pesar de ser más costoso, el sistema de visualización con monitor de televisión se emplea muy frecuentemente.

25. a) Trama de televisión.

26. c) Seriorradiografía o radiografías "al acecho".

27. c) Son ciertas a) y b).

28. d) La visualización de las características anatómicas es mayor.

29. b) Es una técnica de sustracción temporal.

30. c) El pedal de radioscopia puede estar pulsado todo el tiempo, solo se deja de pulsar si se necesita información del estudio.

Imagen Bases físicas de la radiografía, la película radiográfica, las pantallas intensificadoras, chasis radiográficas, métodos de reducción de radiación dispersa. Componentes de los equipos radiográficos

1. ¿Cuál es el sistema utilizado para convertir la imagen radiológica invisible en imagen visible?

a) Generador.
b) Receptor de imagen.
c) Tubo de diagnóstico.
d) Chasis.

2. ¿Cuál es el receptor de imagen en una radiografía indirecta?

a) Película.
b) Pantalla.
c) Combinación película-chasis.
d) Combinación película-pantalla.

3. ¿Qué se define como la fidelidad con la que aparecen en la imagen las estructuras anatómicas examinadas, teniendo para ello en cuenta muchos factores?

a) Cantidad de imagen.
b) Nitidez de la imagen.
c) Calidad de la imagen.
d) Contraste de la imagen.

4. ¿Qué factores de los que se nombran lograrán incrementar o disminuir la densidad de la imagen?

a) Un aumento del miliamperaje y el kilovoltaje, y una disminución del tiempo de exposición; aumentan la densidad.
b) Un aumento del miliamperaje y del tiempo de exposición y una disminución del kilovoltaje; aumentan la densidad.

c) Un aumento del miliamperaje, del tiempo de exposición y de la distancia foco-película; aumentan la densidad. Permaneciendo inalterable sobre la misma el kilovoltaje.

d) Un aumento del miliamperaje, del kilovoltaje, del tiempo de exposición; aumentan la densidad, y un aumento de la distancia foco-película, disminuye la densidad.

5. ¿Qué se define como la representación precisa de los bordes del objeto radiografiado, de forma que los mismos se puedan apreciar con claridad?

a) Sensibilidad espectral.
b) Nitidez.
c) Contraste.
d) Densidad de la imagen.

6. ¿A qué colores es sensible la película especial que se utiliza en la radiofotoscopia o fotofluorografía?

a) Al rojo y al amarillo.
b) Al rojo y al verde.
c) Al verde y al azul.
d) Al rojo, al verde y al azul.

7. ¿De qué material están fabricadas las capas base de las películas radiográficas actuales?

a) De gelatina endurecida.
b) De poliéster.
c) De vidrio.
d) De metal ferroso.

8. ¿Qué capa de la película radiográfica es la activa, llamada así por ser aquella en la que interactúan los rayos X y la luz visible para proporcionar la información diagnóstica?

a) Capa antihalo.
b) Capa de emulsión.
c) Capa adhesiva.
d) Capa protectora.

9. La capa protectora de la película es:

a) De gelatina.
b) De haluro de plata.
c) De poliéster.
d) De parafina.

10. ¿En qué tipo de películas se encuentra la capa antihalo?

a) En las películas de doble emulsión con una pantalla intensificadora.
b) En las películas de doble emulsión con dos pantallas intensificadoras.
c) En las películas monoemulsión.
d) Está en todas las anteriores.

11. ¿Qué se define como la susceptibilidad de la película a una determinada longitud de onda de la luz visible?

a) Contraste.
b) Latitud.
c) Sensibilidad espectral.
d) Velocidad o sensibilidad.

12. ¿Qué tipo de filtro se utiliza en películas de línea verde?

a) Filtro ámbar.
b) Filtro azul.
c) Filtro rojo.
d) Filtro violeta.

13. Cuanto mayor es la sensibilidad de una película:

a) Más cantidad o dosis de radiación se requiere para obtener una determinada densidad óptica.
b) Menos cantidad o dosis de radiación se requiere para obtener una determinada densidad óptica.
c) Menor cantidad de grano grueso poseen en la emulsión.
d) Son ciertas a) y b).

14. ¿Cómo influye el tamaño del grano de la emulsión si este es tamaño único y grande?

a) Contraste muy bajo, muy estrecha latitud y baja velocidad (o sensibilidad).
b) Contraste muy alto, muy estrecha latitud y baja velocidad (o sensibilidad).
c) Contraste muy alto, muy estrecha latitud y alta velocidad (o sensibilidad).
d) Contraste muy bajo, amplia latitud y alta velocidad (o sensibilidad).

15. Lo contrario a la latitud de una película radiográfica es:

a) Contraste.
b) Velocidad o sensibilidad.
c) Sensibilidad espectral.
d) Estabilidad.

16. ¿Qué latitud y contraste poseería una curva característica con una mayor pendiente (como la de la imagen)?

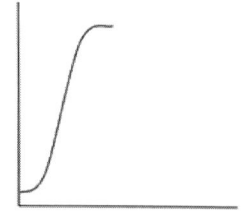

Imagen pregunta 16

a) Menor contraste y mayor latitud.
b) Menor contraste y menor latitud.
c) Mayor contraste y mayor latitud.
d) Mayor contraste y menor latitud.

17. ¿Con cuántas pantallas de refuerzo se emplean las películas de doble emulsión dentro del chasis?

a) Con ninguna.
b) Con una.
c) Con dos.
d) Con tres.

18. Generalmente las películas de emulsión simple para radiografías realizadas con una sola pantalla intensificadora se emplean:

a) En portátiles.
b) En densitometría ósea.
c) En mamografías.
d) En radiología telemandada.

19. ¿De qué material suelen ser los elementos que se introducen dentro del chasis en una de los esquinas de la película, que ocasionan marcas e indicándonos el lado derecho o izquierdo de la placa?

a) De plástico.
b) De plomo.
c) De poliéster.
d) De parafina.

20. ¿A qué porcentaje de humedad deben permanecer las películas almacenadas?

a) Entre un 20-30 %.
b) Entre un 40-60 %.
c) Entre un 60-70 %.
d) Entre un 70-80 %.

21. ¿Qué función de las que se enuncian del chasis es correcta?

a) Protege a las hojas de refuerzo de posibles daños que pueden darse durante su manipulación, si se emplean una combinación película-pantalla.
b) Hace que el contacto entre la película y las pantallas de refuerzo durante la exposición sea perfecto en todos los puntos.
c) Protege a la película radiográfica de la luz visible.
d) Todo lo anterior es correcto.

22. ¿Qué capa es la más gruesa de la pantalla intensificadora?

a) Capa base.
b) Capa reflectante o reflexiva.
c) Capa fluorescente o fósforo.
d) Capa protectora.

23. La velocidad de una pantalla intensificadora viene determinada por:

a) La eficacia de la densidad y el poder de resolución.
b) La nitidez y el poder de resolución.
c) La eficacia de absorción y por la eficacia de conversión.
d) La nitidez y por la eficacia de la densidad.

24. ¿Cómo se denominan las hojas de refuerzo que presentan zonas de diferente velocidad, de modo que por uno de sus extremos pueden ser de alta velocidad y por el otro de media e incluso de baja sensibilidad?

a) Pantallas de baja velocidad.
b) Pantallas graduadas.
c) Pantallas universales.
d) No existen.

25. ¿De qué tierras raras son las pantallas en la combinación película/pantalla de la línea verde y película ortocromática?

a) Compuestos de itrio y actinio.
b) Compuestos de gadolinio y lantano.
c) Compuestos de tecnecio e itrio.
d) Compuestos de tecnecio y actinio.

26. ¿Qué tipo de manchas se presentarán en las películas radiográficas cuando algunos cristales quedan tapados por manchas sobre la pantalla intensificadora, donde se darán zonas irregularmente expuestas en la película?

a) Manchas estrelladas.
b) Manchas blancas.

c) Manchas negras.
d) Manchas en zigzag.

27. ¿Cuál de estas fases es la primera en orden cronológico del revelado?

a) Baño de paro.
b) Humectación.
c) Fijado.
d) Secado.

28. ¿Qué elemento activo contiene el líquido de fijado o fijador empleado durante el proceso de revelado?

a) Ácido acético.
b) Glutaraldehído.
c) Bromuro de potasio.
d) Tiosulfato amónico.

29. ¿Cuánto tarda la reveladora automática en realizar su cometido con las placas radiográficas?

a) 1 hora.
b) 30 minutos.
c) 5 minutos.
d) Minuto y medio.

30. ¿Qué tipo de revelado se emplea de los alternativos que se exponen en urgencias?

a) Revelado semiautomático.
b) Revelado luz de día.
c) Revelado lento.
d) Revelado extendido.

Solución al test n.º 27

1. b) Receptor de imagen.

2. d) Combinación película-pantalla.

3. c) Calidad de la imagen.

4. d) Un aumento del miliamperaje, del kilovoltaje, del tiempo de exposición; aumentan la densidad, y un aumento de la distancia foco-película, disminuye la densidad.

5. b) Nitidez.

6. c) Al verde y al azul.

7. b) De poliéster.

8. b) Capa de emulsión.

9. a) De gelatina.

10. c) En las películas monoemulsión.

11. c) Sensibilidad espectral.

12. c) Filtro rojo.

13. b) Menos cantidad o dosis de radiación se requiere para obtener una determinada densidad óptica.

14. c) Contraste muy alto, muy estrecha latitud y alta velocidad (o sensibilidad).

15. a) Contraste.

16. d) Mayor contraste y menor latitud.

17. c) Con dos.

18. c) En mamografías.

19. b) De plomo.

20. b) Entre un 40-60 %.

21. d) Todo lo anterior es correcto.

22. a) Capa base.

23. c) La eficacia de absorción y por la eficacia de conversión.

24. b) Pantallas graduadas.

25. b) Compuestos de gadolinio y lantano.

26. b) Manchas blancas.

27. b) Humectación.

28. d) Tiosulfato amónico.

29. d) Minuto y medio.

30. b) Revelado luz de día.

TEST N.º 28

La imagen radiológica digital. Concepto. Producción y tratamiento de la imagen digital. Fluoroscopia y Angiografía digital

1. En la imagen digital:

a) Se puede visualizar sin soporte físico, tras su visualización directa en monitores especiales de diagnósticos.
b) Se visualizará en soporte físico mediante su impresión, generalmente con impresora láser.
c) Son ciertas las respuestas a) y b).
d) Ninguna de las respuestas anteriores es cierta.

2. El tercer valor representado en una matriz de una imagen digital se corresponde con:

a) Números en relación con el eje de coordenada X en un píxel de la matriz.
b) Números en relación con el eje de coordenada Y en un píxel de la matriz.
c) Números en relación con el eje de coordenada Z en un píxel de la matriz.
d) Números en relación con el nivel de gris que posee en un píxel de la matriz.

3. Para la transmisión de imágenes médicas provenientes de PACS se debe cumplir la norma:

a) ISO 9000.
b) DICOM.
c) HL-7.
d) AENOR.

4. ¿Cuántos píxeles contiene una matriz de 128x128?

a) 256 píxeles.
b) 4.096 píxeles.
c) 16.384 píxeles.
d) 16.284 píxeles.

5. La información que contienen los mapas de bits se expresa:

a) En potencia de 10.
b) En potencia de 2.
c) En potencia de 8.
d) En potencia de 16.

6. ¿Qué afirmación de la imagen digital es incorrecta?

a) El tipo de sistema de imagen más comúnmente representado es el de gráficos vectoriales o imágenes orientadas al objeto.
b) La matriz numérica se representa generalmente mediante un sistema binario.
c) Es una representación bidimensional de una imagen a partir de una matriz numérica.
d) La resolución de la imagen en los mapas de bit queda determinada por la cantidad de píxeles incluidos en dicha matriz.

7. ¿Hasta qué porcentaje aproximado se evitan las repeticiones con las técnicas digitales de imagen?

a) Entre el 1 y el 3 %.
b) Entre el 3 y el 6 %.
c) Entre el 10 y el 20 %.
d) Entre el 30 y el 40 %.

8. ¿Qué método radiográfico digital es de captura directa?

a) CCD.
b) VCD.
c) FPD.
d) Son ciertas las respuestas a) y c).

9. ¿Qué tipo de radiología digital de panel plano (FP) o Flat panel convierten directamente los fotones de rayos X en carga eléctrica?

a) De detectores de cadmio.
b) De detectores de silicio.
c) De detectores de selenio.
d) De detectores de platino.

10. ¿Qué emplean los sistemas de detectores radiología digital de panel plano (FP) o Flan panel indirecta para que se emita luz al absorber la radiación de los rayos X?

a) Transductores inversos.
b) Láminas fluorescentes de yoduro de cesio u otro material equivalente.
c) Tubos fotomultiplicadores de intensificación de imágenes, mediante dínodos acoplados.
d) Nada de lo anterior es cierto.

11. ¿Cuál es el receptor de imagen de las radiografías computarizadas (CR)?

a) Una pantalla fluorescente de yoduro de cesio.
b) Una pantalla fotoestimulable de tierras raras (lantano y gadolinio).
c) Una pantalla fosforescente fotoestimulable (fluoro haluro de bario activado con europio).
d) Una pantalla de cristal de centelleo fotoestimulable de itrio.

12. ¿Cómo se denomina el fenómeno que se da en los CR cuando los electrones atrapados en niveles de energía altos, retroceden a la banda de valencia, con emisión de luz ultravioleta?

a) Fenómeno de luminiscencia directa.
b) Fenómeno de luminiscencia estimulada.
c) Fenómeno de fosforescencia.
d) Fenómeno de luminiscencia del eutropio.

13. ¿Qué tipo de láser se emplea para leer la información de la imagen latente en el chasis CR por barrido que propicia la excitación del fósforo?

a) Azul.
b) Verde.
c) Roja.
d) Ámbar.

14. ¿Qué modalidad de colimadores puede llevar un TC?

a) Colimadores aleatorizados y colimadores pospaciente.
b) Colimadores aleatorizados y colimadores prepaciente.
c) Colimadores prepaciente y colimadores pospaciente.
d) Colimadores aleatorizados, colimadores prepaciente y colimadores pospaciente.

15. La resolución en una TC es controlada principalmente por:

a) La densidad del propio paciente y la cantidad de radiación emitida.
b) El número de detectores existentes y su distribución espacial.
c) El diseño del sistema de detectores y por la velocidad con que el paciente o el haz de rayos X se traslada.
d) Son ciertas las respuestas a) y b).

16. ¿Qué es cierto con respecto a la tomografía computarizada?

a) Al atravesar el paciente y los colimadores pospaciente, los rayos X que forman la imagen son interceptados por una línea de detectores.
b) Al atravesar el paciente y los colimadores prepaciente, los rayos X que forman la imagen son interceptados por una línea de detectores.

c) Al atravesar el paciente y los colimadores pospaciente, los rayos X que forman la imagen son interceptados por una línea de adaptadores.

d) Al atravesar el paciente y los colimadores prepaciente, los rayos X que forman la imagen son interceptados por una línea de adaptadores.

17. ¿Qué afirmación es falsa?

a) Los ordenadores se van a ver afectados por las altas temperaturas y la humedad y por ello hay que controlar ambos parámetros.

b) La CPU determina el tiempo de reconstrucción, que va desde la llegada de la información hasta la aparición de la imagen en el monitor.

c) La eficacia de un examen va a depender del ordenador, y aquel será más eficaz cuanto más largo sea el tiempo que transcurra entre la toma de datos y la reconstrucción de la imagen.

d) Los tiempos de reconstrucción de la imagen pueden oscilar entre menos de un segundo, como es el caso de los procesadores matriciales, hasta varios segundos.

18. ¿Qué parámetros de la imagen digital es estructural?

a) Contraste.
b) Vóxel.
c) Atenuaciones representadas.
d) Densidades.

19. La mayoría de los escáneres están provistos de dos consolas, que son:

a) Consola del paciente y consola del médico.
b) Consola del operador y consola del paciente.
c) Consola del ATS y consola del médico.
d) Consola del operador y consola del médico.

20. La consola del médico nos permite:

a) Ajustar los contrastes.
b) Ajustar los brillos.
c) Ampliar la imagen.
d) Todas son correctas.

21. Para almacenar las imágenes de manera permanente, el modo más correcto es:

a) En el disco duro del propio ordenador.
b) En un sistema PAC.
c) En un CD.
d) En un sistema PAC o/y en un CD.

22. ¿Cuál de las siguientes afirmaciones es correcta?

a) Cuanto menor sea la matriz mayor será la calidad de la imagen.
b) Cuanto mayor sea la matriz mayor será la calidad de la imagen.
c) Cuanto mayor sea el píxel mayor será la calidad de la imagen.
d) Todas las respuestas son correctas.

23. Si colocamos el centro de la ventana arriba y su amplitud es pequeña:

a) Estaremos potenciando la visualización de las zonas más densas y visualizaremos muy bien las partes blandas.
b) Estaremos potenciando la visualización de las zonas más densas y prácticamente no visualizaremos las partes blandas.
c) Estaremos potenciando la visualización de las zonas menos densas y prácticamente no visualizaremos las partes blandas.
d) No estaremos potenciando la visualización de las zonas más densas y prácticamente no visualizaremos las partes blandas.

24. ¿En qué color se expresa la máxima densidad en UH?

a) Blanco.
b) Negro.
c) Gris intenso.
d) Según fabricante.

25. ¿Qué parámetro de la imagen en los estudios del TC ajusta el campo de visión de imagen representada al interés del observador?

a) El tiempo de barrido.
b) El campo de visión o *field of view*.
c) El tiempo de espera.
d) El kilovoltaje.

26. ¿Qué nos determina el campo de visión o *field of view*?

a) El grosor del corte.
b) El área anatómica del corte.
c) El diámetro del corte.
d) El tamaño del corte.

27. Un píxel por el grosor del corte es igual al:

a) Tamaño del píxel bidimensional.
b) Tamaño del vóxel.
c) Tamaño de la matriz.
d) Tamaño del campo de visión o *field of view* (o FOV).

28. ¿Qué técnica de visualización y reconstrucción tridimensional en TC es aquella en la que los vóxeles menos brillantes (con números TC más bajos) se proyectan en una imagen bidimensional, ya que es un método de visualización de las estructuras menos densas en un volumen de datos?

a) MIP (*maximun intensity projection*).
b) mIP (*minimal intensity projection*).
c) Proyección de intensidad promedio.
d) Ninguna de las anteriores.

29. Tras realizar diversos cortes axiales contiguos, se planea llevar a cabo una reconstrucción multiplanar (MPR o RPM). ¿Qué afirmación es cierta?

a) Se trata de una reconstrucción 2D.
b) No está indicada en TC de estructuras curvas.
c) No está indicada en TC de vasos sanguíneos.
d) Todo lo anterior es falso.

30. ¿Cuál es el objetivo básico de la Telerradiología?

a) Interpretar la imagen médica.
b) Conectar un centro donde se hacen exploraciones con otro donde se interpretan.
c) Disponer de los servicios de un radiólogo en aquellos centros médicos donde este especialista esté presente.
d) Ninguna de las anteriores.

Solución al test n.º 28

1. c) Son ciertas las respuestas a) y b).

2. d) Números en relación con el nivel de gris que posee en un píxel de la matriz.

3. b) DICOM.

4. c) 16.384 píxeles.

5. b) En potencia de 2.

6. a) El tipo de sistema de imagen más comúnmente representado es el de gráficos vectoriales o imágenes orientadas al objeto.

7. b) Entre el 3 y el 6 %.

8. d) Son ciertas las respuestas a) y c).

9. c) De detectores de selenio.

10. b) Láminas fluorescentes de yoduro de cesio u otro material equivalente.

11. c) Una pantalla fosforescente fotoestimulable (fluoro haluro de bario activado con europio).

12. b) Fenómeno de luminiscencia estimulada.

13. c) Roja.

14. c) Colimadores prepaciente y colimadores pospaciente.

15. c) El diseño del sistema de detectores y por la velocidad con que el paciente o el haz de rayos X se traslada.

16. a) Al atravesar el paciente y los colimadores pospaciente, los rayos X que forman la imagen son interceptados por una línea de detectores.

17. c) La eficacia de un examen va a depender del ordenador, y aquel será más eficaz cuanto más largo sea el tiempo que transcurra entre la toma de datos y la reconstrucción de la imagen.

18. b) Vóxel.

19. d) Consola del operador y consola del médico.

20. d) Todas son correctas.

21. d) En un sistema PAC o/y en un CD.

22. b) Cuanto mayor sea la matriz mayor será la calidad de la imagen.

23. b) Estaremos potenciando la visualización de las zonas más densas y prácticamente no visualizaremos las partes blandas.

24. a) Blanco.

25. b) El campo de visión o *field of view*.

26. c) El diámetro del corte.

27. b) Tamaño del vóxel.

28. b) mIP (*minimal intensity projection*).

29. a) Se trata de una reconstrucción 2D.

30. b) Conectar un centro donde se hacen exploraciones con otro donde se interpretan.

Nuevas tecnologías aplicadas a la imagen. Sistemas de información, comunicación y archivos radiológicos, PAC, HIS, RIS, DICOM y Telerradiología

1. ¿Qué sistema utilizado en la intercomunicación de redes emplea DICOM para el intercambio de imágenes?

a) PACS.
b) RIS.
c) POP.
d) HTTP.

2. ¿Qué protocolo utilizado en la intercomunicación de redes emplea DICOM?

a) TCP/IP.
b) WAN.
c) POP.
d) HTTP.

3. ¿Qué significa el término DICOM?

a) Determinación de imágenes con objeto mediano.
b) Imagen digitalizada comunicada.
c) *Comunication Digital of Medicine*.
d) *Digital Imaging and Communication on Medicine*.

4. ¿Qué integra el estándar DICOM 3.0?

a) PACS.
b) RIS.
c) HIS.
d) Todo lo anterior.

5. ¿Qué especificación o parte del DICOM establece los formatos lógicos para guardar la información sobre varios medios de comunicación?

a) *Point-to-Point Communication Support for Message Interchange* o parte 10.
b) *Network Communication Support for Message Exchange* o parte 10.

c) *Media Storage Application Profiles* o parte 10.
d) *Media Storage and File Format for Media Interchange* o parte 10.

6. ¿Cuál es el medio para el intercambio de información basado en imágenes, sonido y datos entre médicos, servicios y hospitales?

a) PACS.
b) RIS.
c) HIS.
d) DICOM.

7. ¿Qué estándar DICOM alcanza la consolidación permitiendo integrar RIS, PACS y HIS? El estándar DICOM:

a) 1.1.
b) 2.1.
c) 3.0.
d) 4.1.

8. ¿Cuál de estos elementos no es componente o función del PACS?

a) Servidores de imágenes y servicios de impresión.
b) Estaciones de trabajo para la exhibición de imágenes y consulta.
c) Gestión de archivos analógicos.
d) Interfaces para equipamiento de imagen y servidores de bases de datos.

9. ¿Cuál es el principal requisito de un PACS?

a) Poder realizar impresiones a tamaño real de las imágenes médicas, con escasos sesgos de longitud o área de las mismas.
b) Poder disponer de forma integrada de las imágenes digitales asociadas a un paciente procedente de las distintas modalidades.
c) Poseer unas redes de comunicación ultra potente, para poder intercambiar las imágenes con otros servicios dentro o fuera del hospital.
d) Nada de lo anterior es cierto.

10. ¿Qué medios son los más empleados en la obtención de imágenes digitales a partir de la radiología convencional de forma directa?

a) Mediante CR (*Computed Radiography*).
b) Mediante sistemas de radiografía digital o directa DR (*Digital Radiography*).
c) Son correctas las respuestas a) y b).
d) Son incorrectas las respuestas a) y b).

11. ¿Qué sistema de comunicación de datos entre equipos necesita el PACS dentro de un mismo edificio?

a) MAN: *Metropolitan Area Network* (Red de Área Metropolitana).
b) WLAN: *Wireless Local Network* (Red Local Inalámbrica).
c) LAN: *Local Area Network* (Red de Área Local).
d) WAN: *Wide Area Network* (Red de Área Amplia).

12. Además de la LAN, ¿qué otras características técnicas necesita el PACS para que se comuniquen diferentes equipos? Se requiere un ancho de banda como mínimo de:

a) 10 Mbps siendo necesaria una conexión entre servidores de 0,5 Gbps.
b) 50 Mbps siendo necesaria una conexión entre servidores de 0,75 Gbps.
c) 100 Mbps siendo necesaria una conexión entre servidores de 1 Gbps.
d) 200 Mbps siendo necesaria una conexión entre servidores de 1 Gbps.

13. ¿Qué técnicas emplea el sistema PACS para reducir el tiempo de acceso a los estudios?

a) *Prefetching* o prebúsqueda.
b) *Autorouting* o enrutamiento automático.
c) Archivos múltiples distribuidos.
d) Se puede hacer con cualquiera de las tres anteriores.

14. La memoria *Cliente PACS* es:

a) La memoria primaria.
b) La memoria secundaria.
c) La memoria remota.
d) La memoria masiva.

15. La memoria primaria del sistema PACS se localiza en:

a) Discos duros de los servidores.
b) Discos ópticos MOD.
c) Cintas DLT.
d) CD o DVD.

16. ¿Cómo se denominan las estaciones donde los técnicos verifican la calidad de las imágenes obtenidas durante la realización de las exploraciones y deciden cuáles de estas se almacenan en el PACS?

a) Estaciones de descanso.
b) Estaciones de sesiones clínicas.

c) Estaciones de revisión.
d) Estaciones de docencia.

17. ¿Qué estándares industriales de estos no posee la arquitectura del RIS?

a) Gestión de imágenes digitales.
b) Intercambio de datos vía HL-7 con el HIS y comunicación vía TCP/IP.
c) Base de datos relacional.
d) Intercambio de datos vía DICOM.

18. ¿Cuál de los siguientes estándares industriales no ha de tener el RIS?

a) Arquitectura cliente-servidor.
b) Intercambio de datos vía DICOM.
c) Base de datos relacional.
d) Clientes Web.

19. ¿Cuál es el protocolo de comunicación más habitual del RIS?

a) Vía TCP/IP.
b) Vía HL-7.
c) Vía HIS8.
d) Nada de lo anterior.

20. Los datos del paciente recogidos en su recepción al servicio de radiología irán al:

a) RIS.
b) PACS.
c) HIS.
d) LID.

21. ¿Qué gestión no llevará a cabo el RIS?

a) Gestión de informes.
b) Gestión de inventario y consumo.
c) Gestión de archivos de imágenes analógicas.
d) Gestión de archivos de imágenes digitales.

22. ¿Qué lista de trabajo de estas no gestiona el RIS?

a) Lista de pacientes esperando exploración.
b) Lista de exámenes finalizados o cancelados.
c) Lista de exámenes dictados, transcritos y/o pendientes de firmar.
d) Gestiona todas las anteriores.

23. ¿Qué protocolo es necesario para la integración del RIS con el PACS?

a) Estándares LAN y DICOM.
b) Estándares HL7 y LAN.
c) Estándares HL7 y DICOM.
d) Ninguno de los anteriores.

24. En la integración entre RIS y PACS:

a) El RIS proporcionará al PACS toda la información sobre las citaciones existentes.
b) El RIS notificará al PACS que el estudio ha sido realizado.
c) Son ciertas las respuestas a) y b).
d) Todas las respuestas son falsas.

25. En la integración entre RIS y PACS señala lo correcto:

a) El RIS proporcionará al PACS toda la información sobre las citaciones existentes.
b) El PACS notificará al RIS que el estudio ha sido realizado.
c) El RIS envía una copia del informe radiológico al PACS y la notificación de que el informe ha sido realizado.
d) Todas son ciertas.

26. ¿Qué sistema digital hospitalario de información está orientado a satisfacer las necesidades de generación de información para almacenar, procesar y reinterpretar datos médico-administrativos de cualquier institución hospitalaria, permitiendo la optimización de los recursos humanos y materiales, además de minimizar la burocracia?

a) Sistema HL-7.
b) Sistema HIS.
c) Sistema DICOM.
d) Sistema RIS.

27. ¿Qué sistemas de los que se nombra no pertenecen al HIS?

a) Sistemas de gestión de RRHH y de recursos materiales.
b) Sistemas de adquisición de imágenes radiológicas.
c) Sistemas de gestión económico-financiera y de gestión administrativa.
d) Sistemas de gestión de pacientes.

28. ¿Qué es básicamente el HIS?

a) Las siglas de una empresa.
b) Una base de datos del hospital.
c) Un deporte olímpico.
d) Nada de lo anterior es cierto.

29. ¿Cuáles de los siguientes sistemas de gestión de la información no posee el HIS?

a) Sistemas de Gestión Económico-Financiera.
b) Sistemas de Gestión de Recursos Humanos.
c) Sistemas de Gestión Administrativa.
d) Sistemas de Gestión Imágenes Digitales.

30. ¿Cuál de los siguientes módulos no pertenece a los sistemas de gestión administrativa (del HIS)?

a) Registro central de pacientes.
b) Admisión, altas y transferencias de pacientes.
c) Control de citas y programación de servicios.
d) Informe del radiólogo sobre el examen realizado.

Solución al test n.º 29

1. a) PACS.

2. a) TCP/IP.

3. d) *Digital Imaging and Communication on Medicine*.

4. d) Todo lo anterior.

5. d) *Media Storage and File Format for Media Interchange* o parte 10.

6. a) PACS.

7. c) 3.0.

8. c) Gestión de archivos analógicos.

9. b) Poder disponer de forma integrada de las imágenes digitales asociadas a un paciente procedente de las distintas modalidades.

10. c) Son correctas las respuestas a) y b).

11. c) LAN: *Local Area Network* (Red de Área Local).

12. c) 100 Mbps siendo necesaria una conexión entre servidores de 1 Gbps.

13. d) Se puede hacer con cualquiera de las tres anteriores.

14. c) La memoria remota.

15. a) Discos duros de los servidores.

16. c) Estaciones de revisión.

17. a) Gestión de imágenes digitales.

18. d) Clientes Web.

19. a) Vía TCP/IP.

20. a) RIS.

21. d) Gestión de archivos de imágenes digitales.

22. d) Gestiona todas las anteriores.

23. c) Estándares HL7 y DICOM.

24. a) El RIS proporcionará al PACS toda la información sobre las citaciones existentes.

25. d) Todas son ciertas.

26. b) Sistema HIS.

27. b) Sistemas de adquisición de imágenes radiológicas.

28. b) Una base de datos del hospital.

29. d) Sistemas de Gestión Imágenes Digitales.

30. d) Informe del radiólogo sobre el examen realizado.

Clasificación de los Servicios de Radiología según la O.M.S.: básica, general y especializada. Estructura básica: ubicación, instalaciones y disposición de equipos

1. ¿Cuál es la "señalización de zona vigilada en un Servicio de Medicina Nuclear"?

a) Se señaliza con un trébol azul con puntas radiales sobre fondo gris.
b) Se señaliza con un trébol gris con puntas radiales sobre fondo punteado.
c) Se señaliza con un trébol rojo con puntas radiales sobre fondo blanco.
d) Se señaliza con un trébol verde con puntas radiales sobre fondo punteado.

2. ¿Quién suele ser el Jefe de Servicio de Medicina Nuclear?

a) Un médico especialista en Medicina Nuclear.
d) Un Técnico Superior en Imagen para el Diagnóstico y Medicina Nuclear (TSDI).
a) Un enfermero con la especialidad realizada.
b) Un médico especialista en Radiología.

3. ¿Qué categoría tendrán los médicos radiólogos responsables en el Servicio de las distintas áreas en que se divide el mismo (tórax, abdomen, pediatría, etc.), debiendo garantizar un funcionamiento adecuado?

a) Jefe de Servicio.
b) Jefe de Sección.
c) Radiólogo Adjunto.
d) Radiólogo Residente.

4. ¿Cuánto dura generalmente la residencia de los médicos residentes en el Servicio de Radiología?

a) 2 años.
b) 3 años.
c) 4 años.
d) 5 años.

5. ¿Qué miembro del equipo multidisciplinar del Servicio de Radiología no es paramédico?

a) Auxiliar de Enfermería.
b) Técnico/a Superior en Imagen para el Diagnóstico y Medicina Nuclear (TSID).
c) Administrativa.
d) Todos pertenecen al personal paramédico.

6. ¿Quién es el responsable directo del control del trabajo realizado por el personal paramédico o sanitario no facultativo?

a) Un jefe de Sección.
b) Un supervisor técnico.
c) Un enfermero con rango de jefe.
d) El propio jefe de Servicio.

7. ¿Qué miembro del equipo multidisciplinar del servicio de radiología no es considerado personal sanitario?

a) Médicos radiólogos.
b) TSID.
c) Celadores.
d) Son todos considerados como personal sanitario.

8. ¿Quiénes no están integrados en el organigrama de un Servicio de Medicina Nuclear, entre las figuras que componen?

a) No están integrados los celadores.
b) No están integrados los TSID.
c) No están integrados los Técnicos Superiores de Laboratorio.
d) Todos los anteriores están integrado como personal en Medicina Nuclear.

9. ¿Quién suele ser el Jefe de Servicio de Radiología?

a) Un enfermero con la especialidad realizada.
b) Un técnico antiguo de radiodiagnóstico.
c) Un médico radiólogo.
d) Un técnico superior en imagen.

10. ¿Quiénes no están integrados en el organigrama de un servicio de radiodiagnóstico, entre las figuras que componen?

a) No están integrados los celadores.
b) No están integrados los enfermeros.
c) No están integrados los TSID.
d) No están integrados los técnicos de laboratorio.

11. ¿A qué grupo pertenecen los Técnicos en Radiodiagnóstico dentro del organigrama de los Servicios de Radiodiagnóstico y Medicina Nuclear en el grupo?

a) Personal médico.
b) Personal paramédico.
c) Personal administrativo.
d) Celadores.

12. ¿Quién generalmente llama a los pacientes para la exploración radiológica?

a) El Celador.
b) El Administrativo.
c) El Auxiliar.
d) El TSID.

13. ¿Cuál no es una función del TSID?

a) Comprobar los datos de identificación del paciente y las proyecciones o estudios solicitados por el médico.
b) Preparar la sala de examen para la prueba, así como controlar y manejar el equipo de imagen asignado.
c) Observar continuamente al paciente durante el estudio.
d) Informar de la imagen obtenida del estudio, para proceder a su diagnóstico.

14. ¿Qué datos debe comprobar el técnico en radiodiagnóstico, al leer y examinar la petición del estudio radiográfico?

a) Datos de identificación del paciente y del médico radiólogo que le va a hacer el informe.
b) Diagnóstico de certeza.
c) Proyecciones o estudios solicitados por el médico y diagnóstico de certeza.
d) Datos de identificación del paciente, diagnóstico probable y proyecciones o estudios solicitados por el médico.

15. ¿Qué nivel según la OMS poseerá el Servicio de Radiodiagnóstico General?

a) Nivel 1.
b) Nivel 2.
c) Nivel 3.
d) Nivel 4.

16. Aquel Servicio de Radiodiagnóstico en el que únicamente pueden realizarse radiografías simples se denomina:

a) Servicio de Radiodiagnóstico Básico.
b) Servicio de Radiodiagnóstico General.

c) Servicio de Radiodiagnóstico Especializado.
d) Servicio de Radiodiagnóstico Específico.

17. ¿Cuál de los siguientes componentes no encontraremos en un servicio de radiodiagnóstico básico?

a) Fonendo y esfigmomanómetro.
b) Elementos de protección radiológica.
c) Guantes de látex y vinilo.
d) Un inyector de contraste.

18. ¿Cuál de los siguientes elementos no se encuentra en un servicio de radiodiagnóstico básico?

a) Tubo de rayos X.
b) Intensificador de imagen.
c) Mesa de exploración.
d) Negatoscopio.

19. ¿Qué nombre recibirá el servicio de radiodiagnóstico donde se hacen ecografías, además de otras técnicas?

a) Servicio de Radiodiagnóstico Básico.
b) Servicio de Radiodiagnóstico General.
c) Servicio de Radiodiagnóstico Especializado.
d) Servicio de Radiodiagnóstico Específico.

20. Podremos encontrar chasis de fósforo en:

a) Salas de radiografía digital.
b) Salas de radiografía convencional.
c) Los chasis de fósforo están en desuso, ya que producen numerosos artefactos en la imagen.
d) Salas de resonancia magnética.

21. ¿Cuál debe ser la superficie del Servicio de Radiodiagnóstico y el número de salas de exploración para un pequeño hospital de 300 camas?

a) 450 m² y 3 salas de exploración.
b) 750 m² y 5 salas de exploración.
c) 600 m² y 4 salas de exploración.
d) 1000 m² y 8 salas de exploración.

22. ¿Dónde se encuentra la zona de recepción en el servicio de radiología?

a) A la salida del mismo.
b) En la planta alta del hospital.

c) A la entrada del mismo.
d) En indiferente su ubicación.

23. ¿Dónde se deben localizar los pacientes después del estudio hasta que se les entregue la radiografía para su médico?

a) En la sala de examen.
b) En la sala de recepción.
c) En la sala de control.
d) En la sala de espera.

24. ¿Cuántas salas de exploración suelen existir en los servicios de radiodiagnóstico generales o nivel 2 según la OMS?

a) Solo una sala de exploración.
b) Una o dos salas de exploración.
c) De tres a cinco salas de exploración.
d) Cinco o más salas de exploración.

25. ¿Dónde se ubica el cuarto oscuro en el servicio de radiología?

a) En la sala de conferencias.
b) En la sala de informes.
c) En la sala de revelado.
d) Se puede localizar en la sala de revelado o en la sala de informe, o en ambas.

26. ¿De qué color es la luz existente en el cuarto oscuro de revelado?

a) Verde.
b) Violácea.
c) Azulada.
d) Roja.

27. ¿Cómo se denomina la zona del servicio de radiodiagnóstico donde se encuentran los negatoscopios?

a) Sala de exploración.
b) Sala de espera.
c) Sala de informes.
d) Sala de revelado.

28. Generalmente, ¿qué tipo de pacientes se suelen atender en el Servicio de Radiodiagnóstico?

a) Los impacientes y los tranquilos.
b) Solo los que vienen con cita previa.

c) Solo los derivados de otros servicios del hospital.

d) Los que vienen con cita previa, y los de urgencia.

29. ¿Cuál es el primer paso justo antes de la exploración radiologica en admisión y atención en el servicio de radiodiagnóstico?

a) Verificación de la exploración que se va a realizar.

b) Identificación del paciente con nombre y dos apellidos.

c) Identificación del paciente con nombre y solo un apellido.

d) Comprobación de la preparación del paciente cuando el estudio lo requiera.

30. ¿Qué es falso de las afirmaciones siguientes respecto a la recepción del paciente en radiodiagnóstico?

a) Dependiendo de la exploración que se vaya a realizar, el paciente debe desprenderse de determinada ropa y objetos.

b) Le proporcionaremos una bata radiopaca.

c) Se le indicará todo aquello que consideremos oportuno al paciente, para que cumpla durante el examen.

d) Antes de irse el paciente del servicio, tras la exploración, se debe verificar si el estudio es OK.

Solución al test n.º 30

1. b) Se señaliza con un trébol gris con puntas radiales sobre fondo punteado.

2. a) Un médico especialista en Medicina Nuclear.

3. b) Jefe de Sección.

4. c) 4 años.

5. c) Administrativa.

6. b) Un supervisor técnico.

7. c) Celadores.

8. d) Todos los anteriores están integrado como personal en Medicina Nuclear.

9. c) Un médico radiólogo.

10. d) No están integrados los técnicos de laboratorio.

11. b) Personal paramédico.

12. d) El TSID.

13. d) Informar de la imagen obtenida del estudio, para proceder a su diagnóstico.

14. d) Datos de identificación del paciente, diagnóstico probable y proyecciones o estudios solicitados por el médico.

15. b) Nivel 2.

16. a) Servicio de Radiodiagnóstico Básico.

17. d) Un inyector de contraste.

18. b) Intensificador de imagen.

19. c) Servicio de Radiodiagnóstico Especializado.

20. a) Salas de radiografía digital.

21. b) 750 m² y 5 salas de exploración.

22. a) A la salida del mismo.

23. d) En la sala de espera.

24. b) Una o dos salas de exploración.

25. c) En la sala de revelado.

26. d) Roja.

27. c) Sala de informes.

28. d) Los que vienen con cita previa, y los de urgencia.

29. d) Comprobación de la preparación del paciente cuando el estudio lo requiera.

30. b) Le proporcionaremos una bata radiopaca.

TEST N.º 31

Atención al paciente. Requisitos de preparación. Técnicas de movilización e inmovilización y medios de protección

1. ¿Qué aspectos debe tener en cuenta y conocer el Técnico Superior en Imagen para el Diagnóstico respecto a la atención del paciente?

a) Actuar siempre en consecuencia con los principios éticos que marca su profesión.
b) Conocer las normas relacionadas con el cumplimiento de los derechos y deberes de los pacientes.
c) Conocer las normas relacionadas con el cumplimiento de los derechos y deberes de los pacientes, así como las normas de mecánica corporal, y actuar siempre en consecuencia con los principios éticos que marca su profesión.
d) Nada de lo anterior es cierto.

2. ¿Qué expresamos, escuchamos y comprendemos con la comunicación entre personas?

a) Sentimientos.
b) Ideas.
c) Emociones.
d) Todo lo anterior.

3. ¿Qué conlleva para el receptor de la comunicación saber centrarse en la persona que está hablando, mantener un buen contacto visual y saber responder o contestar cualquier pregunta en el momento oportuno?

a) Tener una escucha activa.
b) Saber escuchar.
c) Son correctas las respuestas a) y b).
d) Son incorrectas las respuestas a) y b).

4. ¿Dónde o cuándo se produce en el servicio de radiología el primer contacto con el paciente y primer acto de comunicación con el mismo?

a) En la sala de control.
b) A la hora de la recepción.
c) En la sala de exploración.
d) En los vestuarios del usuario.

5. ¿Cuál de las siguientes opciones se considera muy importante dentro de la relación entre personas en el ámbito sanitario?

a) Catarsis.
b) Comunicación no verbal.
c) Comunicación verbal.
d) Empatía y comunicación no verbal.

6. ¿Cuál debe ser nuestro principal objetivo en la atención al paciente?

a) Sanar al paciente.
b) Satisfacer las necesidades del paciente.
c) Evitar presunciones sobre todo en pacientes que van a realizarse pruebas diagnósticas.
d) Utilizar la comunicación verbal para aliviar sus temores.

7. ¿Qué aspectos son muy importantes en la comunicación del técnico con el resto del equipo de radiología dentro de unas adecuadas relaciones interpersonales?

a) Realizar una adecuada comunicación verbal y respetando las normas de convivencia.
b) Realizar una adecuada comunicación no verbal y respetando las normas de convivencia.
c) Una adecuada comunicación no verbal, contacto apropiado con los compañeros formal e informalmente y cuidar nuestro aspecto físico.
d) Nada de lo anterior es importante.

8. ¿Qué situación consideras inapropiada en la comunicación del técnico con el resto del equipo de radiología?

a) Escuchar pausadamente y atentamente a los compañeros de trabajo.
b) Llevar a cabo unas relaciones interpersonales basadas en el hecho de que los demás se sientan a gusto consigo mismos.
c) Felicitar por un trabajo bien hecho.
d) Realizar comentarios no constructivos y murmuraciones sobre personas del equipo.

9. ¿Qué beneficios para el técnico superior en imagen para el diagnóstico conlleva realizar una adecuada atención y preparación al paciente, como insumo del sistema?

a) Mejorará su trato de interrelación y comunicación con otros profesionales.
b) Protocolizará mejor su trabajo diario.
c) Interpretará más eficazmente los resultados, al obtenerse imágenes de gran calidad.
d) Disminuirá los riesgos de exposición externa e interna, mejorará su seguridad jurídica, así como protocolizará mejor su trabajo diario.

10. ¿Se requiere preparación previa en las radiografías simples de abdomen?

a) Nunca se requiere.
b) Generalmente se requiere.
c) Generalmente se requiere, especialmente en casos de alergia medicamentosa.
d) Generalmente se requiere, excepto en urgencias.

11. En las radiografías simples:

a) Siempre es necesaria una preparación previa del paciente antes de acudir al servicio de radiodiagnóstico.
b) Nunca es necesaria la preparación previa del paciente.
c) En general, no se requiere ninguna preparación previa del paciente, excepto en las radiografías simples de abdomen.
d) En general, no se requiere ninguna preparación previa del paciente, excepto en las radiografías simples de tórax.

12. ¿Qué tiempo aproximado debe permanecer el paciente en observación tras la administración del contraste?

a) 5 minutos.
b) 15 minutos.
c) 30 minutos.
d) 60 minutos.

13. ¿Qué le diremos al paciente al finalizar la prueba (TC) si esta ha sido con contraste?

a) Que no coma en dos horas.
b) Que ande mucho.
c) Que beba mucho líquido.
d) Todas son ciertas.

14. ¿Qué es cierto sobre los pacientes claustrofóbicos?

a) Son obesos.
b) Necesitan más tiempo para que sean informados.
c) Suelen ser irritables y requieren de menos tiempo para ser informados.
d) Necesitan más tiempo para será informados y suelen ser irritables.

15. ¿En qué situaciones del paciente puede obviarse la realización del consentimiento informado ante una radiología intervencionista?

a) Si el procedimiento viene dictado por orden judicial (imperativo legal).
b) Por incompetencia del paciente argumentable judicialmente.
c) Son correctas las respuestas a) y b).
d) Nunca debe obviarse la firma del consentimiento informado.

16. Generalmente, ¿cuándo decimos que se termina de realizar un estudio radiológico mamográfico?

a) Cuando la paciente se marcha inmediatamente.
b) Cuando la paciente espera hasta que le digamos que se marche.
c) Cuando la paciente vuelve a la hora.
d) Cuando la paciente recoge los resultados y se marcha.

17. ¿Qué estudio no es habitual de radiología telemandada?

a) Ortopantomografía.
b) Enema opaco.
c) Urografía intravenosa.
d) Dacriocistografía.

18. ¿Qué medida de estas se requiere en la preparación del paciente frente a una cistografía?

a) Ayuno desde la noche anterior.
b) No requiere preparación previa.
c) La tarde anterior usar un laxante.
d) Son correctas las respuestas b) y c).

19. ¿Qué preparación requiere la cistografía retrograda?

a) Firmar un consentimiento informado.
b) Ir con la vejiga llena.
c) Las respuestas a) y b) son correctas.
d) No tiene preparación previa.

20. ¿Cuándo se debe realizar la histerosalpingografía?

a) Una semana antes de la menstruación.
b) Durante la menstruación.
c) Una semana después de la menstruación.
d) Durante la ovulación.

21. ¿Qué es lo más importante a la hora de trabajar con pacientes con problemas auditivos?

a) Alzar mucho la voz.
b) Situarse dentro de su campo visual.
c) Utilizar gestos con las manos.
d) Utilizar notas en papel.

22. ¿Cómo deben ser las instrucciones que se le dan a pacientes con discapacidades psíquicas?

a) Claras, sencillas y directas.
b) Fáciles y cortas.
c) Correctas.
d) Fáciles y correctas.

23. ¿Qué es cierto en pacientes seniles y oncológicos?

a) Nunca se debe dar sensación de prisa o apatía ante ellos.
b) Se debe tener una actitud de empatía y comprensión.
c) No se les debe permitir el llanto.
d) Necesitan apoyo psicológico.

24. ¿Qué medida es la más efectiva y se llevará a cabo en caso de tuberculosis para evitar el contagio?

a) Uso de papi.
b) Uso de bata.
c) Uso de mascarilla.
d) Ninguna medida es efectiva.

25. En pacientes inmunodeprimidos:

a) Los guantes, mascarilla, bata, etc., que emplee el personal sanitario deben ser estériles.
b) En este tipo de pacientes las medidas tomadas en su traslado serán las mismas que para el resto de los pacientes.
c) Permanecerán en la sala de espera con el resto de pacientes.
d) Se tomarán las mismas medidas que en pacientes infecciosos.

26. ¿Cuáles son los tres conceptos fundamentales para entender la mecánica corporal?

a) La base de apoyo, el peso del paciente y el centro de gravedad.
b) El centro de gravedad, el peso del paciente y la línea de gravedad.
c) La base de apoyo, el centro de gravedad y la altura del paciente.
d) La base de apoyo, el centro de gravedad de la línea de gravedad.

27. ¿En qué tipo de pacientes no utilizaremos el traslado en camilla?

a) En aquellos que no puedan permanecer sentados largos periodos de tiempo.
b) En los inconscientes.
c) En los pacientes que se encuentren más seguros en camilla que en la silla de ruedas.
d) Lo utilizaremos en todos los pacientes.

28. ¿Qué medidas de estas se debe tomar para evitar lesiones en prominencias óseas en aquellos pacientes que deban de permanecer en la mesa de exploración durante más de 10 minutos?

a) Mantener al paciente en la misma posición.

b) Contactar las prominencias óseas.

c) Colocar almohadillas radiotransparentes entre las prominencias óseas.

d) Arrastrar a los pacientes en la mesa de exploración.

29. ¿Qué medidas se deberían tener en cuenta en cuanto al cuidado de la piel del paciente para evitar las úlceras por presión?

a) Mantener la piel limpia.

b) Mantener la piel húmeda.

c) Friccionar a menudo la piel del paciente.

d) En exploraciones que se alarguen en el tiempo, mantener al paciente en la misma posición.

30. Para realizar inmovilizaciones de piernas y brazos durante la exploración del paciente pueden utilizarse:

a) Sedación ligera.

b) Sedación profunda.

c) Bandas elásticas o incluso otros tipos de artilugios que se fabriquen prácticamente de modo casero en el Servicio.

d) No utilizar nada.

Solución al test n.º 31

1. c) Conocer las normas relacionadas con el cumplimiento de los derechos y deberes de los pacientes, así como las normas de mecánica corporal, y actuar siempre en consecuencia con los principios éticos que marca su profesión.

2. d) Todo lo anterior.

3. c) Son correctas las respuestas a) y b).

4. b) A la hora de la recepción.

5. d) Empatía y comunicación no verbal.

6. b) Satisfacer las necesidades del paciente.

7. c) Una adecuada comunicación no verbal, contacto apropiado con los compañeros formal e informalmente y cuidar nuestro aspecto físico.

8. d) Realizar comentarios no constructivos y murmuraciones sobre personas del equipo.

9. d) Disminuirá los riesgos de exposición externa e interna, mejorará su seguridad jurídica, así como protocolizará mejor su trabajo diario.

10. d) Generalmente se requiere, excepto en urgencias.

11. c) En general, no se requiere ninguna preparación previa del paciente, excepto en las radiografías simples de abdomen.

12. b) 15 minutos.

13. c) Que beba mucho líquido.

14. d) Necesitan más tiempo para será informados y suelen ser irritables.

15. c) Son correctas las respuestas a) y b).

16. b) Cuando la paciente espera hasta que le digamos que se marche.

17. a) Ortopantomografía.

18. b) No requiere preparación previa.

19. a) Firmar un consentimiento informado.

20. c) Una semana después de la menstruación.

21. b) Situarse dentro de su campo visual.

22. a) Claras, sencillas y directas.

23. a) Nunca se debe dar sensación de prisa o apatía ante ellos.

24. c) Uso de mascarilla.

25. a) Los guantes, mascarilla, bata, etc., que emplee el personal sanitario deben ser estériles.

26. d) La base de apoyo, el centro de gravedad de la línea de gravedad.

27. d) Lo utilizaremos en todos los pacientes.

28. c) Colocar almohadillas radiotransparentes entre las prominencias óseas.

29. a) Mantener la piel limpia.

30. c) Bandas elásticas o incluso otros tipos de artilugios que se fabriquen prácticamente de modo casero en el Servicio.

Terminología anatómica. Anatomía general.
Posiciones. Planos. Proyecciones

1. Respecto al hidrógeno (H) como átomo:

a) Es el más frecuente en el universo, y en nuestra composición, aunque sin el átomo de carbono (C) no seríamos seres vivos.
b) En este átomo se fundamenta la mayor parte de los estudios de resonancia magnética (RM).
c) Son correctas las respuestas a) y b).
d) Son incorrectas las respuestas a) y b).

2. ¿Qué tejido humano no es básico de los que se nombran?

a) Tejido óseo.
b) Tejido muscular.
c) Tejido epitelial.
d) Ninguno de los anteriores es básico.

3. ¿Cómo se denomina el conjunto de células que estructuran el tejido noble, o propiamente es el tejido especializado en una determinada función, que se nutre o sostiene por otros?

a) Parénquima.
b) Estroma.
c) Epidermis.
d) Son correctas las respuestas b) y c).

4. ¿Qué condiciones o características de las enunciadas no posee el arquetipo humano?

a) Estar durante el estudio en Posición Anatómica.
b) Constitución o biotipo atlético.
c) Peso aproximado de 70 a 75 kilogramos.
d) Posee todas las anteriores.

5. El arquetipo humano está en la posición anatómica como modelo anatómico de estudio. ¿Qué característica de las que se nombran no pertenece a dicha posición?

a) Estar en bipedestación.
b) Los miembros superiores deben estar extendidos y pegados al cuerpo.
c) El observador está a las espaldas del arquetipo.
d) Cabeza erguida.

6. ¿Qué eje es aquella recta paralela al suelo, va de lado a lado y es perpendicular a los otros dos ejes?

a) Eje horizontal.
b) Eje sagital.
c) Eje longitudinal.
d) Ninguno de los anteriores.

7. ¿Qué plano va de arriba abajo, y del lado izquierdo al lado derecho, cortando al arquetipo en dos partes: anterior y posterior?

a) Plano transversal.
b) Plano coronal.
c) Plano sagital.
d) Plano horizontal.

8. ¿Qué dirección indica alejado del cuerpo?

a) Caudal.
b) Craneal.
c) Proximal.
d) Distal.

9. ¿Cómo se denomina el movimiento de rotación externa de alguna parte corporal?

a) Supinación.
b) Pronación.
c) Inversión.
d) Eversión.

10. ¿Cuántos grados de movimiento poseen las articulaciones interfalángicas?

a) Un grado de movimiento.
b) Dos grados de movimiento.
c) Tres grados de movimiento.
d) Ningún grado de movimiento.

11. ¿Qué otro nombre recibe la posición de decúbito dorsal?

a) Decúbito prono.
b) Decúbito lateral izquierdo.
c) Decúbito supino.
d) Decúbito transversal.

12. ¿Cuál es la posición en la que el enfermo se encuentra acostado sobre su abdomen y pecho, es decir, tumbado boca abajo?

a) Decúbito lateral derecho.
b) Decúbito dorsal.
c) Decúbito prono.
d) Decúbito supino.

13. ¿Qué ángulo forma el paciente (o el respaldo de la cama) que se encuentra en la posición de Fowler o semisentado, con la cabecera levantada y piernas ligeramente flexionadas?

a) 15º.
b) 30º.
c) 45º.
d) 60º.

14. La posición semiprona es:

a) La posición de Fowler.
b) La posición de semi-Fowler.
c) La posición de Roser.
d) La posición de Sims.

15. La posición de seguridad, en la que se coloca a los enfermos inconscientes para facilitarles la eliminación de las secreciones y evitarles la broncoaspiración, es:

a) La posición de Sims.
b) La posición de decúbito supino.
c) La posición de Fowler.
d) La posición de Trendelenburg.

16. ¿En qué posición de las que se nombra hay que colocar al paciente ante situaciones de shock (especialmente hipovolémico) o en casos de lipotimias?

a) En la posición de Trendelenburg.
b) En la posición de Morestin.
c) En la posición de Roser.
d) En la posición de Fowler.

17. ¿Cómo se llama la cabeza que presenta una forma más corta y redondeada, que es la de la letra b de la imagen (la letra a es la cabeza normal)?

a) Dolicocéfala.
b) Mesocéfala.
c) Braquicéfala.
d) Troquicéfala.

Imagen pregunta 17

18. ¿Cuál es el límite anatómico del cráneo con la cara?

a) Arcos supraorbitarios.
b) Glabela.
c) Gonión.
d) Ninguno de los anteriores.

19. ¿Qué estructura muscular interior delimita tórax y abdomen?

a) Peritoneo.
b) Diafragma.
c) Pectorales.
d) Abdominales.

20. ¿En qué tipo de cuadrantes de la cara anterior del abdomen están en la imagen siguiente ilustrados los números 1, 2 y 3?

a) Cuadrantes caudales.
b) Cuadrantes inferiores.
c) Cuadrantes superiores.
d) Cuadrantes medios.

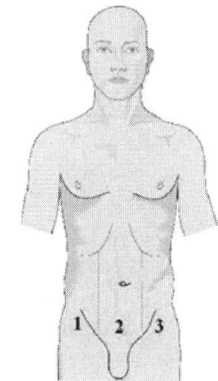

Imagen pregunta 20

21. ¿Qué órgano contiene el hipocondrio derecho?

a) Bazo.
b) Hígado.

c) Páncreas.
d) Estómago.

22. ¿Qué zona del abdomen de la imagen es la que tiene puesta una X?

a) Epigastrio.
b) Hipocondrio.
c) Mesogastrio.
d) Hipogastrio.

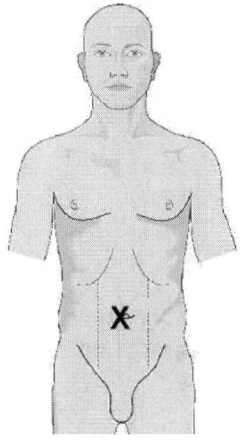

Imagen pregunta 22

23. ¿Dónde se localiza la articulación coxofemoral?

a) En la pelvis.
b) En el abdomen.
c) En las nalgas.
d) En la cadera.

24. ¿Qué es el gonión?

a) El ángulo inferior de la mandíbula.
b) La raíz nasal.
c) La base de la nariz.
d) La prominencia externa del pabellón auditivo.

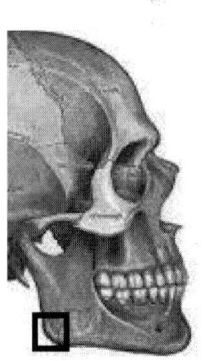

Imagen pregunta 24

25. ¿Qué eminencia ósea de estas se localiza en el miembro superior?

a) Espina tibial.
b) Cóndilos femorales interno y externo.
c) Olécranon.
d) Trocánter mayor.

26. La cavidad inferior a la cavidad abdominal se llama cavidad:

a) Hipoabdominal.
b) Pelviana.
c) Pélvica.
d) Mesentérica.

27. ¿A qué se denomina el proceso de registrar una parte del cuerpo en un receptor de imagen?

a) Posición.
b) Placa.
c) Registro.
d) Proyección.

28. ¿Cómo se denomina la proyección que se da cuando el haz central de radiación va del lado interno al lado externo?

a) Proyección mediolateral.
b) Proyección lateromedial.
c) Proyección oblicua anterior.
d) Proyección oblicua posterior.

29. ¿Qué proyección es aquella en la que el rayo central incide perpendicularmente sobre el plano sagital, entrando por su lado derecho y saliendo por su lado izquierdo?

a) Proyección lateral derecha.
b) Proyección lateral izquierda.
c) Proyección medial.
d) Proyección interior.

30. ¿Sobre qué plano incide perpendicularmente el haz central de Rx en una proyección lateral (L)?

a) Coronal.
b) Frontal.
c) Axial.
d) Sagital.

Solución al test n.º 32

1. c) Son correctas las respuestas a) y b).

2. a) Tejido óseo.

3. a) Parénquima.

4. d) Posee todas las anteriores.

5. c) El observador está a las espaldas del arquetipo.

6. a) Eje horizontal.

7. b) Plano coronal.

8. d) Distal.

9. a) Supinación.

10. a) Un grado de movimiento.

11. c) Decúbito supino.

12. c) Decúbito prono.

13. c) 45º.

14. d) La posición de Sims.

15. a) La posición de Sims.

16. a) En la posición de Trendelenburg.

17. c) Braquicéfala.

18. a) Arcos supraorbitarios.

19. b) Diafragma.

20. b) Cuadrantes inferiores.

21. b) Hígado.

22. c) Mesogastrio.

23. d) En la cadera.

24. a) El ángulo inferior de la mandíbula.

25. c) Olécranon.

26. c) Pélvica.

27. d) Proyección.

28. a) Proyección mediolateral.

29. a) Proyección lateral derecha.

30. d) Sagital.

TEST N.º 33

Anatomía radiológica de la extremidad superior. Exploración radiológica de la cintura escapular y de la extremidad superior. Técnica radiográfica simple. Proyecciones más comunes

1. ¿Qué elemento de los que se nombran no pertenece al sistema muscular del aparato locomotor?

a) Fascias.
b) Ligamentos.
c) Tendones.
d) Músculos.

2. ¿En qué zona de un hueso largo se localiza el cartílago de crecimiento?

a) En la epífisis proximal.
b) En la epífisis distal.
c) En la diáfisis.
d) En las metáfisis.

3. ¿Cómo se denomina el conjunto de sucesos o procesos que se llevan a cabo para el crecimiento y desarrollo de nuestro esqueleto?

a) Osificación.
b) Osteólisis.
c) Osteogénesis.
d) Calcificación.

4. ¿Qué tipo de articulación poseen los huesos nasales o propios de la nariz, entre ellos, en el adulto?

a) Sinfibrosis.
b) Sincondrosis.
c) Sinostosis.
d) Anfiartrosis.

5. ¿Cuántos grados de movimiento poseen las diartrosis tipo tróclea?

a) Un grado de movimiento.
b) Dos grados de movimiento.
c) Tres grados de movimiento.
d) Ningún grado de movimiento.

6. ¿Qué hueso es el de la imagen?

a) Radio.
b) Tibia.
c) Fémur.
d) Húmero.

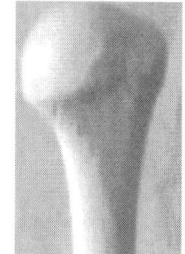

Imagen pregunta 6

7. ¿Qué hueso es el de la imagen, marcado con una X?

a) Falange tercera del dedo anular.
b) Metacarpiano II.
c) Metacarpiano II.
d) Metacarpiano IV.

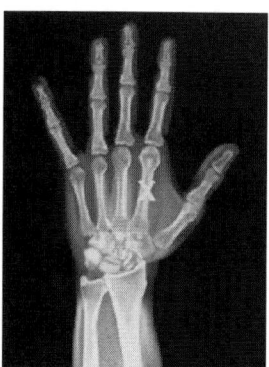

Imagen pregunta 7

8. ¿Qué zona anatómica del húmero derecho (vista posterior) es la de la imagen?

a) Caput.
b) Cuello quirúrgico.
c) Cuello anatómico.
d) Troquín.

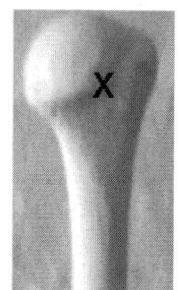

Imagen pregunta 8

9. ¿En qué mano/muñeca un TSID debe hacer una placa a un niño zurdo de 7 años, para determinar su edad ósea, y qué hueso concreto se osifica en dicha edad?

a) Derecha (no dominante), y el hueso de edad de osificación se corresponde con el semilunar.

b) Derecha (no dominante), y el hueso de edad de osificación se corresponde con el escafoides.

c) Izquierda (dominante), y el hueso de edad de osificación se corresponde con el escafoides.

d) Izquierda (dominante), y el hueso de edad de osificación se corresponde con el semilunar.

10. Generalmente, ¿a qué niños o adolescentes se les hace un estudio radiográfico de edad ósea y con qué motivo?

a) En los de edad desconocida, generalmente marginales.

b) Para confirmar el diagnóstico de variantes normales de crecimiento.

c) En ciertos trastornos del crecimiento (displasias…).

d) En todas las situaciones anteriores está indicado el estudio.

11. El ligamento de Gerdy va desde la apófisis coracoides hasta:

a) La piel de la axila.

b) El troquíter.

c) La escotadura coracoides del omóplato.

d) El troquín.

12. Ante esta radiografía de muñeca, ¿cuál es el huesecillo del carpo marcado con un X?

a) Trapecio.
b) Escafoides.
c) Piramidal.
d) Ganchoso.

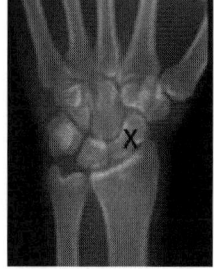

Imagen pregunta 12

13. ¿Qué articulación del miembro superior de las que se nombran es o son sinartrósicas?

a) Carpometacarpiana I.
b) Metacarpofalángica I.
c) Intermetacarpianas.
d) Interfalángicas.

14. ¿Qué músculos de la cintura escapular que guardan relación con el miembro superior no son posteriores?

a) Supraespinosos.
b) Pectorales mayores.
c) Deltoides.
d) Infraespinosos.

15. ¿Qué zona es la marcada con una X es esta radiografía lateral de codo?

a) Escotadura del cúbito.
b) Cabeza del radio.
c) Olécranon.
d) Tróclea del radio.

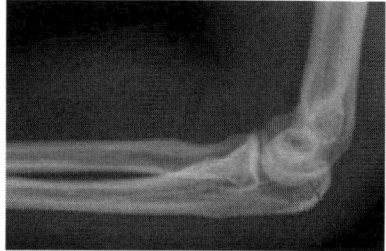

Imagen pregunta 15

16. ¿Qué depresión anatómica se indica en esta imagen marcada con una X?

a) Escotadura humeral.
b) Cavidad glenoidea escapular.
c) Corredera bicipital.
d) Ninguna de las anteriores.

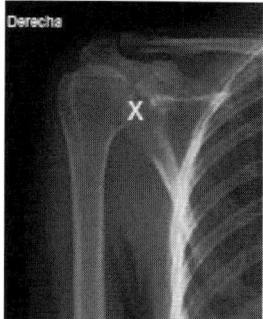

Imagen pregunta 16

17. ¿Qué afirmación es incorrecta de la proyección AP de hombro?

a) El punto anatómico de referencia es la apófisis coracoides de la escápula (dos dedos por debajo de esta).

b) El miembro debe estar flexionado y hacer que haya una cierta rotación interna de la articulación.

c) Generalmente se posiciona al paciente en bipedestación o en decúbito supino, y se le gira hasta que la parte posterior del hombro choque con el bucky.

d) Se debe visualizar de perfil troquíter y cáput (algo superpuesto a la cavidad glenoidea), y se deben observar tanto detalles óseos como de partes blandas, ya que a veces se presentan calcificaciones en la zona.

18. ¿En qué estudio de la articulación del hombro existe cierta superposición de troquíter con cabeza humeral, y el troquín lo hace con la cavidad glenoidea del omóplato?

a) AP de hombro en rotación externa.
b) AP de hombro en rotación neutra.
c) AP de hombro en rotación interna.
d) En ninguno de los anteriores.

19. ¿Cuál es el punto de centrado en la lateral transtorácica (método de Lawrence)?

a) El cuello quirúrgico del húmero de la articulación afecta.
b) El cuello quirúrgico del húmero de la articulación no afecta.
c) La apófisis coracoides de la articulación afecta.
d) La apófisis coracoides de la articulación no afecta.

20. ¿Qué proyección consideras idónea para descartar luxaciones escapulohumerales de manera inicial?

a) Proyección estándar AP de hombro.
b) Proyección lateral transtorácica (método de Lawrence).
c) Son correctas las respuestas a) y b).
d) Son incorrectas las respuestas a) y b).

21. ¿Con qué se corresponde los brazos de la Y en la proyección anterior oblicua o proyección de la escápula en "Y" descrita por Rubin, Gray y Green?

a) Con el acromion de la escápula y el troquíter del húmero.
b) Con el acromion y la apófisis coracoides de la escápula.
c) Con la apófisis coracoides de la escápula y el troquíter del húmero.
d) Con el acromion de la escápula y el cáput humeral.

22. ¿Qué proyección es el método de Pearson?

a) La proyección apical oblicua del hombro.
b) Las proyecciones AP o PA acromioclaviculares.
c) La proyección PA de clavículas.
d) La proyección PA bilateral de escápulas.

23. ¿Con qué proyección se deben iniciar los exámenes radiográficos del codo?

a) Con la proyección L.
b) Con la proyección AP.
c) Con la proyección oblicua.
d) Con la proyección axial.

24. ¿Qué debemos ver en la proyección PA de muñeca?

a) La epífisis distal del radio y los huesos de la hilera proximal del carpo sin rotación.
b) La epífisis distal del cúbito de forma algo oblicua.
c) Las dos hileras del carpo, y las zonas más proximales de cúbito y radio.
d) Son correctas las respuestas a) y b).

25. ¿Cuál es el punto anatómico de referencia en la proyección L de muñeca?

a) La apófisis estiloides del radio.
b) La apófisis estiloides del cúbito.
c) El punto medio del antebrazo.
d) El hueso pisciforme.

26. ¿Cómo se coloca el paciente en la proyección axial o tangencial de la muñeca o método de Gaynor-Hart?

a) Bipedestación.
b) Decúbito supino.
c) Sentado.
d) Decúbito prono.

27. En el método de Stecher se posiciona la mano en PA, sobre un dispositivo con plano inclinado y con elevación de los dedos con un ángulo respecto al plano de la mesa de aproximadamente:

a) 5º.
b) 20º.
c) 40º.
d) No se elevan los dedos con ningún dispositivo para formar angulaciones.

28. ¿Cuál es el punto anatómico de referencia para realizar el centrado en una proyección PA de mano?

a) El hueso grande del carpo.
b) El hueso ganchoso del carpo.
c) La articulación carpometacarpiana II.
d) La articulación metacarpofalángica III.

29. ¿Qué grado de rizartrosis es observable radiográficamente si se visualiza una disminución del espacio articular, y osteofitosis menor de 2 mm con menos de un tercio de la superficie articular subluxada?

a) I.
b) II.
c) III.
d) IV.

30. ¿Qué proyección es la del posicionamiento de la imagen?

a) Proyección oblicua AP de mano en rotación interna o medial (método de Norgaard).

b) Proyección oblicua PA de mano.

c) Proyección PA de mano en flexión cubital.

d) Proyección oblicua PA de mano en rotación externa o lateral (método de Nigiri).

Imagen pregunta 30

Solución al test n.º 33

1. b) Ligamentos.

2. d) En las metáfisis.

3. c) Osteogénesis.

4. c) Sinostosis.

5. a) Un grado de movimiento.

6. d) Húmero.

7. b) Metacarpiano II.

8. c) Cuello anatómico.

9. b) Derecha (no dominante), y el hueso de edad de osificación se corresponde con el escafoides.

10. d) En todas las situaciones anteriores está indicado el estudio.

11. a) La piel de la axila.

12. b) Escafoides.

13. c) Intermetacarpianas.

14. b) Pectorales mayores.

15. c) Olécranon.

16. b) Cavidad glenoidea escapular.

17. b) El miembro debe estar flexionado y hacer que haya una cierta rotación interna de la articulación.

18. c) AP de hombro en rotación interna.

19. a) El cuello quirúrgico del húmero de la articulación afecta.

20. c) Son correctas las respuestas a) y b).

21. b) Con el acromion y la apófisis coracoides de la escápula.

22. b) Las proyecciones AP o PA acromioclaviculares.

23. a) Con la proyección L.

24. d) Son correctas las respuestas a) y b).

25. a) La apófisis estiloides del radio.

26. c) Sentado.

27. b) 20º.

28. d) La articulación metacarpofalángica III.

29. b) II.

30. a) Proyección oblicua AP de mano en rotación interna o medial (método de Norgaard).

Anatomía radiológica de la extremidad inferior. Exploración radiológica. Técnica radiográfica simple. Proyecciones más comunes

1. ¿Qué estructuras óseas configuran ambas caderas?

a) Coxales y zonas proximales de las tibias.
b) Coxales y zonas proximales de ambos fémures.
c) Coxales y zonas distales de ambos fémures.
d) Coxales, sacro y zonas proximales de ambos fémures.

2. ¿Qué zona anatómica de la epífisis proximal del fémur derecho (zona posterior) es la marcada con una X?

a) Cuello anatómico.
b) Trocánter mayor.
c) Línea intertrocantérea.
d) Cuello quirúrgico.

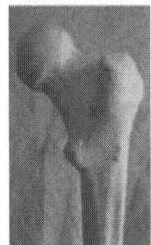

Imagen pregunta 2

3. ¿Qué zona anatómica de la epífisis distal del fémur derecho (zona posterior) es la marcada con una X?

a) Fosa intercondílea.
b) Plano poplíteo.
c) Línea áspera.
d) Tróclea.

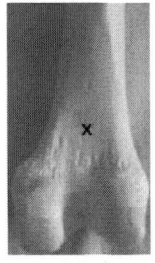

Imagen pregunta 3

4. ¿Dónde se encuentra el hueso denominado patela?

a) En el muslo.
b) En la rodilla.
c) En el tarso.
d) En la pierna.

5. El menisco tibial o interno de la pierna izquierda tiene forma de:

a) Letra O.
b) Letra D.
c) Letra C.
d) Letra T.

6. ¿Qué menisco, de los que se señalan en la imagen, es el que nos indica la incógnita, sabiendo que es una vista anterior y craneal de los miembros inferiores?

a) Menisco interno de rodilla derecha.
b) Menisco interno de rodilla izquierda.
c) Menisco externo de rodilla izquierda.
d) Menisco externo de rodilla derecha.

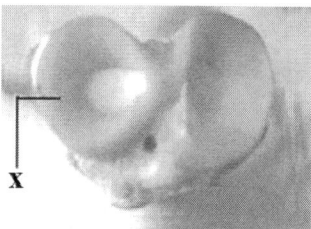

Imagen pregunta 6

7. ¿Qué hueso del miembro inferior es el que más frecuentemente se ve afectado por la enfermedad de *Osgood-Schlatter*?

a) Fémur.
b) Rótula.
c) Tibia.
d) Peroné.

8. ¿Dónde se localiza el hueso cuneiforme primero?

a) Muslo.
b) Rodilla.
c) Tarso.
d) Pierna.

9. El ligamento de Bertín es:

a) El iliofemoral.
b) El pubofemoral.

c) El isquiofemoral.
d) El transverso.

10. ¿Cuántos grados de movimiento posee el complejo articular de la rodilla?

a) Un grado de movimiento.
b) Dos grados de movimiento.
c) Tres grados de movimiento.
d) Cuatro grados de movimiento.

11. ¿Dónde se encuentra la estructura anatómica en el miembro inferior conocida como la mortaja?

a) Por arriba de la articulación tibioperonea proximal.
b) Por debajo de la articulación tibioperonea distal.
c) Por arriba de la articulación tibioperonea proximal.
d) Por debajo de la articulación tibioperonea distal.

12. ¿Dónde está la articulación de Chopart?

a) En la garganta del pie.
b) En el tobillo, en la zona del retropié.
c) En el tobillo, en la zona del antepié.
d) En el tobillo, en la zona del mediopié.

13. ¿Qué articulaciones son enartrósicas, a pesar de hacer solo dos grados de movimiento?

a) Tarsometatarsianas.
b) Intermetatarsianas.
c) Metatarsofalángicas.
d) Interfalángicas.

14. ¿Qué zona anatómica es la marcada con una X en esta radiografía de cadera izquierda (proyección AP)?

a) Cresta ilíaca posterosuperior.
b) Línea arcuata.
c) Espina ilíaca.
d) Fosa del cótilo.

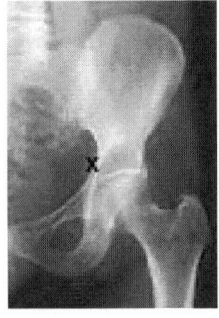

Imagen pregunta 14

15. ¿Qué indica la letra c de esta proyección AP cadera derecha?

a) Cresta ilíaca.
b) Espina ilíaca.
c) Fosa ilíaca.
d) Tuberosidad ilíaca.

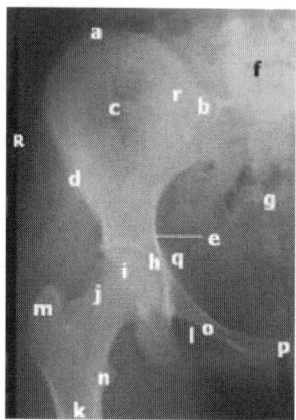

Imagen pregunta 15

16. ¿Qué proyección es la de la imagen (rodilla izquierda)?

a) AP.
b) L.
c) PA.
d) Oblicua.

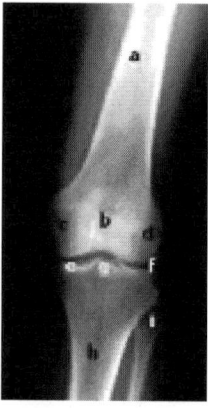

Imagen pregunta 16

17. ¿Qué zona anatómica es la marcada con una X en esta radiografía de rodilla izquierda (proyección AP)?

a) Cresta intercondílea de la tibia.
b) Diáfisis tibial.
c) Apófisis coronoides.
d) Cóndilo tibial o platillo.

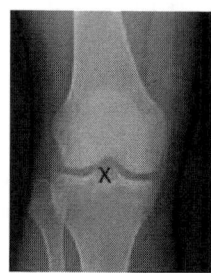

Imagen pregunta 17

18. ¿Qué hueso se aprecia con una X en esta placa lateral de tobillo/pie?

a) Calcáneo.
b) Escafoides.
c) Cuboides.
d) Talo.

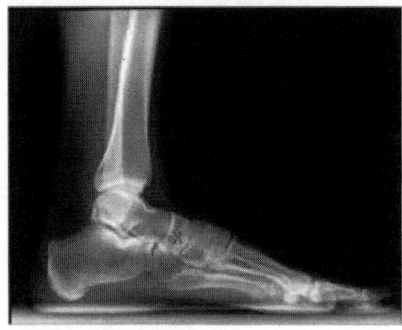

Imagen pregunta 18

19. Las fracturas sin desplazamiento se denominan:

a) Estables.
b) Cerradas.
c) Completas.
d) Fisuras.

20. ¿Cómo se denominan las fracturas con múltiples fragmentos?

a) En tallo verde.
b) Espiroideas.
c) Complicadas.
d) Conminutas.

21. ¿En qué hueso del tarso se observa el ángulo de *Böhler*?

a) En el hueso calcáneo.
b) En el hueso escafoides.
c) En el hueso cuboides.
d) En el hueso astrágalo.

22. ¿Cuál es la zona anatómica de referencia en la proyección lateral de cadera o en pata de rana o método de Löwenstein/Lauenstein?

a) Justo por debajo del cáput femoral.
b) Cuello femoral.
c) Sínfisis púbica si no es bilateral.
d) Ninguno de los anteriores.

23. ¿Qué zona anatómica se estudia con el método de Cleaves modificado?

a) Rodillas.
b) Tobillo/pie.

c) Cadera y zona proximal del fémur.
d) Pierna (zona tibial).

24. ¿Qué proyección se está realizando en este posicionamiento?

a) Proyección oblicua AP Cleaves original.
b) Proyección oblicua AP Cleaves modificado bilateral.
c) Proyección oblicua AP Cleaves modificado unilateral.
d) Proyección axial de cadera.

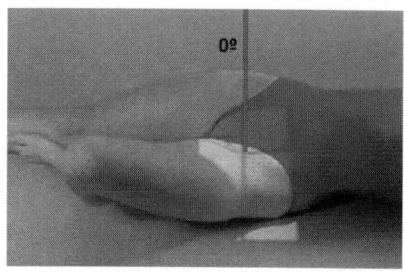

Imagen pregunta 24

25. ¿Qué zona anatómica se examina con la proyección lateroaxial de Friedman?

a) Cadera y zona proximal del fémur.
b) Rodillas.
c) Pierna (zona peroneal).
d) Tobillo/pie.

26. ¿Qué proyección de rótula es la de la imagen?

a) La proyección axial PA de rodilla (Método de Holmblad).
b) La proyección oblicua.
c) La proyección tangencial.
d) La proyección axial PA de rodilla (Método de Camp-Coventry).

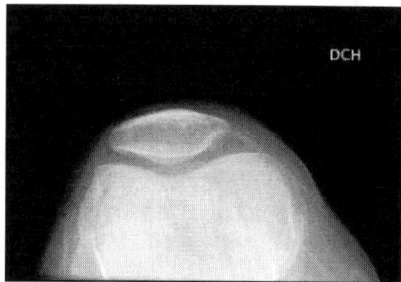

Imagen pregunta 26

27. ¿Qué zona anatómica se estudia con el método de Rosenberg?

a) Rodillas.
b) Tobillo/pie.
c) Cadera y zona proximal del fémur.
d) Pierna (zona tibial).

28. ¿Hacia dónde se dirigirá el rayo central en la proyección tangencial en sol naciente de rótula (método de Settegast)?

a) A la interlínea articular femororrotuliana.

b) Con un ángulo de inclinación inferior de 40º incidiendo a nivel anatómico a 1 cm por debajo de la rótula (hueco poplíteo).

c) A la zona media de la pierna afecta.

d) Al centro de la rótula.

29. ¿Cuál es el punto de referencia anatómico para el centrado en la proyección L de tobillo?

a) Entre ambos maléolos.

b) El maléolo externo.

c) El maléolo interno.

d) El centro del calcáneo.

30. ¿Qué proyección evalúa las alteraciones que sufre la curvatura plantar, tales como el pie plano, el pie valgo y el pie cavo?

a) La proyección AP o PA de pie en carga.

b) La proyección L de pie en carga.

c) La proyección oblicua de pie AP con rotación lateral.

d) La proyección oblicua de pie PA con rotación medial.

Solución al test n.º 34

1. b) Coxales y zonas proximales de ambos fémures.

2. c) Línea intertrocantérea.

3. b) Plano poplíteo.

4. b) En la rodilla.

5. c) Letra C.

6. d) Menisco externo de rodilla derecha.

7. c) Tibia.

8. c) Tarso.

9. a) El iliofemoral.

10. b) Dos grados de movimiento.

11. b) Por debajo de la articulación tibioperonea distal.

12. b) En el tobillo, en la zona del retropié.

13. c) Metatarsofalángicas.

14. b) Línea arcuata.

15. c) Fosa ilíaca.

16. a) AP.

17. a) Cresta intercondílea de la tibia.

18. b) Escafoides.

19. a) Estables.

20. d) Conminutas.

21. a) En el hueso calcáneo.

22. b) Cuello femoral.

23. c) Cadera y zona proximal del fémur.

24. c) Proyección oblicua AP Cleaves modificado unilateral.

25. a) Cadera y zona proximal del fémur.

26. c) La proyección tangencial.

27. a) Rodillas.

28. a) A la interlínea articular femororrotuliana.

29. c) El maléolo interno.

30. b) La proyección L de pie en carga.

**Anatomía radiológica del tórax. Exploración radiológica.
Técnica radiográfica simple. Proyecciones más comunes**

1. ¿Qué afirmación es cierta de la radiografía de tórax?

a) Es considerada una prueba complementaria, y por ello no tiene que ser valorada en la globalidad de la Historia Clínica del paciente.

b) La radiografía de tórax es el segundo estudio radiográfico que se realiza con mayor frecuencia tanto en urgencias como en el servicio de radiología general, tras la de abdomen.

c) En las mujeres pacientes, no deben quitarse el sujetador para su realización por intimidad, ni debe recogerse el pelo si está muy largo, así como no es necesario desprenderse de los objetos que lleve el paciente colgados al cuello.

d) Esta exploración está dirigida hacia el diagnóstico de enfermedades de alta prevalencia en la sociedad actual, como son las afecciones cardiovasculares y pulmonares, además de otros procesos que pueden suponer un riesgo vital para el paciente.

2. ¿Cuál de estas no es una indicación en principio de la radiografía de tórax?

a) Insuficiencia cardíaca aguda.
b) Traumatismo torácico.
c) EPOC.
d) *Diabetes mellitus*.

3. La caja torácica está constituida por estructuras:

a) Musculocondrales.
b) Musculoesqueléticas.
c) Son correctas a) y b).
d) Son incorrectas a) y b).

4. ¿Cómo se denomina la parte señalada con una X de este hueso?

a) Cuerpo esternal.
b) Manubrio esternal.
c) Apéndice xifoides.
d) Sincondrosis esternal.

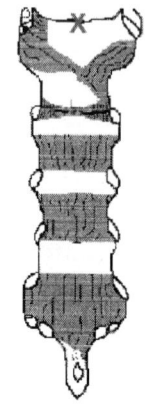

Imagen pregunta 4

5. ¿Cómo se denominan las costillas que no se unen al esternón?

a) Asternales.
b) Esternales.
c) Flotantes.
d) Apéndices costiformes.

6. ¿En qué estructura anatómica de las que se nombra se encuentra el *tubérculo de Lisfranc*?

a) En todas las costillas.
b) En la primera costilla.
c) En el esternón.
d) En las vértebras dorsales o torácicas.

7. ¿Qué caracteriza a las articulaciones de la caja torácica?

a) Algunas no son cartilaginosas.
b) Cierran la caja torácica por detrás y por delante queda abierta.
c) No tienen movilidad (sincondrosis o sinartrosis).
d) Todas son ciertas.

8. ¿Qué músculos propios del tórax, de estos, guarda el carácter segmentario?

a) Serratos dorsales.
b) Intercostales internos.
c) Romboides.
d) Supracostales.

9. ¿Qué nombre recibe el conjunto de estructuras de sostén del árbol bronquial?

a) Alveolos.
b) Saco aéreo.
c) Parénquima pulmonar.
d) Hilio pulmonar.

10. ¿Qué senos nasales son los de mayor tamaño?

a) Los senos frontales.
b) Los senos etmoidales.
c) Los senos maxilares.
d) Los senos esfenoidales.

11. ¿Qué volumen aéreo se le define como aquel aire existente de forma pasiva en las vías respiratorias?

a) Aire corriente.
b) Espacio muerto.
c) Volumen residual.
d) Capacidad vital.

12. ¿Qué órgano de estos se encuentra en el mediastino inferior?

a) Tráquea.
b) Timo.
c) Corazón.
d) Esófago.

13. ¿Qué logramos en la PA de tórax al posicionar al paciente con las manos colocadas en jarra, y el desplazamiento ligero de los codos hacia delante?

a) Una mayor expansión pulmonar.
b) Que el esternón quede fuera de los campos pulmonares.
c) Que las escápulas queden fuera de los campos pulmonares.
d) Todo lo anterior es cierto.

14. ¿En qué patología se hace necesaria la proyección PA de tórax en espiración, para así demostrar atrapamiento aéreo?

a) Neumonía.
b) Neumotórax.
c) Insuficiencia cardíaca aguda.
d) Traumatismo torácico múltiple (músculo-esquelético).

15. ¿Dónde se centrará el rayo central en la PA de tórax?

a) A la altura del manubrio esternal.
b) A la altura de la 4.ª, 5.ª o 6.ª vértebra torácica.
c) A la altura de la horquilla esternal.
d) A la altura de la 1.ª, 2.ª o 3.ª vértebra torácica.

16. ¿Cuál es el principal motivo de hacer la lateral de tórax?

a) El oscurecimiento cardíaco en la PA, de un tercio de los pulmones y el diafragma.
b) El oscurecimiento esternal en la PA, de silueta cardíaca y venas ácigos.
c) El oscurecimiento vertebral en la PA, de estructuras mediastínicas superiores, medias e inferiores.
d) Todo lo anterior es cierto.

17. ¿Cuál debe ser la Distancia Foco Placa o Película (DFP) en la radiografía Lateral simple de tórax?

a) 1 m.
b) 1,50 m.
c) 1,80 m.
d) 2 m.

18 ¿Qué proyección es la de la imagen (se acompaña el posicionamiento del paciente)?

a) PA de tórax en espiración e inspiración forzada.
b) PA de tórax sin inspirar.
c) AP de tórax.
d) AP axial de tórax.

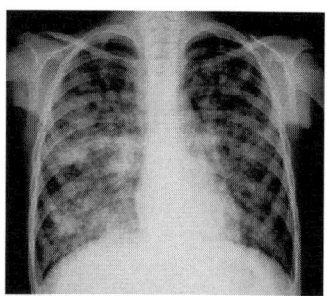

Imagen pregunta 18

19. ¿En qué circunstancias de estas está indicada la AP de tórax en vez de la PA?

a) Se emplea en pacientes encamados con escasa movilidad.
b) Se emplea en niños pequeños, al no tolerar bien la PA.

c) Son correctas a) y b).
d) Son incorrectas a) y b).

20. ¿Qué otro nombre recibe la proyección AP axial de tórax (método de *Lindblom*)?

a) Proyección en decúbito lateral con rayo horizontal.
b) Proyección lordótica.
c) Proyección AP simple de tórax.
d) Proyección oblicua de tórax.

21. ¿Con qué proyección de tórax de las que se nombran se visualizan mejor los vértices pulmonares y se define con mayor claridad las lesiones que asienten en el lóbulo medio y en la língula pulmonar?

c) En la proyección AP simple de tórax.
d) En la proyección oblicua de tórax.
c) En la proyección en decúbito lateral con rayo horizontal.
d) En la proyección AP axial de tórax (método de Lindblom).

22. ¿Qué proyección habilita el posicionamiento del paciente de la imagen?

a) La proyección PA simple de tórax.
b) La proyección lordótica (método de Lindblom).
c) La proyección AP simple de tórax.
d) La proyección oblicua de tórax.

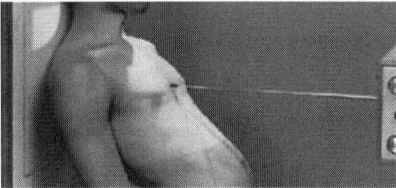

Imagen pregunta 22

23. ¿Qué posición debe adoptar el paciente para realizar una proyección posteroanterior (PA) de tórax correctamente?

a) En decúbito supino con los brazos cruzados sobre el tórax.
b) Sentado con el tórax en contacto con la placa y los brazos cruzados.
c) De pie, con manos en jarra, codos hacia adelante e inspiración máxima.
d) Sentado en espiración, con el tórax alejado de la placa.

24. ¿En qué posición debe colocarse el paciente al realizarle una radiografía en proyección oblicua (posición OAD) de esternón?

a) En bipedestación.
b) En decúbito supino.
c) En decúbito prono.
d) En sedestación (sentado).

25. ¿Dónde se localiza la densidad agua estructuralmente en una PA simple de tórax?

a) Parénquima pulmonar.
b) Corazón y grandes vasos.
c) Tejido adiposo rodeando los músculos del tórax.
d) Costillas, esternón y extremidad proximal del húmero.

26. ¿Qué estructura anatómica se muestra radiológicamente como una sombra lineal de convexidad superior que delimita la densidad aire del pulmón con la densidad agua del abdomen?

a) Músculos pectorales.
b) Diafragma.
c) Pleura.
d) Cisura pulmonar.

27. ¿Qué estructura cavitaria cardíaca de la imagen es la marcada con una X?

a) Ventrículo derecho.
b) Ventrículo izquierdo.
c) Aurícula derecha.
d) Aurícula izquierda.

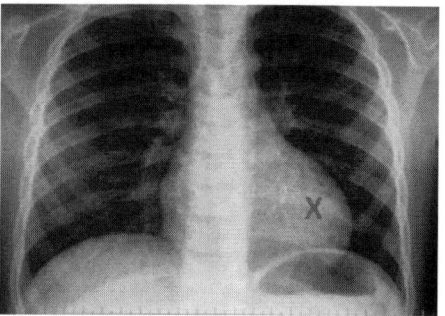

Imagen pregunta 27

28. Indica, de la imagen, qué estructura es la marcada con una X:

a) Diafragma.
b) Costilla.
c) Esternón.
d) Prótesis.

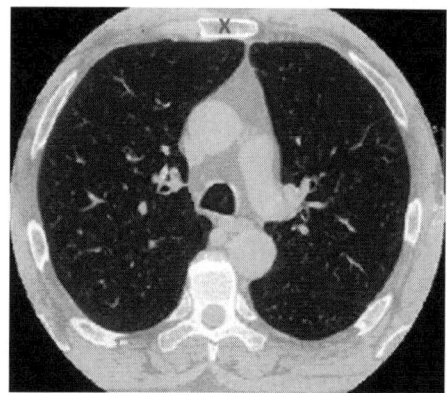

Imagen pregunta 28

29. Indica, de la imagen, qué estructura es la marcada con una X:

a) Vena cava inferior.
b) Vena cava superior.
c) Aorta ascendente.
d) Aorta descendente.

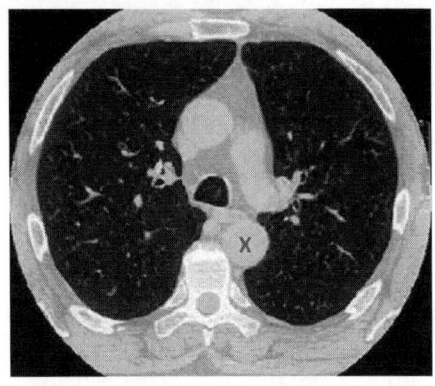

Imagen pregunta 29

30. Indica, de la imagen, qué estructura es la marcada con una X:

a) Tráquea.
b) Esófago.
c) Campo pulmonar de la língula.
d) Venas ácigos.

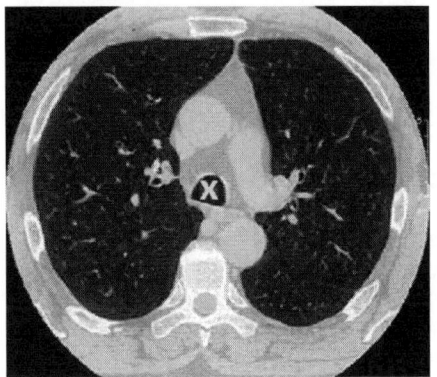

Imagen pregunta 30

Solución al test n.º 35

1. d) Esta exploración está dirigida hacia el diagnóstico de enfermedades de alta prevalencia en la sociedad actual, como son las afecciones cardiovasculares y pulmonares, además de otros procesos que pueden suponer un riesgo vital para el paciente.

2. d) *Diabetes mellitus*.

3. c) Son correctas a) y b).

4. b) Manubrio esternal.

5. a) Asternales.

6. b) En la primera costilla.

7. c) No tienen movilidad (sincondrosis o sinartrosis).

8. b) Intercostales internos.

9. c) Parénquima pulmonar.

10. c) Los senos maxilares.

11. b) Espacio muerto.

12. d) Esófago.

13. d) Todo lo anterior es cierto.

14. b) Neumotórax.

15. b) A la altura de la 4.ª, 5.ª o 6.ª vértebra torácica.

16. a) El oscurecimiento cardíaco en la PA, de un tercio de los pulmones y el diafragma.

17. c) 1,80 m.

18. c) AP de tórax.

19. c) Son correctas a) y b).

20. b) Proyección lordótica.

21. d) En la proyección AP axial de tórax (método de Lindblom).

22. b) La proyección lordótica (método de Lindblom).

23. c) De pie, con manos en jarra, codos hacia adelante e inspiración máxima.

24. c) En decúbito prono.

25. b) Corazón y grandes vasos.

26. b) Diafragma.

27. b) Ventrículo izquierdo.

28. c) Esternón.

29. d) Aorta descendente.

30. a) Tráquea.

Anatomía radiológica del abdomen. Exploración radiológica. Técnica radiográfica simple. Proyecciones más comunes

1. ¿Qué órgano abdominal no pertenece al aparato o sistema digestivo, al hepatobiliar, al urinario ni reproductor?

a) Páncreas.
b) Vejiga.
c) Próstata.
d) Bazo.

2. ¿Qué órgano de estos se localiza en la cavidad pélvica?

a) Próstata.
d) Ovarios.
a) Páncreas.
b) Son correctas a) y b).

3. ¿Cuál de las siguientes estructuras no es retroperitoneal?

a) Riñones.
b) Hígado.
c) Páncreas.
d) Duodeno.

4. ¿Qué víscera es subperitoneal?

a) Hígado.
b) Páncreas.
c) Útero.
d) Bazo.

5. ¿Por dónde pasa el plano horizontal superior, o transpilórico, que crea la división de la cara anterior del abdomen perpendicular a la línea media y a los otros dos verticales?

a) Se traza a nivel de los novenos cartílagos costales.
b) Se traza en el borde inferior de la primera vértebra lumbar.
c) Son correctas a) y b).
d) Son incorrectas a) y b).

6. ¿Qué nombre recibe el cuadrante abdominal marcado con una X?

a) Hipogastrio.
b) Epigastrio.
c) Hipocondrio.
d) Mesogastrio.

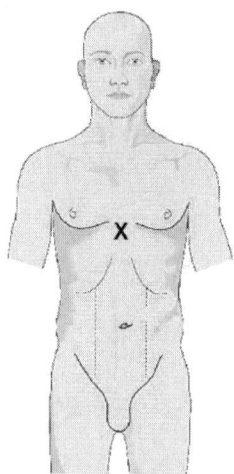

Imagen pregunta 6

7. ¿Qué estructura/estructuras anatómicas aloja el cuadrante abdominal marcado con una X?

a) Colon ascendente y la mayor parte del riñón derecho.
b) Parte del íleon, válvula íleo-cecal, ciego y apéndice.
c) Colon descendente y la mayoría del riñón izquierdo.
d) Parte del íleon y del sigma, vejiga urinaria y recto.

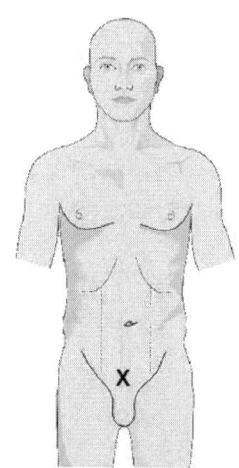

Imagen pregunta 7

8. ¿Qué partes óseas no deben visualizarse en una radiografía simple de abdomen?

a) Últimas costillas.
b) Últimas vértebras dorsales.
c) La sínfisis del pubis.
d) Deben visualizarse todas las anteriores.

9. ¿Qué puede significar una modificación de la línea recta normal del psoas en una radiografía simple de abdomen?

a) Puede ser significativa de una variante anatómica.
b) Puede ser significativa de una secuela de un traumatismo muscular.
c) Puede ser significativa de una afección retroperitoneal.
d) Puede ser significativa de una afección intraperitoneal.

10. ¿Qué estructura anatómica se visualiza en una radiografía simple de abdomen como una sombra homogénea de densidad agua, localizada en el hipocondrio derecho, limitando su borde superior con el diafragma y su borde inferior estará representado por una línea oblicua que es visible a veces cuando se haya destacado por una línea grasa?

a) Bazo.
b) Vesícula biliar.
c) Páncreas.
d) Hígado.

11. ¿Qué estructura anatómica se visualiza en una radiografía simple de abdomen en bipedestación como una burbuja llena de aire por debajo del diafragma izquierdo?

a) Duodeno.
b) Yeyuno.
c) Estómago.
d) Cabeza del páncreas.

12. ¿Qué estructura y sus partes no deben visualizarse con calidad en una radiografía simple de abdomen (sin contraste)?

a) Haustras.
b) Riñones.
c) Uréteres.
d) Sigma.

13. ¿Cuándo es posible ver la vejiga urinaria en una radiografía simple de abdomen (sin contraste)?

a) No es posible verla.
b) Cuando ha vaciado su contenido, al estar contraída.

c) Cuando está llena de orina, al estar distendida.

d) Cuando hay un pólipo en su pared.

14. ¿Qué órganos son visibles en una radiografía simple de abdomen (sin contraste)?

a) Próstata.

b) Vasos abdominales.

c) Útero o matriz.

d) Ninguno es visible.

15. ¿Cuál es la primera exploración radiológica que se realiza en el Servicio de Urgencias en caso de manifestaciones abdominales?

a) Radiografía PA de tórax.

b) Radiografías PA y L de tórax.

c) Radiografía simple de abdomen.

d) TC de abdomen.

16. ¿En qué situación patológica es imprescindible para su valoración una radiografía simple de abdomen?

a) En caso de sospecha de gastroenteritis aguda.

b) En caso de sospecha de abdomen agudo.

c) Son correctas la a) y la b).

d) Son incorrectas la a) y la b).

17. ¿Cuál suele ser la primera placa radiográfica simple que le prescriben al paciente o esta junto a otras, por una clínica de dolor abdominal, estreñimiento, síntomas urinarios o dolor de espalda, con la finalidad de identificar o tener una idea de su origen?

a) AP de abdomen en bipedestación.

b) L de abdomen.

c) AP de abdomen en decúbito lateral, con el rayo horizontal.

d) AP de abdomen en decúbito supino.

18. ¿Cuál de las siguientes proyecciones no se realiza en un estudio radiológico ante la sospecha de abdomen agudo?

a) PA de tórax.

b) AP de abdomen en decúbito supino.

c) AP de abdomen en bipedestación o en decúbito lateral.

d) L de abdomen en decúbito supino.

19. ¿En qué proyecciones simple de abdomen se pueden observar niveles aire-líquido/ hidro-aéreo?

a) AP de abdomen en bipedestación.
b) AP de abdomen en decúbito lateral.
c) Son correctas la a) y la b).
d) Son incorrectas la a) y la b).

20. ¿A qué estructuras están asociadas las líneas grasas que se observan en las radiografías simples de abdomen?

a) A los músculos abdominales.
b) A los vasos sanguíneos.
c) A los órganos abdominales.
d) Al tubo digestivo (estómago, bulbo duodenal, intestino y recto).

21. ¿Qué articulaciones de estas se visualizan en las radiografías simples de abdomen?

a) Articulaciones sacroilíacas.
b) Sínfisis púbica.
c) Articulaciones coxofemorales.
d) Se deben visualizar todas las anteriores.

22. ¿Qué estructura anatómica es la marcada con una X (para su visualización con el ratón he trazado una línea roja en parte de su recorrido)?

a) Ángulo hepático del colon.
b) Colon transverso.
c) Colon sigmoideo.
d) Ángulo esplénico del colon.

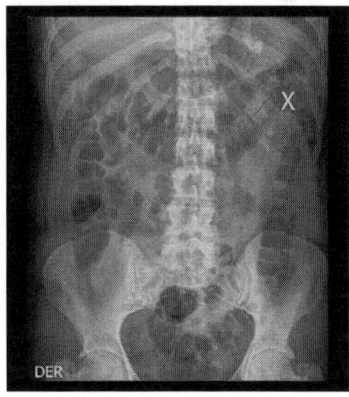

Imagen pregunta 22

23. ¿Qué miliamperaje se aplicará generalmente en los exámenes radiográficos simples de abdomen?

a) Un miliamperaje entre 50 y 100 mA.
b) Un miliamperaje entre 100 y 190 mA.

c) Un miliamperaje entre 200 y 300 mA.

d) Un miliamperaje entre 310 y 400 mA.

24. ¿Cuál de las siguientes afirmaciones sobre la radiografía simple de abdomen es incorrecta?

a) En general se utiliza un kilovoltaje entre 70 y 90 kV.

b) La distancia foco-receptor de imagen (DFI) debe ser de 115 cm y es necesario utilizar rejilla antidifusora (móvil cuando el estudio se realiza en una mesa de exploración o fija si se utilizan aparatos portátiles).

c) El tiempo de exposición será largo, que se compensa con apoyos en la cabeza, rodillas, etc., para que esté relajado y no se mueva y evitar así la borrosidad cinética.

d) La exploración se realiza con la respiración detenida, generalmente después de una espiración forzada.

25. ¿De qué zona a qué otra de nuestro cuerpo en altura, se debe incluir en la placa simple de abdomen en decúbito supino (AP)? Se debe incluir en la exploración desde:

a) Justo por encima de los polos superiores renales hasta la sínfisis púbica.

b) Justo por debajo de los polos inferiores renales hasta la sínfisis púbica.

c) La D5 a las alas de las palas ilíaca.

d) Ninguna de las anteriores es correcta.

26. ¿Qué proyección simple de abdomen es más probable ante este posicionamiento?

a) AP de abdomen en bipedestación.

b) L de abdomen.

c) AP de abdomen en decúbito lateral, con el rayo horizontal.

d) AP de abdomen en decúbito supino.

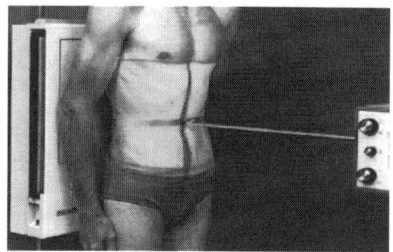

Imagen pregunta 26

27. ¿Qué proyección simple de abdomen es más probable ante este posicionamiento?

a) AP de abdomen en decúbito supino.

b) AP de abdomen en decúbito lateral, con el rayo horizontal.

c) AP de abdomen en bipedestación.

d) L de abdomen.

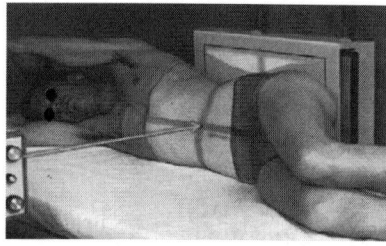

Imagen pregunta 27

28. ¿Qué lesión es la marcada con la flecha en esta proyección de AP de abdomen en decúbito lateral, con el rayo horizontal?

a) Neumoperitoneo.
b) Neumonía.
c) Colecistitis.
d) Litiasis en vesícula.

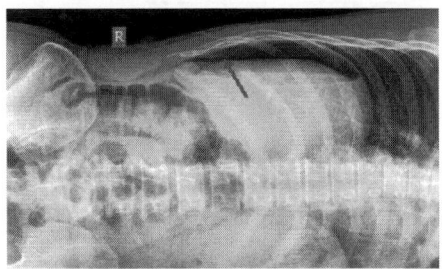

Imagen pregunta 28

29. ¿Qué afirmación es cierta de la proyección anteroposterior en decúbito lateral?

a) El paciente debe permanecer cinco minutos tumbado sobre el lado izquierdo antes de realizar la exploración, y posteriormente se cambia al lado derecho para de inmediato hacer el disparo.
b) Tiene el objetivo contrario que la AP en bipedestación.
c) Suele realizarse en decúbito lateral izquierdo.
d) Todo lo anterior es cierto.

30. ¿Qué criterio de evaluación en la proyección AP en decúbito supino de los que se nombran no es correcto?

a) Debe estar bien colimada.
b) Las apófisis espinosas no deben quedar del todo en el centro de los cuerpos vertebrales y ambas alas ilíacas serán asimétricas.
c) Debe estar bien penetrada.
d) La columna vertebral debe quedar en el centro de la radiografía y las costillas y ambos lados de la pelvis tienen que estar a la misma distancia con respecto a los dos bordes de la placa.

Solución al test n.º 36

1. d) Bazo.

2. a) Próstata.

3. b) Hígado.

4. c) Útero.

5. c) Son correctas a) y b).

6. b) Epigastrio.

7. d) Parte del íleon y del sigma, vejiga urinaria y recto.

8. d) Deben visualizarse todas las anteriores.

9. c) Puede ser significativa de una afección retroperitoneal.

10. d) Hígado.

11. c) Estómago.

12. c) Uréteres.

13. c) Cuando está llena de orina, al estar distendida.

14. d) Ninguno es visible.

15. c) Radiografía simple de abdomen.

16. b) En caso de sospecha de abdomen agudo.

17. d) AP de abdomen en decúbito supino.

18. d) L de abdomen en decúbito supino.

19. c) Son correctas la a) y la b).

20. a) A los músculos abdominales.

21. d) Se deben visualizar todas las anteriores.

22. d) Ángulo esplénico del colon.

23. c) Un miliamperaje entre 200 y 300 mA.

24. c) El tiempo de exposición será largo, que se compensa con apoyos en la cabeza, rodillas, etc., para que esté relajado y no se mueva y evitar así la borrosidad cinética.

25. a) Justo por encima de los polos superiores renales hasta la sínfisis púbica.

26. a) AP de abdomen en bipedestación.

27. b) AP de abdomen en decúbito lateral, con el rayo horizontal.

28. a) Neumoperitoneo.

29. c) Suele realizarse en decúbito lateral izquierdo.

30. b) Las apófisis espinosas no deben quedar del todo en el centro de los cuerpos vertebrales y ambas alas ilíacas serán asimétricas.

Anatomía radiológica del cráneo, cara y cuello.
Exploración radiológica de los mismos.
Técnica radiográfica simple. Proyecciones más comunes

1. ¿Qué plano corta ambas fontanelas en el neonato?

a) El frontal.
b) El transversal.
c) El coronal.
d) El sagital.

2. ¿Cómo se denomina la fontanela mayor o anterior en recién nacidos?

a) Bregma.
b) Lambda.
c) Delta.
d) Ómicron.

3. ¿En qué partes el plano antropológico divide al cráneo?

a) Zonas izquierda/derecha.
b) Zonas superior/inferior.
c) Zonas anterior/posterior.
d) OPI/OAD.

4. ¿Qué hueso de la cara es impar?

a) Malar.
b) Palatino.
c) Maxilar.
d) Vómer.

5. ¿En qué hueso de la cabeza existe una prominencia denominada tubérculo faríngeo?

a) Temporal.
b) Esfenoides.
c) Occipital.
d) Cigomático.

6. El clivus es una estructura endocraneana formada por la unión del hueso esfenoides con el hueso:

a) Frontal.
b) Occipital.
c) Temporal.
d) Atlas.

7. ¿La unión de qué huesos forman el asterión?

a) Malar y maxilar.
b) Maxilar, nasal y cigomático.
c) Frontal, parietal y temporal.
d) Occipital, parietal y temporal.

8. ¿Qué oquedades del cráneo/cara contribuye a formar el hueso esfenoides?

a) Boca y fosas nasales.
b) Oídos y fosas nasales.
c) Órbitas y fosas nasales.
d) Boca y oídos.

9. ¿Por qué prominencias o apófisis del hueso esfenoides transcurre el recorrido del nervio óptico por el canal o conducto óptico (o quiasmático)?

a) A través de las mayores.
b) A través de las menores.
c) A través de las caudales o apófisis pterigoides.
d) A través de las apófisis clinoideas posteriores.

10. Las apófisis mastoides se encuentran en el hueso:

a) Occipital.
b) Esfenoides.
c) Temporal.
d) Parietal.

11. ¿Qué huesos del cráneo/cara contribuyen mediante apófisis o procesos a unirse con el hueso malar?

a) Frontal, temporal y maxilar.
b) Frontal y temporal.
c) Frontal y maxilar.
d) Temporal y maxilar.

12. ¿Dónde se localiza la glabela? Entre los arcos:

a) Paranasales.
b) Cigomáticos.
c) Supraciliares.
d) Infraciliares.

13. ¿En qué hueso de la cabeza/cráneo se encuentran las láminas papiráceas?

a) En el vómer.
b) En el etmoides.
c) En el unguis.
d) En el frontal.

14. ¿Qué ángulo aproximado forman las ramas ascendentes de la mandíbula al unirse al cuerpo de la misma?

a) Forman un ángulo casi de 180º.
b) Forman un ángulo casi de 110º.
c) Forman un ángulo casi de 90º.
d) Forman un ángulo casi de 45º.

15. ¿Qué numeración de la siguiente debe recibir el diente marcado con una X?

a) 2.4.
b) 2.5.
c) 3.4.
d) 3.5.

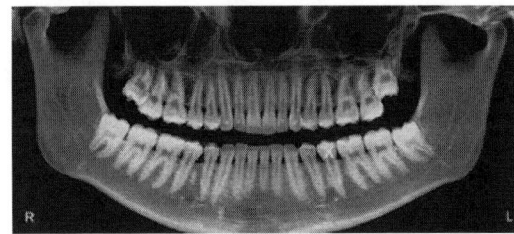

Imagen pregunta 15

16. ¿Qué nombre recibirá la carilla dentaria de una pieza si está localizada hacia atrás de la misma y se sitúa en la arcada superior?

a) Carilla vestibular.
b) Carilla lingual.

c) Carilla palatina.
d) Carilla facial.

17. ¿Qué línea del cráneo es basal y va desde el borde infraorbitario al meato auditivo externo y la línea media occipital?

a) Línea acantiomeatal.
b) Línea orbitomeatal.
c) Línea de Reid.
d) Línea de Albert.

18. Para realizar una radiografía de cráneo correctamente es importante tener en cuenta los siguientes aspectos, excepto que:

a) Se debe utilizar un foco fino.
b) Se tiene que usar la máxima distancia posible objeto-película.
c) La distancia foco-película debe ser de 1 metro.
d) Se debe emplear películas de grano fino.

19. ¿Qué material poseen los protectores radiológicos que se emplean para evitar el efecto de la radiación en el cristalino, especialmente indicados en TC craneal?

a) Amianto.
b) Fósforo.
c) Bismuto.
d) Ninguno de los anteriores.

20. ¿Qué límite del cuello es aquel que se encuentra configurado por la confluencia de multitud de músculos, entre ellos, esternocleidomastoideo, esplenio, elevador de la escápula y borde anterior del músculo trapecio?

a) El límite anterior.
b) El límite posterior.
c) El límite superior.
d) El límite inferior.

21. ¿Qué estructuras anatómicas normalmente quieren estudiarse con las proyecciones más frecuentes de cráneo?

a) Órbitas, boca y mentón.
b) Fosas nasales, senos paranasales y el peñasco del temporal (oído interno y conductos semicirculares).
c) Mandíbula, fosas nasales y zona cigomática.
d) Ninguna de las anteriores.

22. ¿Qué se marca en esta radiografía lateral de cráneo?

a) Seno frontal.
b) Silla turca.
c) Sutura coronal.
d) Diploe.

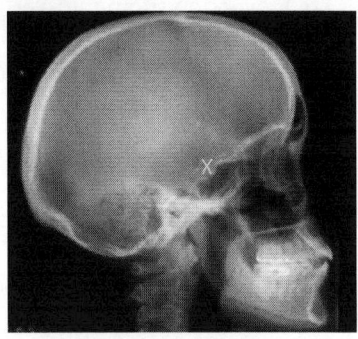

Imagen pregunta 22

23. Ante un traumatismo de la zona posterior del cráneo, ¿qué proyección radiográfica se suele pedir?

a) Proyección lateral de cráneo.
b) Proyección de Granger.
c) Proyección de Caldwell modificada (PA).
d) Proyección de Towne.

24. ¿Qué letra es la Crista Galli de esta placa?

a) A.
b) B.
c) C.
d) D.

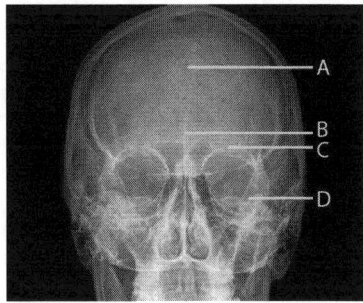

Imagen pregunta 24

25. ¿Qué proyección de cráneo se emplea para visualizar el suelo de las órbitas e identificar cuerpos extraños en las órbitas?

a) Proyección lateral de cráneo.
b) Proyección de Towne.
c) Proyección de Mahoney.
d) Proyección de Waters (o parietoacantial).

26. ¿Qué proyección de cráneo se emplea para visualizar todos los senos paranasales en su conjunto?

a) Proyección de Waters (o parietoacantial).
b) Proyección de Towne.

c) Proyección Lateral de Cavum.
d) Proyección submento-vertical de arcos cigomáticos.

27. ¿Qué proyección visualiza los agujeros rasgados posteriores?

a) Proyección de Towne.
b) Proyección transbucal.
c) Proyección submentoniana.
d) Son ciertas las respuestas b) y c).

28. ¿Qué proyección de las que se nombran visualiza lateralmente el peñasco del temporal?

a) Proyección Chause.
b) Proyección tangencial de mastoides.
c) Proyección del canto externo de la órbita.
d) Todas las mencionadas.

29. ¿En qué proyecciones se emplea la xerorradiografía?

a) En las proyecciones AP.
b) En las proyecciones PA.
c) En las proyecciones oblicuas.
d) En las proyecciones AP y L.

30. ¿Qué estructura es la marcada con una X?

a) Pabellón auditivo.
b) Celdas mastoideas.
c) Clivus.
d) Apófisis clinoides posterior.

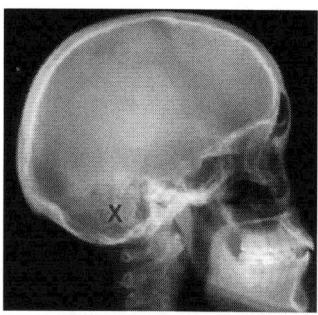

Imagen pregunta 30

Solución al test n.º 37

1. d) El sagital.

2. a) Bregma.

3. b) Zonas superior/inferior.

4. d) Vómer.

5. c) Occipital.

6. b) Occipital.

7. d) Occipital, parietal y temporal.

8. c) Órbitas y fosas nasales.

9. b) A través de las menores.

10. c) Temporal.

11. a) Frontal, temporal y maxilar.

12. c) Supraciliares.

13. b) En el etmoides.

14. c) Forman un ángulo casi de 90º.

15. d) 3.5.

16. c) Carilla palatina.

17. c) Línea de Reid.

18. b) Se tiene que usar la máxima distancia posible objeto-película.

19. c) Bismuto.

20. b) El límite posterior.

21. b) Fosas nasales, senos paranasales y el peñasco del temporal (oído interno y conductos semicirculares).

22. b) Silla turca.

23. d) Proyección de Towne.

24. b) B.

25. c) Proyección de Mahoney.

26. a) Proyección de Waters (o parietoacantial).

27. d) Son ciertas las respuestas b) y c).

28. d) Todas las mencionadas.

29. d) En las proyecciones AP y L.

30. b) Celdas mastoideas.

TEST N.º 38

Anatomía radiológica de la pelvis. Exploración radiológica de pelvis y cadera. Técnica radiográfica simple. Proyecciones más comunes

1. ¿Qué huesos o partes óseas configuran la articulación sacroilíaca?

a) Sacro y coxis.
b) Coxal y hueso coxal.
c) Sacro y hueso coxal.
d) Sacro y última vértebra lumbar.

2. ¿Qué zona anatómica es la marcada con una X del hueso coxal?

a) Cavidad cotiloidea.
b) Agujero ilíaco.
c) Agujero obturador.
d) Agujero mayor.

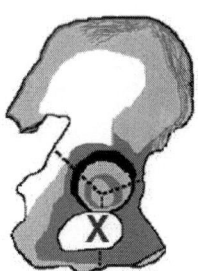

Imagen pregunta 2

3. ¿Qué huesos además de isquion y pubis forman el coxal?

a) Gonion.
b) Ilion.
c) Pisiforme.
d) Cuboides.

4. ¿Qué línea divide la pelvis en mayor y menor?

a) La línea áspera.
b) La línea innominada.
c) La línea iliopectínea.
d) La línea de Hilgenreiner.

5. ¿Qué zona anatómica es la marcada con una X del hueso coxal?

a) Espina ciática.
b) Tubérculo ilíaco.
c) Tubérculo púbico.
d) Tubérculo obturador.

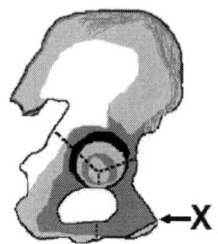

Imagen pregunta 5

6. ¿Qué pelvis femenina es más parecida a la masculina?

a) Pelvis antropoide.
b) Pelvis ginecoide.
c) Pelvis platipeloide.
d) Pelvis androide.

7. ¿Qué estructura anatómica es la de la imagen?

a) Pelvis mayor.
b) Pelvis falsa.
c) Vértebra dorsal.
d) Pelvis verdadera.

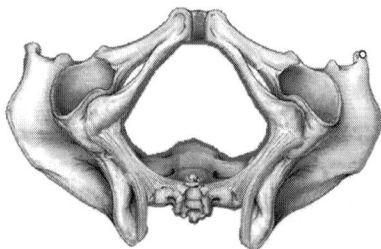

Imagen pregunta 7

8. ¿Qué pelvis femenina es la menos frecuente?

a) Ginecoide.
b) Androide.
c) Platipeloide.
d) Antropoide.

9. ¿Qué estructuras anatómicas forman la pelvis verdadera o pelvis menor?

a) Las partes inferiores de los huesos de la pelvis y el sacro.
b) Las partes superiores de los huesos de la pelvis, el sacro y el cóccix.
c) Las partes inferiores de los huesos de la pelvis, el sacro y el cóccix.
d) Las partes superiores de los huesos de la pelvis y el sacro.

10. ¿Qué diámetro del estrecho superior se corresponde con la distancia existente entre el diámetro transverso máximo y el promontorio sacro?

a) Transverso obstétrico.
b) Sagital posterior.
c) Oblicuo derecho.
d) Conjugado obstétrico.

11. ¿Cuánto debe medir normalmente el diámetro bitrocantéreo?

a) 24-25 cm.
b) 27-28 cm.
c) 30-31 cm.
d) 34-35 cm.

12. ¿Qué forma tiene la abertura superior o estrecho superior de la pelvis verdadera o pelvis menor?

a) De esfera.
b) Piramidal.
c) De corazón.
d) Triangular.

13. ¿Sobre qué diámetros básicos se realiza la pelvimetría externa?

a) Sobre los diámetros biisquiático, bicrestal, sagital posterior y sobre el conjugado externo.
b) Sobre los diámetros bisilíaco, sagital posterior, conjugado obstétrico y sobre el conjugado externo.
c) Sobre los diámetros biisquiático, bicrestal, conjugado obstétrico y sobre el conjugado externo.
d) Sobre los diámetros bisilíaco, bicrestal, bitrocantéreo y sobre el conjugado externo .

14. ¿Cuándo se dice que posee valor la radiopelvimetría?

a) Sólo posee algún valor si se realiza ya iniciado el parto.
b) Sólo posee algún valor si se realiza a más de la mitad del parto (se expulsó cabeza).
c) Sólo posee algún valor si se realiza antes del 7.º mes de gestación.
d) Sólo posee algún valor si se realiza antes del 8.º mes de gestación.

15. Todo lo que se dice de la radiopelvimetría es cierto, excepto que:

a) Se lleva a cabo en la gestación, con valor intraparto.
b) Siempre está indicada en posición podálica del feto.
c) Con ella se hace la medición radiológica de los diámetros de la pelvis al final del embarazo.
d) Está indicada si se sospecha de una desproporción fetopélvica (DFP), por el tacto vaginal para conocer si la cabeza del feto está encajada.

16. ¿Cuál de estos métodos es radiopelvimétrico?

a) Método de Corocher-Asussman.
b) Método de Snow-Lewis.
c) Método de Frederich-Martagón.
d) Son ciertas las respuestas a) y b).

17. ¿En qué aspectos clínicos influye la radiopelvimetría?

a) Disminuir la morbimortalidad materna.
b) Disminuir la tasa de cesáreas.
c) Disminuir la mortalidad perinatal del producto de la concepción.
d) No influye en nada de lo anterior.

18. ¿En qué posición se colocará la embarazada en la proyección AP de Colcher-Sussman?

a) En bipedestación.
b) En decúbito supino.
c) En decúbito prono.
d) En decúbito lateral.

19. ¿Qué diámetros se miden en la proyección lateral de Snow y Lewis?

a) Sagital anterior y anteroposterior.
b) Sagital posterior y anteroposterior.
c) Transverso máximo y biisquiático.
d) Sagital posterior y biisquiático.

20. ¿Qué angulación se dará al rayo central en su dirección a la pelvis en una proyección de pelvis "inlet"?

a) Una angulación de 15 a 25º en dirección caudocraneal (hacia arriba).
b) Una angulación de 40 a 45º en dirección craneocaudal (hacia abajo).
c) Una angulación de 40 a 45º en dirección caudocraneal (hacia arriba).
d) Una angulación de 15 a 25º en dirección craneocaudal (hacia abajo).

21. ¿Qué miliamperaje se empleará en radiopelvimetría para embarazadas muy gruesas?

a) 50 mA.
b) 100 mA.
c) 200 mA.
d) 300 mA.

22. Tras una radiopelvimetría, ¿qué podemos afirmar si vemos que la morfología y los diámetros pélvicos son normales?

a) Que el parto vaginal es factible, sin problemas.
b) Que no hay obstáculos mecánicos en la pelvis que impidan el parto vaginal.
c) Que existe radioproporcionalidad pelvicocefálica.
d) Todo lo anterior es correcto.

23. ¿Qué zona anatómica de la pelvis es la marcada con una X?

a) Espina ciática.
b) Tubérculo ilíaco.
c) Espina ilíaca.
d) Tubérculo obturador.

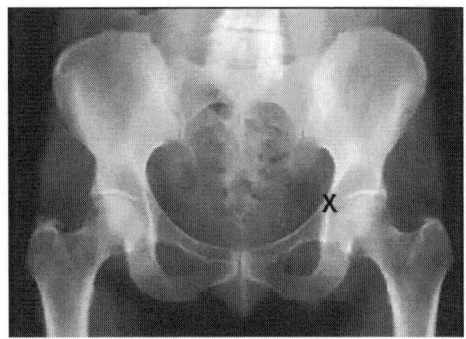

Imagen pregunta 23

24. ¿Qué zona anatómica de la pelvis es la marcada con una X?

a) Sacro.
b) Borde pélvico.
c) Coxis.
d) Fóvea.

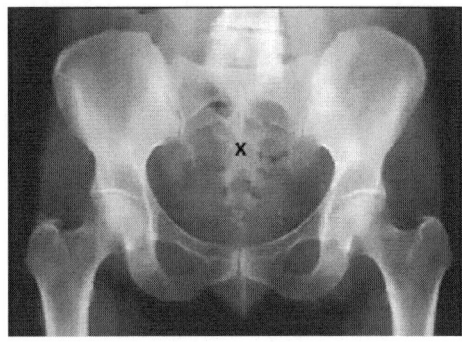

Imagen pregunta 24

25. ¿Sobre dónde incidirá el rayo central en una proyección oblicua AP de acetábulo? Incidirá perpendicularmente:

a) Sobre el acetábulo afecto.
b) Sobre la espina ilíaca anterosuperior.
c) Sobre el agujero obturador.
d) Con una angulación craneal de 12º a través del acetábulo afecto.

26. ¿Qué línea se toma de referencia anatómica para la evaluación radiográfica de la articulación de la cadera?

a) Iliopectínea.
b) De Hilgenreiner.
c) Áspera.
d) Innominadas.

27. ¿Cómo se posicionará al paciente en una proyección oblicua AP del acetábulo?

a) En bipedestación.
b) Sentado.
c) En decúbito supino.
d) En decúbito lateral.

28. ¿Qué blindajes son los más empleados en los pacientes en los estudios radiográficos de acetábulo?

a) Guantes cauchoplomados.
b) Batas cauchoplomadas.
c) Protectores gonadales.
d) Antidifusores.

29. La proyección de Teufel es:

a) Oblicua PA del acetábulo.
b) Oblicua AP del acetábulo.
c) L del acetábulo.
d) AP del acetábulo.

30. ¿Qué proyecciones radiográficas se suelen hacer del ilion? Las proyecciones:

a) L y PA.
b) AP y L.
c) AP y PA (OPD y OPI).
d) Sólo oblicuas.

Solución al test n.º 38

1. c) Sacro y hueso coxal.

2. c) Agujero obturador.

3. b) Ilion.

4. c) La línea iliopectínea.

5. c) Tubérculo púbico.

6. d) Pelvis androide.

7. d) Pelvis verdadera.

8. c) Platipeloide.

9. c) Las partes inferiores de los huesos de la pelvis, el sacro y el cóccix.

10. b) Sagital posterior.

11. c) 30-31 cm.

12. c) De corazón.

13. d) Sobre los diámetros bisilíaco, bicrestal, bitrocantéreo y sobre el conjugado externo.

14. a) Solo posee algún valor si se realiza ya iniciado el parto.

15. b) Siempre está indicada en posición podálica del feto.

16. b) Método de Snow-Lewis.

17. d) No influye en nada de lo anterior.

18. b) En decúbito supino.

19. b) Sagital posterior y anteroposterior.

20. b) Una angulación de 40 a 45º en dirección craneocaudal (hacia abajo).

21. d) 300 mA.

22. d) Todo lo anterior es correcto.

23. a) Espina ciática.

24. c) Coxis.

25. a) Sobre el acetábulo afecto.

26. b) De Hilgenreiner.

27. c) En decúbito supino.

28. c) Protectores gonadales.

29. a) Oblicua PA del acetábulo.

30. c) AP y PA (OPD y OPI).

Anatomía radiológica de la columna vertebral. Exploración radiológica. Técnica radiográfica simple. Proyecciones más comunes

1. Todas las afirmaciones sobre la columna son ciertas excepto que:

a) Forma parte del esqueleto cervical, torácico, abdominal y pélvico.
b) Es esencialmente una estructura osteocartilaginosa.
c) Tiene forma de eje y ocupa la zona ventral y medialmente.
d) Generalmente su longitud es algo menor en mujeres que en hombres.

2. ¿Cómo se denominan las curvaturas fisiológicas del raquis de convexidad anterior?

a) Escoliosis.
b) Cifosis.
c) Lordosis.
d) Enosis.

3. La cifosis dorsal fisiológica va desde:

a) C6 a D8.
b) C7 a D9.
c) D1 a D10.
d) D2 a D12.

4. ¿Con qué curvatura fisiológica el niño puede iniciar la marcha, junto con las que ya posee?

a) Lordosis cervical.
b) Cifosis dorsal.
c) Lordosis lumbar.
d) Las curvas fisiológicas no influyen en el inicio de la marcha.

5. ¿Qué tipo de escoliosis consideras que puede ser aquella que se presenta en un determinado momento de la vida por vicios posturales o dismetrías, asociado a veces a contractura muscular?

a) Escoliosis estructural.
b) Escoliosis postural.
c) Escoliosis verdadera.
d) Todas las anteriores son ciertas.

6. ¿Qué método de estudio radiográfico de los que se nombran se utiliza para medir el grado de curvatura de una escoliosis?

a) Método de Cobbs.
b) Método de Bartani-Costa.
c) Son correctas la a) y la b).
d) Son incorrectas la a) y la b).

7. ¿Qué grado tiene aquella escoliosis a la que tras realizarle estudio radiográfico y aplicarle el método de Ferguson se obtiene un resultado que se encuentra entre 76-100?

a) Grado III.
b) Grado IV.
c) Grado V.
d) Grado VI.

8. ¿Qué modalidad de estudio radiográfico se hace en el método de Cobbs en la serie de control en una escoliosis verdadera?

a) Se realizan las proyecciones AP o PA erecta, con inclinación lateral hacia ambos lados y L erecta.
b) Se realizan las proyecciones oblicuas.
c) Se realizan las proyecciones L no erecta y AP erecta; esta última con inclinación lateral hacia ambos lados.
d) Se realizan las proyecciones oblicuas y PA erecta, con inclinación lateral hacia ambos lados.

9. ¿Cómo debe estar la apófisis espinosa en relación con el cuerpo vertebral a nivel radiológico en proyección de frente de la vértebra tipo?

a) Superpuesta al cuerpo y diagonalmente.
b) Superpuesta al cuerpo y en uno de sus lados.
c) Superpuesta al cuerpo y ocupando la línea media.
d) Nunca superpuesta al cuerpo vertebral.

10. ¿Qué se observa en esta placa A-P de raquis?

a) Hipercifosis.
b) Escoliosis.
c) Hiperlordosis.
d) Inversión vertebral.

Imagen pregunta 10

11. ¿Qué representa el diámetro transverso del canal raquídeo en una proyección de frente de la vértebra tipo?

a) La distancia entre las 2 apófisis transversas desde sus zonas proximales.
b) La distancia entre las 2 apófisis transversas desde sus zonas distales.
c) La distancia que separa las corticales internas de los dos pedículos.
d) Nada de lo anterior es cierto.

12. ¿Qué zona anatómica de esta vértebra es la marcada?

a) Lámina.
b) Pedículo.
c) Apófisis articular.
d) Apófisis espinosa.

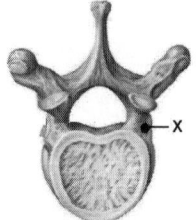

Imagen pregunta 12

13. ¿Qué zona anatómica de esta vértebra es la marcada?

a) Apófisis transversa.
b) Lámina vertebral.
c) Apófisis articular.
d) Apófisis espinosa.

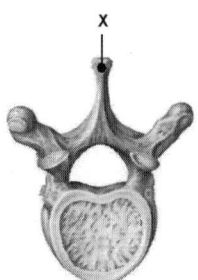

Imagen pregunta 13

14. ¿Qué zona anatómica de esta vértebra es la marcada?

a) Arco vertebral.
b) Agujero vertebral.
c) Cuerpo vertebral.
d) Lámina vertebral.

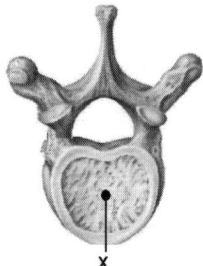

Imagen pregunta 14

15. ¿Cómo se denomina la zona posterior de la vértebra tipo?

a) Cuerpo vertebral.
b) Arco vertebral.
c) Escotadura posterior.
d) Pedículo.

16. ¿Qué afirmación es correcta de la proyección oblicua de la vértebra tipo?

a) Va a tener por objeto crear la superposición de los macizos articulares de la placa de perfil.
b) Esta radiografía debe ser bilateral.
c) Es imposible con ella estudiar separadamente los lados derecho e izquierdo del arco posterior.
d) Nada de lo anterior es cierto.

17. ¿Por qué estructura anatómica pasan los nervios raquídeos?

a) Por los forámenes dorsales.
b) Por los agujeros intervertebrales.
c) Por los forámenes ventrales.
d) Por el conducto vertebral.

18. ¿Mediante qué proyección se exploran habitualmente el atlas y el axis de frente?

a) Mediante la proyección AP de dichas vértebras.
b) Mediante la proyección L de dichas vértebras.
c) Mediante la proyección AP transoral.
d) Mediante la proyección oblicua de dichas vértebras.

19. ¿Qué criterios de calidad de los que se nombran es correcto en la AP transoral de atlas y axis?

a) La dentadura superior no debe quedar superpuesta con la base del cráneo.
b) Las vértebras C1 y C2 han de visualizarse en el espacio existente entre ambos maxilares.

c) Son correctas la a) y la b).
d) Son incorrectas la a) y la b).

20. ¿Hacia dónde debe dirigirse el rayo central en la proyección AP del raquis cervical?

a) El rayo central se dirige al plano sagital medio a nivel de la C4 con una angulación cefálica de 15-20º.
b) El rayo central se dirige al plano sagital medio a nivel del cartílago tiroides con una angulación cefálica de 15-20º.
c) Son correctas la a) y la b).
d) Son incorrectas la a) y la b).

21. ¿Qué proyecciones de la columna cervical se realizan para estudiar su capacidad de movimiento?

a) Proyección AP y Lateral.
b) Proyección PA y Lateral en flexión.
c) Proyecciones laterales en flexión y en extensión.
d) Proyecciones oblicuas AP y PA.

22. ¿Qué proyección es la lateral del nadador de las vértebras cervicotorácicas?

a) Proyección lateral con el rayo horizontal.
b) Proyecciones laterales en flexión y en extensión.
c) Proyección con Método de Swimmers/Twining.
d) Proyección con Método de Ferguson/Cobbs.

23. ¿Qué forma presenta el agujero vertebral de atlas?

a) Es pequeño y triangular.
b) Es grande y triangular.
c) Es pequeño y redondeado.
d) Es grande y más o menos pentagonal.

24. ¿Qué proyección se realiza con el objeto de observar los agujeros de conjunción en la columna lumbar desde L1 a L4?

a) AP.
b) PA.
c) Lateral.
d) Oblicua.

25. ¿Qué angulación debemos utilizar para una proyección axial AP de articulación lumbosacra?

a) Angulación caudal de 35º en mujeres, o 30º en hombres
b) Angulación cefálica de 35º en mujeres, o 30º en hombres.
c) Angulación caudal de 25º en mujeres, o 30º en hombres.
d) Angulación cefálica de 25º en mujeres, o 30º en hombres.

26. ¿Qué zona anatómica es la marcada con una X en la proyección L lumbosacra?

a) Pedículo.
b) Foramen vertebral.
c) Cuerpo vertebral de S1.
d) Promontorio.

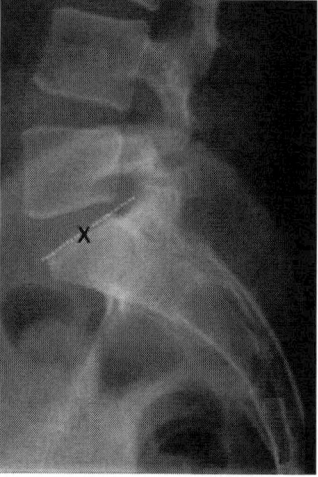

Imagen pregunta 26

27. ¿Qué zona anatómica es la marcada con una X en la proyección L lumbosacra?

a) Cuerpo vertebral de L4.
b) Arco dorsal de L4.
c) Cuerpo vertebral de L5.
d) Lámina vertebral.

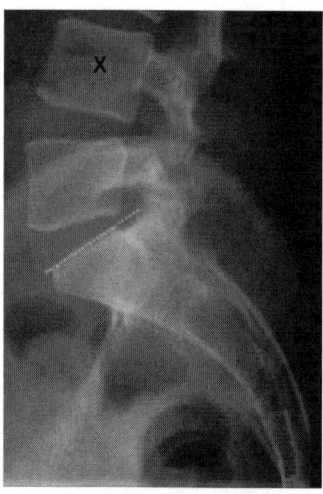

Imagen pregunta 27

28. ¿Qué zona anatómica es la marcada con una X en la proyección L lumbosacra?

a) Lámina vertebral.
b) Pedículo.
c) Foramen vertebral.
d) Apófisis espinosa.

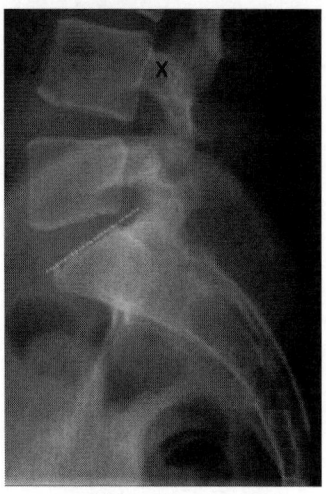

Imagen pregunta 28

29. ¿Qué evalúa mejor la RM en el raquis?

a) Patologías óseas (especialmente fracturas).
b) Enfermedades congénitas.
c) El sistema nervioso, partes blandas y sus zonas adyacentes (espacios).
d) Enfermedades degenerativas.

30. La distancia foco-película (DFP) empleada en estudios radiográficos de raquis será de:

a) 50-60 cm, dependiendo de la constitución del paciente.
b) 80-90 cm, dependiendo de la constitución del paciente.
c) 90-110 cm, dependiendo de la constitución del paciente.
d) 100-150 cm, dependiendo de la constitución del paciente.

Solución al test n.º 39

1. c) Tiene forma de eje y ocupa la zona ventral y medialmente.

2. c) Lordosis.

3. c) D1 a D10.

4. c) Lordosis lumbar.

5. b) Escoliosis postural.

6. a) Método de Cobbs.

7. c) Grado V.

8. a) Se realizan las proyecciones AP o PA erecta, con inclinación lateral hacia ambos lados y L erecta.

9. c) Superpuesta al cuerpo y ocupando la línea media.

10. b) Escoliosis.

11. c) La distancia que separa las corticales internas de los dos pedículos.

12. b) Pedículo.

13. d) Apófisis espinosa.

14. c) Cuerpo vertebral.

15. b) Arco vertebral.

16. b) Esta radiografía debe ser bilateral.

17. b) Por los agujeros intervertebrales.

18. c) Mediante la proyección AP transoral.

19. b) Las vértebras C1 y C2 han de visualizarse en el espacio existente entre ambos maxilares.

20. c) Son correctas la a) y la b).

21. c) Proyecciones laterales en flexión y en extensión.

22. c) Proyección con Método de Swimmers/Twining.

23. d) Es grande y más o menos pentagonal.

24. c) Lateral.

25. b) Angulación cefálica de 35º en mujeres, o 30º en hombres.

26. d) Promontorio.

27. a) Cuerpo vertebral de L4.

28. b) Pedículo.

29. c) El sistema nervioso, partes blandas y sus zonas adyacentes (espacios).

30. d) 100-150 cm, dependiendo de la constitución del paciente.

Anatomía radiológica y técnicas de exploración de la mama. Galactografía. Clasificación BI-RADS de los estudios para descartar tumores de la mama

1. ¿Qué afirmación no es correcta de las mamas?

a) Las mamas generalmente son dos, y simétricas.
b) Las mamas son glándulas de secreción mixta.
c) Se encuentran situadas en la parte media del tórax a ambos lados del esternón situada entre el pectoral mayor y el serrato mayor.
d) Se las consideras el depósito mayor de grasa del organismo.

2. ¿Entre qué músculos se encuentran las mamas?

a) Entre el pectoral menor y el pectoral mayor.
b) Entre el pectoral menor y los subclavios.
c) Entre el pectoral mayor y el serrato mayor.
d) Entre el pectoral mayor y los adductores medianos.

3. ¿Dónde se localizan las glándulas de Montgomery?

a) En la parte inferior de la mama.
b) En la base de la mama.
c) En la areola de la mama.
d) En los conductos galactóforos.

4. ¿Qué afirmación es cierta de la estructura interna de la mama?

a) Esencialmente las mamas está compuesta exclusivamente por tejido glandular adiposo.
b) El tejido graso aparece por su menor densidad en mamografía menos brillante (más oscuro).
c) Quien da forma exclusivamente a las mamas son los ligamentos de Cooper.
d) El tejido adiposo se encuentra alrededor de toda la mama, debajo de la piel y formando el espacio retromamario por detrás justo del músculo pectoral mayor.

5. Indica qué estructura anatómica de la mama es la marcada con una X.

a) Pezón.
b) Areola.
c) Conductos galactóforos.
d) Acinos mamarios.

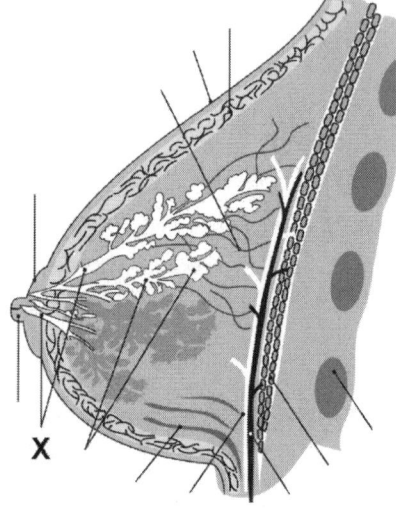

Imagen pregunta 5

6. ¿Qué otro nombre recibe la arteria mamaria externa?

a) Arteria torácica inferior.
b) Arteria torácica lateral.
c) Arteria torácica superior.
d) Arteria torácica media.

7. ¿Qué estructura anatómica es la marcada con una X en esta mamografía?

a) Tejido fibroglandular (tejido mamario).
b) Tejido adiposo o graso.
c) Piel de la mama.
d) Vasos sanguíneos.

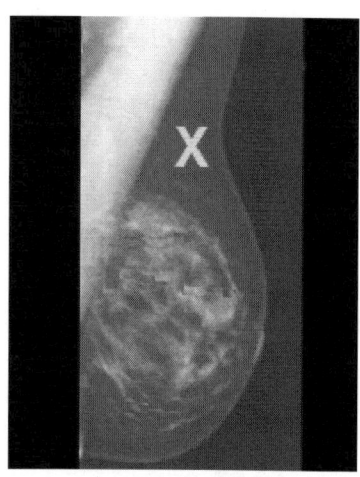

Imagen pregunta 7

8. ¿Qué estructura anatómica es la marcada con una X en esta mamografía?

a) Piel de la mama.
b) Pectoral mayor.
c) Tejido fibroglandular (tejido mamario).
d) Tejido adiposo o graso.

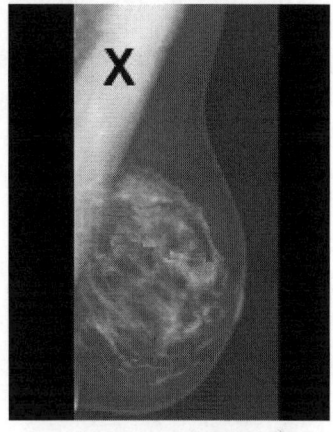

Imagen pregunta 8

9. ¿Qué estructura anatómica es la marcada con una X en esta mamografía?

a) Ganglio.
b) Vena.
c) Tejido fibroglandular (tejido mamario).
d) Ligamento de Cooper.

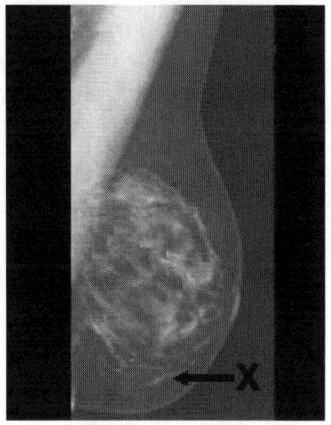

Imagen pregunta 9

10. ¿Cómo se llama la secreción mamaria que presentan algunos recién nacidos?

a) Mala leche.
b) Leche de brujas.
c) Leche del recién nacido.
d) Son correctas la a) y la c).

11. ¿Cada cuánto tiempo y en qué momento una mujer desde los 18 años debe hacerse una autoexploración de mama?

a) Cada mes, y una semana después del inicio de la menstruación.
b) Cada mes, y una semana antes del inicio de la menstruación.

c) Cada trimestre, y una semana después del inicio de la menstruación.
d) Cada trimestre, y una semana antes del inicio de la menstruación.

12. A partir de los 50 años las mamografías deben hacerse:

a) Semestralmente.
b) Anual o bianualmente.
c) Bianualmente, o cuando quiera el médico si es de alto riesgo.
d) Anualmente, o cuando quiera el médico si es de alto riesgo.

13. ¿Qué ánodo es el más utilizado en los tubos de rayo de los mamógrafos?

a) Torio.
b) Tecnecio.
c) Wolframio.
d) Molibdeno.

14. ¿Qué tipo de rejillas se utilizan en mamografía y qué relación poseen?

a) Móviles, y de una relación 6:1 o 7:1 enfocadas a la DFI.
b) Móviles, y de una relación 4:1 o 5:1 enfocadas a la DFI.
c) Fijas, y de una relación 6:1 o 7:1 enfocadas a la DFI.
d) Fijas, y de una relación 4:1 o 5:1 enfocadas a la DFI.

15. ¿Cuál es el motivo del empleo de rejillas en la mamografía?

a) Se debe al empleo de bajo kV en la técnica.
b) Se debe al empleo del escaso mAs.
c) Se debe a la mejora de contraste, aunque se aumente la dosis a la paciente.
d) Se debe a la mejora de contraste, minimizando la dosis a la paciente.

16. ¿Qué técnica/maniobra se aplica para las pacientes con prótesis mamaria, consistente en separar el tejido mamario del material protésico, para evitar que se artefacte el estudio?

a) Se aplicará la técnica/maniobra de Heimlich.
b) Se aplicará la técnica/maniobra de Rosemberg.
c) Se aplicará la técnica/maniobra de Valsalva.
d) Se aplicará la técnica/maniobra de Eklund.

17. ¿Qué proyección/proyecciones se hace/n hoy día en los estudios de *screening* de mama en la actualidad?

a) Se realiza proyección oblicua medio lateral (OML).
b) Se realiza dos proyecciones, OML y cráneo-caudal.

c) Dos proyecciones, anterior y oblicua medio lateral (OML).
d) Dos proyecciones, cráneo-caudal y la magnificada.

18. ¿Qué proyección es muy útil en lesiones de microcalcificaciones ya que se puede identificar muy claramente su forma, número y densidad?

a) Proyección de Valle.
b) OML.
c) Proyecciones craneocaudal y lateral.
d) Proyección magnificada.

19. En las mamografías magnificadas tenemos que:

a) Acercar la mama al foco.
b) Acercar la mama al receptor de imagen.
c) Sentar a la paciente.
d) No hacer compresión sobre la mama.

20. ¿Qué técnica intervencionista citológica (no histológica) es corriente en ecografía mamaria?

a) Un PAAF.
b) Un tru-cut.
c) Una mamografía.
d) Una mamografía magnificada.

21. Para realizar una histología de mama necesitamos hacer:

a) Un PAAF.
b) Un tru-cut.
c) Una mamografía.
d) Una mamografía magnificada.

22. ¿Qué no es cierto de PAAF con estereotaxia?

a) Hay un muy pequeño riesgo de que no se extirpe la lesión.
b) Exige baja laboral (cuidados mínimos).
c) Se realiza en menos de una hora.
d) No necesita anestesia general.

23. El desarrollo de la técnica PAAF se sigue mediante:

a) Estereotaxia digital.
b) Ecografía.
c) TC.
d) Son ciertas las respuestas a) y b).

24. ¿Cuál es el kilovoltaje utilizado en mamografía?

a) Es de 24/28 kV.
b) Es de 20/22 kV.
c) Es de 19 kV.
d) Es de 50 kV.

25. ¿Cuáles son los tiempos de exposición utilizados en mamografías?

a) 2 minutos.
b) 59 segundos.
c) Décimas de segundo.
d) Ninguna es cierta.

26. ¿Qué característica no es propia de las calcificaciones benignas de mamas?

a) Que sean redondeadas.
b) Que tengan forma de palomitas de maíz.
c) Distróficas.
d) Todas son características propias de benignidad.

27. ¿Qué afirmación de las siguientes es cierta acerca de los carcinomas de mamas?

a) Son tumores malignos.
b) Son capaces de producir metástasis.
c) Están formados por células epiteliales neoformadas.
d) Todas son ciertas.

28. ¿Qué categoría BI-RADS se corresponde con una lesión de mama con moderada sospecha de malignidad de la actual clasificación de criterios, y que probabilidad de malignidad (VPP) posee?

a) 4a y con una probabilidad de malignidad (VPP) > 2 % a ≤ 10 %.
b) 4b y con una probabilidad de malignidad (VPP) > 10 % a ≤ 50 %.
c) 4c y con una probabilidad de malignidad (VPP) > 50 % a < 95 %.
d) Nada de lo anterior es cierto.

29. ¿En qué categoría BI-RADS (*Brease Imagina Reporting Am Data System*) catalogarías una lesión mamaria probablemente con un Valor Predictivo para Malignidad menor al 25 %?

a) En la categoría 1.
b) En la categoría 2.
c) En la categoría 3.
d) En la categoría 4.

30. ¿En qué técnicas de las que se nombra no se suele emplear clip arpón (micro-calcificaciones) en estudios de tumores mamarios?

a) Mamografía guiada por estereotaxia.
b) Ecografía de mamas.
c) RM de mamas.
d) Mamografía sin empleo de estereotaxia.

Solución al test n.º 40

1. b) Las mamas son glándulas de secreción mixta.

2. c) Entre el pectoral mayor y el serrato mayor.

3. c) En la areola de la mama.

4. b) El tejido graso aparece por su menor densidad en mamografía menos brillante (más oscuro).

5. c) Conductos galactóforos.

6. a) Arteria torácica inferior.

7. b) Tejido adiposo o graso.

8. b) Pectoral mayor.

9. d) Ligamento de Cooper.

10. b) Leche de brujas.

11. a) Cada mes, y una semana después del inicio de la menstruación.

12. d) Anualmente, o cuando quiera el médico si es de alto riesgo.

13. d) Molibdeno.

14. b) Móviles, y de una relación 4:1 o 5:1 enfocadas a la DFI.

15. c) Se debe a la mejora de contraste, aunque se aumente la dosis a la paciente.

16. d) Se aplicará la técnica/maniobra de Eklund.

17. b) Se realiza dos proyecciones, OML y cráneo-caudal.

18. d) Proyección magnificada.

19. a) Acercar la mama al foco.

20. a) Un PAAF.

21. b) Un tru-cut.

22. b) Exige baja laboral (cuidados mínimos).

23. d) Son ciertas las respuestas a) y b).

24. a) Es de 24/28 kV.

25. c) Décimas de segundo.

26. d) Todas son características propias de benignidad.

27. d) Todas son ciertas.

28. b) 4b y con una probabilidad de malignidad (VPP) > 10 % a ≤ 50 %.

29. d) En la categoría 4.

30. d) Mamografía sin empleo de estereotaxia.

TEST N.º 41

Exploraciones radiológicas especiales: Angiografía y Flebografía, Histerosalpingografía, Ortopantomografía, densitometría ósea

1. ¿Para qué se emplea sustancialmente una angiografía?

a) Para identificar la anatomía de los vasos que se están estudiando.
b) Para identificar los procesos patológicos de los vasos que se están estudiando.
c) Para identificar la anatomía de los vasos que se están estudiando, así como los procesos patológicos que sufren los mismos.
d) Nada de lo anterior es cierto.

2. ¿Cómo podrían considerarse la angiografía convencional y la angiografía digital?

a) Técnicas semiinvasivas.
b) Técnicas no invasivas.
c) Técnicas invasivas.
d) Todas las respuestas pueden ser ciertas.

3. ¿Qué técnica de imagen, de estas, de tipo angiográfico, no es invasiva?

a) Angiografía digital.
b) Angiografía convencional.
c) AngioTC.
d) Angiografía ecográfica.

4. ¿Qué nombre recibe la técnica que se aplica normalmente en angiografía intervencionista (cateterismo)?

a) Técnica de Trigger.
b) Técnica de Watson.
c) Técnica de Seldinger.
d) Técnica de Lever.

5. ¿Cuál de estos no es un material utilizado para acceder a las estructuras vasculares en angiografía convencional?

a) Catéter.
b) Guía.
c) Aguja.
d) Almohadilla.

6. ¿Qué estructura vascular es la marcada con una X en esta arteriografía del tronco celíaco?

a) Arteria esplénica.
b) Arteria hepática común.
c) Arteria gastroduodenal.
d) Arteria coronaria estomática.

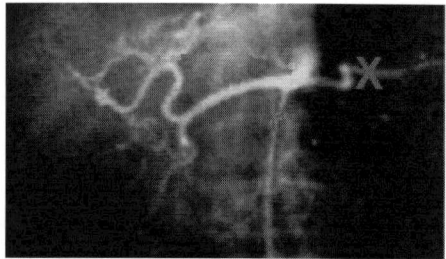

Imagen pregunta 6

7. ¿Qué estructura vascular es la marcada con una X en esta arteriografía del tronco celíaco?

a) Arteria gastroduodenal.
b) Arteria hepática común.
c) Arteria coronaria estomática.
d) Arteria hepática izquierda.

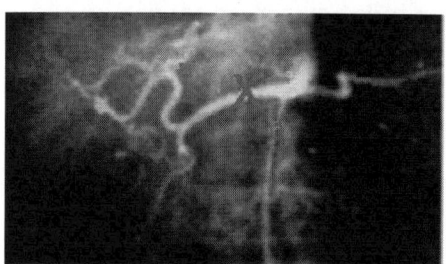

Imagen pregunta 7

8. ¿Qué zona anatómica es la marcada con un 2 en este TC abdominal con distintos planos de cortes axiales (B y C) y un corte sagital (A)?

a) Arteria mesentérica inferior.
b) Arteria mesentérica superior.
c) Arteria hepática común.
d) Arteria gastroduodenal.

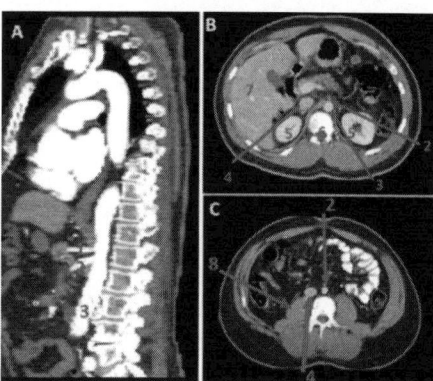

Imagen pregunta 8

9. ¿Qué es la angioplastia con balón cómo procedimiento intervencionista?

a) Es el procedimiento angiográfico que se emplea para la reparación de tejidos no vasculares.
b) Es el procedimiento angiográfico que se emplea para la reparación de un vaso sanguíneo.

c) Son correctas a) y b).

d) Son incorrectas a) y b).

10. ¿Qué profesionales de estos intervienen en la realización de una arteriografía?

a) Facultativo: cardiólogo experimentado.

b) TSID y facultativo: radiólogo experimentado.

c) Enfermera y Técnico Superior en Imagen para el Diagnóstico y Medicina Nuclear (TSID).

d) Facultativos: cardiólogo o radiólogo experimentado, TSID y enfermera.

11. ¿Cuál de estas complicaciones arteriográficas es sistémica?

a) Hemorragia.

b) Fístula arteriovenosa.

c) Hipotensión por reacción vagal.

d) Hematoma en el lugar de la punción.

12. ¿Qué hay que hacer inmediatamente tras quitar el catéter y la aguja en una extremidad?

a) Esperar un rato, por si hay alergias.

b) Revisar la zona.

c) Colocar un vendaje.

d) Ejercer presión sobre la zona de la extremidad en el lugar de inserción durante 10 o 15 minutos.

13. En un estudio (o de la extremidad inferior) se rasura y desinfecta el área donde se va a insertar el catéter, que es normalmente la zona:

a) Inguinal.

b) De las axilas.

c) Del hueco poplíteo.

d) Ninguna de las anteriores.

14. ¿En qué posición se coloca al paciente para realizar una arteriografía pulmonar?

a) En sedestación.

b) En bipedestación.

c) En decúbito supino.

d) Decúbito prono.

15. ¿Qué tiempo de ayuno se debe llevar a cabo antes de la realización de una angiografía aórtica?

a) No necesita ayuno.

b) 4 horas.

c) 6 a 8 horas.

d) 24 horas.

16. ¿Qué prueba radiográfica se le hará a la paciente previa a la histerosalpingografía?

a) Radiografía simple L de abdomen en decúbito supino.
b) Radiografía simple AP de pelvis.
c) Radiografía simple AP de tórax.
d) Radiografía simple L de abdomen en decúbito supino y radiografía simple AP y L de tórax.

17. ¿En qué posición se colocará la paciente tras la realización de la radiografía preliminar (radiografía simple AP de pelvis)?

a) Seguirá en la posición de decúbito supino.
b) Cambiará a la posición de decúbito prono.
c) Cambiará a la posición de bipedestación.
d) Cambiará a la posición de litotomía.

18. ¿Hacia qué zona anatómica se dirigirá perpendicularmente el rayo central en la radiografía simple AP de pelvis?

a) Hacia el plano sagital medio a nivel de un punto situado a 2 cm por debajo del trocánter menor.
b) Hacia el plano sagital medio a nivel de un punto situado a 2 cm por debajo del trocánter mayor.
c) Hacia el plano sagital medio a nivel de un punto situado a 2 cm por encima del trocánter menor.
d) El plano sagital medio a nivel de un punto situado a 2 cm por encima del trocánter mayor.

19. ¿Qué seriografías se hacen primeras de la serie, en una histerosalpingografía, con seguimiento radioscópico?

a) Proyecciones oblicuas posteriores y anteriores.
b) Proyecciones anteroposteriores.
c) Proyecciones laterales.
d) Depende de cada caso.

20. ¿Qué prueba de imagen médica no se utiliza en el diagnóstico de patología lagrimal o de visualización del sistema lagrimal?

a) Dacriocistografía.
b) Ecografía.
c) TAC.
d) RM.

21. ¿De qué numeración es el catéter radiopaco Venocath empleado como material necesario en dacriocistografía?

a) 28.
b) 24.
c) 22.
d) 18.

22. ¿Qué modalidad de equipo radiológico se requiere para efectuar una dacriocistografía?

a) Dacriocistógrafo.
b) Mamógrafo modificado.
c) Mesa telemandada con exposimetría automática e intensificador de imagen.
d) Fluoroscopia sin intensificador de imagen.

23. La dacriocistografía es una técnica en la que se utiliza un medio de contraste:

a) Yodado de base oleosa.
b) No se utiliza contraste.
c) Se realiza con suero.
d) Yodado de base acuosa, no irritante, hidrosoluble (mezcla fácilmente con la lágrima).

24. ¿Dónde es menos frecuente la obstrucción de la vía lagrimal?

a) En el propio saco lagrimal.
b) En el propio conducto nasolagrimal.
c) En la unión del saco lagrimal y el conducto nasolagrimal.
d) En la canícula común.

25. ¿Qué técnica radiográfica permite visualizar las glándulas salivares y sus conductos?

a) Dacriocistografía.
b) Sialografía.
c) Fistulografía.
d) Ninguna es cierta.

26. ¿A qué glándulas salivales se le puede aplicar la sialografía?

a) Glándulas parótidas y sublinguales.
b) Glándulas submandibulares y parótidas.
c) Glándulas sublinguales y submandibulares.
d) Solo a glándulas sunlinguales.

27. ¿Cuál es el tumor más frecuente de las glándulas salivales, generalmente benigno?

a) Papiloma benigno de células escamosas.
b) Adenoma glandular.
c) Tumor de Warthin.
d) Carcinoma mucoepidermoide.

28. ¿Cuál es el motivo de realizar una fistulografía?

a) Visualizar las vías biliares.
b) Visualizar el origen y extensión de las fístulas y los trayectos fistulosos.
c) Visualizar los conductos salivares.
d) Visualizar el Wirsung.

29. ¿Por qué pruebas de imagen médica se estudian generalmente las fístulas empleando contraste?

a) Generalmente se estudian mediante densitometría y fistulografía.
b) Generalmente se estudian mediante RM y fistulografía.
c) Generalmente se estudian mediante TC o/y fistulografía.
d) Generalmente se estudian mediante ecografía, RM, fistulografía y TC.

30. Los aparatos DEXA (de densitometría ósea) centrales miden la densidad de los huesos de:

a) La cadera.
b) La cadera y de la columna vertebral.
c) La cadera y de la muñeca.
d) La muñeca, del talón o de un dedo.

Solución al test n.º 41

1. c) Para identificar la anatomía de los vasos que se están estudiando, así como los procesos patológicos que sufren los mismos.

2. c) Técnicas invasivas.

3. d) Angiografía ecográfica.

4. c) Técnica de Seldinger.

5. d) Almohadilla.

6. a) Arteria esplénica.

7. b) Arteria hepática común.

8. b) Arteria mesentérica superior.

9. b) Es el procedimiento angiográfico que se emplea para la reparación de un vaso sanguíneo.

10. d) Facultativos: cardiólogo o radiólogo experimentado, TSID y enfermera.

11. c) Hipotensión por reacción vagal.

12. d) Ejercer presión sobre la zona de la extremidad en el lugar de inserción durante 10 o 15 minutos.

13. a) Inguinal.

14. c) En decúbito supino.

15. c) 6 a 8 horas.

16. b) Radiografía simple AP de pelvis.

17. d) Cambiará a la posición de litotomía.

18. d) El plano sagital medio a nivel de un punto situado a 2 cm por encima del trocánter mayor.

19. b) Proyecciones anteroposteriores.

20. b) Ecografía.

21. d) 18.

22. c) Mesa telemandada con exposimetría automática e intensificador de imagen.

23. d) Yodado de base acuosa, no irritante, hidrosoluble (mezcla fácilmente con la lágrima).

24. d) En la canícula común.

25. b) Sialografía.

26. b) Glándulas submandibulares y parótidas.

27. c) Tumor de Warthin.

28. b) Visualizar el origen y extensión de las fístulas y los trayectos fistulosos.

29. c) Generalmente se estudian mediante TC o/y fistulografía.

30. b) La cadera y de la columna vertebral.

Exploración radiológica del Aparato Digestivo. Técnica radiográfica simple. Proyecciones más comunes. Contrastes. Estudios con contraste

1. ¿Qué órganos pertenecen al tracto digestivo superior?

a) Esófago y estómago.
b) Orofaringe, esófago y estómago.
c) Boca, orofaringe, esófago y estómago.
d) Boca, orofaringe, esófago, estómago y duodeno.

2. ¿Cómo se denominan los pliegues peritoneales que unen una víscera con otra?

a) Ligamentos.
b) Mesenterio.
c) Epiplón.
d) Ninguna de las respuestas anteriores es correcta.

3. ¿Qué otros huesos además de los palatinos conforman el paladar duro de la boca?

a) Hueso vómer.
b) Huesos maxilares.
c) Huesos unguis.
d) Huesos malares.

4. ¿Qué papilas linguales son las más numerosas?

a) Las papilas filiformes.
b) Las papilas caliciformes.
c) Las papilas fungiformes.
d) Las papilas foliadas.

5. ¿Con qué estructura se relaciona la faringe en sentido caudal y posterior?

a) Se relaciona con las trompas de Eustaquio.
b) Se relaciona con las coanas.
c) Se relaciona con el esófago.
d) Se relaciona con la laringe.

6. ¿Cómo se denomina el orificio del diafragma por el que pasa el esófago?

a) Atrio.
b) Hiato.
c) Cardias.
d) Pórtico.

7. ¿Qué zona anatómica en este esofagograma en distintas fases es la marcada con una X?

a) Esófago.
b) Estómago.
c) Diafragma.
d) Hiato esofágico.

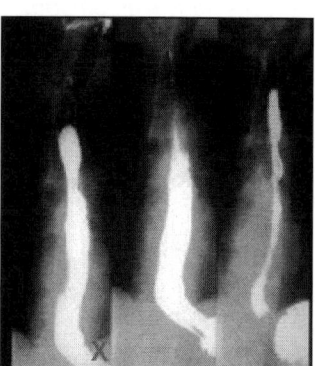

Imagen pregunta 7

8. ¿Qué zona anatómica en este esofagograma en distintas fases es la marcada con una Y?

a) Esófago.
b) Diafragma.
c) Hiato esofágico.
d) Estómago.

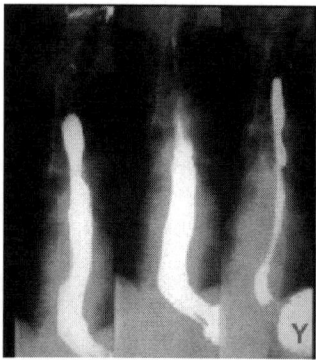

Imagen pregunta 8

9. ¿Qué es realmente lo que se observa en una radiografía lateral de tórax llamada _banda traqueal posterior_?

a) El margen anterior de la pared posterior del esófago cuando se encuentra ocupado de aire.
b) El margen posterior de la pared anterior del esófago cuando se encuentra ocupado de aire.
c) El margen posterior de la pared anterior de la laringe.
d) El margen anterior de la pared posterior de la laringe.

10. ¿Qué zona anatómica en este estudio gastroduodenal es la marcada con una X?

a) Fundus.
b) Cuerpo del estómago.
c) Antro.
d) Bulbo duodenal.

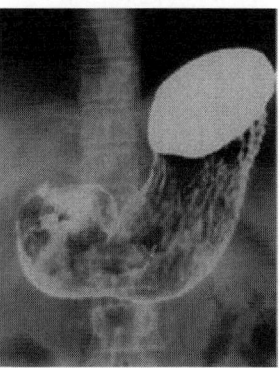

Imagen pregunta 10

11. ¿Qué zona anatómica en este estudio gastroduodenal es la marcada con una Y?

a) Antro.
b) Bulbo duodenal.
c) Cuerpo del estómago.
d) Fundus.

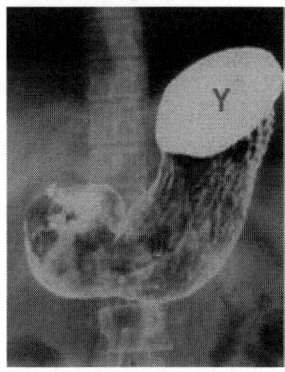

Imagen pregunta 11

12. ¿Qué se puede visualizar a nivel gástrico al realizar un estudio de doble contraste (bario y gas)?

a) El fundus, el antro y el píloro.
b) El fundus, el cuerpo y el píloro.
c) Ambas curvaturas, el antro y el píloro.
d) Ambas curvaturas, el fundus y el cuerpo del estómago además del antro y el píloro.

13. ¿Qué estudio radiográfico se realizará para poder visualizar el duodeno y en qué posición se efectúa?

a) Un estudio seriado con contraste de sulfato de bario y en posición de decúbito supino.
b) Un estudio de doble contraste y en posición oblicua anterior.
c) Son correctas a) y b).
d) Son incorrectas a) y b).

14. ¿Cuál es la proyección radiográfica idónea para el examen del tracto superior del tubo digestivo?

a) Proyección AP en decúbito supino.
b) Proyección AP en bipedestación.
c) Proyección L en decúbito supino.
d) Proyección AP en decúbito lateral, con el rayo horizontal.

15. ¿Qué afirmación es incorrecta respecto a los criterios de calidad que deben cumplirse en una proyección AP en decúbito supino de abdomen?

a) La pelvis, la columna lumbar y las últimas costillas deben observarse sin rotación.
b) La columna vertebral debe quedar en el centro de la radiografía.
c) Las apófisis espinosas no han de quedar superpuestas en el centro de los cuerpos vertebrales.
d) Deben observarse partes blandas como el bazo, los riñones, la musculatura del psoas y el reborde inferior hepático.

16. ¿Qué objetivo se persigue con la técnica de doble contraste en estudios digestivos?

a) Que se visualicen solo los contornos de la luz del órgano.
b) Que se visualice la lesión: estenosis o dilatación.
c) Que se visualice la mucosa del tubo digestivo objeto de estudio.
d) Todos los anteriores.

17. ¿Qué tipo de estudio digestivo es el de la imagen?

a) Tránsito intestinal.
b) Enema opaco.
c) Esofagograma.
d) Serie gastrointestinal (GI).

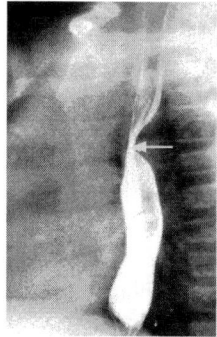

Imagen pregunta 17

18. ¿Con qué contraste se suelen hacer los estudios seriados gastrointestinales (GI)?

a) Suspensión de bario por vía IV.
b) Suspensión de bario por vía oral.
c) Compuesto yodado hidrosoluble por vía IV.
d) Compuesto yodado hidrosoluble por vía oral.

19. ¿Por dónde pasa el rayo central aproximadamente en un estudio seriado gastrointestinal (GI) en la proyección OPA derecha seriográfica?

a) Zona media Interclavicular.
b) L2.
c) C5.
d) D8.

20. ¿A la altura de qué vértebra se inicia el esófago?

a) A nivel de L2.
b) A nivel de C2.
c) A nivel de C6.
d) A nivel de D8.

21. ¿En qué patología esofágica de las que se nombra está menos indicado el TC de esófago?

a) Achalasia o acalasia.
b) Carcinoma de esófago.
c) Estadificación del carcinoma esofágico.
d) Esofagitis eosinófila.

22. ¿Dónde se inicia el tracto digestivo inferior?

a) En el duodeno.
b) En el yeyuno.
c) En el ciego.
d) En el íleon.

23. ¿Qué parte del intestino delgado ocupa en longitud sus 2/5 totales?

a) Duodeno.
b) Íleon terminal.
c) Yeyuno.
d) Íleon.

24. ¿Qué tramo del colon es el marcado con una X?

a) Colon ascendente.
b) Colon sigmoideo.
c) Colon transverso.
d) Colon descendente.

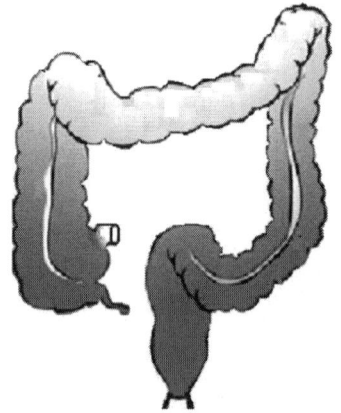

Imagen pregunta 24

25. ¿Qué numeración se corresponde con el colon descendente en esta seriografía de un enema opaco con doble contraste?

a) 2.
b) 5.
c) 6.
d) 7.

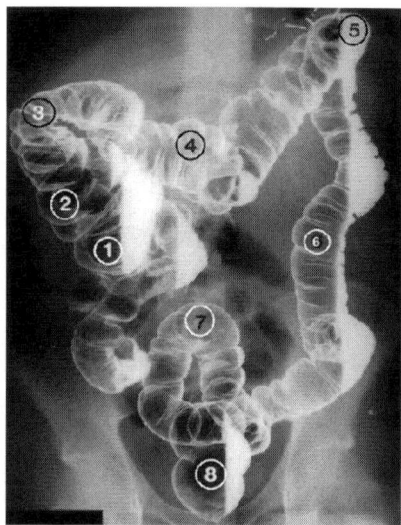

Imagen pregunta 25

26. ¿Qué vena drena toda la sangre venosa del abdomen al hígado?

a) Vena hepática común.
b) Vena esplénica.
c) Vena suprahepática.
d) Vena porta.

27. ¿Qué estructura venosa es la marcada con una X en este corte ecográfico transversal subcostal en inspiración mantenida?

a) Vena porta.
b) Vena suprahepática media.
c) Vena cava inferior.
d) Vena esplénica.

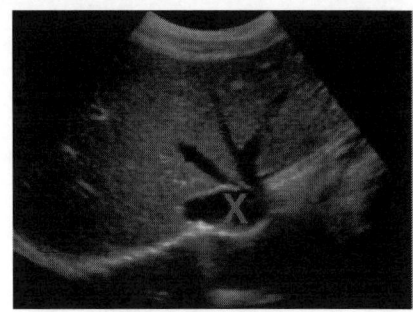

Imagen pregunta 27

28. ¿Cómo se le llama al estudio radiográfico general del sistema biliar?

a) Coledografía.
b) Colecistografía.
c) Colangiografía.
d) Colecistocolangiografía.

29. ¿Cuál es el mejor método para estudiar la vesícula biliar y los conductos biliares?

a) RM.
b) Colecistografía.
c) Colangiografía.
d) Ecografía.

30. ¿Qué nombre recibe la incógnita señalada en esta imagen?

a) Conducto cístico.
b) Colédoco.
c) Conducto hepático.
d) Conducto biliar principal.

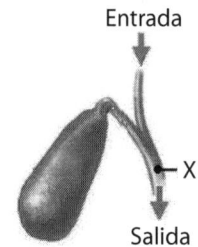

Imagen pregunta 30

Solución al test n.º 42

1. c) Boca, orofaringe, esófago y estómago.

2. c) Epiplón.

3. b) Huesos maxilares.

4. a) Las papilas filiformes.

5. c) Se relaciona con el esófago.

6. b) Hiato.

7. c) Diafragma.

8. d) Estómago.

9. b) El margen posterior de la pared anterior del esófago cuando se encuentra ocupado de aire.

10. b) Cuerpo del estómago.

11. d) Fundus.

12 d) Ambas curvaturas, el fundus y el cuerpo del estómago además del antro y el píloro.

13. b) Un estudio de doble contraste y en posición oblicua anterior.

14. a) Proyección AP en decúbito supino.

15. c) Las apófisis espinosas no han de quedar superpuestas en el centro de los cuerpos vertebrales.

16. c) Que se visualice la mucosa del tubo digestivo objeto de estudio.

17. c) Esofagograma.

18. b) Suspensión de bario por vía oral.

19. b) L2.

20. c) A nivel de C6.

21. d) Esofagitis eosinófila.

22. a) En el duodeno.

23. c) Yeyuno.

24. b) Colon sigmoideo.

25. c) 6.

26. d) Vena porta.

27. c) Vena cava inferior.

28. a) Coledografía.

29. d) Ecografía.

30. b) Colédoco.

TEST N.º 43

Exploración radiológica del Aparato Urinario. Técnica radiográfica simple. Proyecciones más comunes. Contrastes. Estudios con contraste

1. ¿Qué órganos, sistemas o aparatos eliminan agua en nuestro organismo?

a) Aparato digestivo y aparato urinario.
b) Piel y aparato urinario.
c) Aparato respiratorio, urinario, digestivo y la piel.
d) Sistema nervioso, aparato respiratorio, urinario, digestivo y la piel.

2. ¿Qué estructuras conforman las vías urinarias?

a) Riñones y vejiga.
b) Uretra y uréteres.
c) Pelvis renal, uretra y uréteres.
d) Vejiga, uretra y uréteres.

3. ¿Qué zona de la uretra del varón se relaciona con las glándulas de Cowper?

a) La uretra prostática.
b) La uretra membranosa.
c) La uretra esponjosa.
d) Ninguna de las anteriores.

4. ¿Qué porción del uréter se relaciona con la pelvis renal?

a) La porción pélvica.
b) La porción media.
c) La porción abdominal.
d) La porción intramural.

5. ¿Qué estructura anatómica de la imagen es la marcada con una X?

a) Uréter izquierdo.
b) Uréter derecho.
c) Arteria renal.
d) Vena renal.

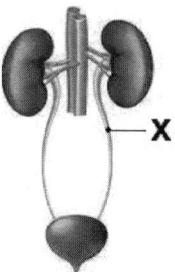

Imagen pregunta 5

6. ¿Cuánto pesa aproximadamente cada riñón y que forma tiene?

a) Pesan aproximadamente entre 200-300 g y tienen forma de cuña.
b) Pesan aproximadamente entre 200-300 g y tienen forma de habichuela o frijol.
c) Pesan aproximadamente entre 350-450 g y tienen forma de flor.
d) Pesan aproximadamente entre 350-450 g y tienen forma de habichuela o frijol.

7. ¿Qué estructura anatómica que entra en riñones de la imagen es la marcada con una X?

a) Uretra.
b) Uréter.
c) Arteria renal.
d) Vena renal.

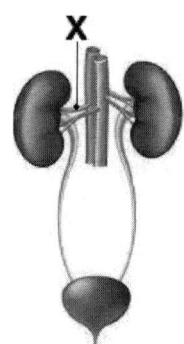

Imagen pregunta 7

8. ¿Qué estructuras conforman la cortical de los riñones?

a) Los rayos medulares y los lóbulos.
b) La corteza y la zona glomerular.
c) Los lóbulos, los cálices y la pelvis renal.
d) La medular y la zona glomerular.

9. ¿Qué es una nefrona?

a) Es una célula glomerular.
b) Es la unidad anatomofuncional de los riñones.

c) Es una célula renal.
d) Nada de lo anterior es cierto.

10. ¿Qué zona anatómica de la nefrona es la marcada con una X?

a) Túbulo contorneado proximal.
b) Glomérulo.
c) Túbulo contorneado distal.
d) Asa de Henle.

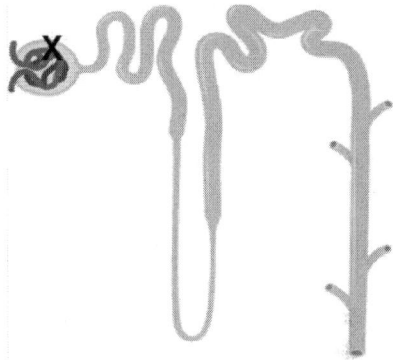

Imagen pregunta 10

11. ¿Qué zona anatómica de la nefrona es la marcada con una X?

a) Asa de Henle ascendente.
b) Túbulo contorneado distal.
c) Túbulo colector.
d) Asa de Henle descendente.

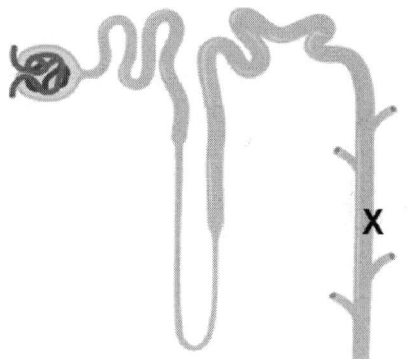

Imagen pregunta 11

12. ¿Qué tipos de estructuras no forman parte de la morfología interna del aparato genital masculino?

a) Testículos.
b) Los escrotos.
c) Glándulas seminales.
d) Todas las anteriores.

13. ¿La unión de qué conductos forman el conducto eyaculador?

a) La unión del conducto de la vesícula seminal y del conducto espermático.
b) La unión del conducto espermático y la uretra prostática.

c) La unión del conducto deferente y el conducto de la vesícula seminal.
d) La unión de la uretra prostática y de la uretra bulbar.

14. ¿Qué nombre recibe el tercio interno de la trompa de Falopio?

a) Infundíbulo.
b) Pabellón.
c) Istmo.
d) Cuerpo.

15. Todo lo que se dice de los ovarios es cierto, excepto que:

a) Se dividen en dos partes, a saber: la cortical, más interna y la medular, más externa.
b) Posee una forma comparable a una "almendra" de 4 cm de diámetro.
c) Se encuentran suspendidos en el abdomen por dos uniones: una externa, realizada por medio de las fimbrias de las trompas, y otra interna realizada por el ligamento del útero.
d) Son órganos pares y los primarios del aparato genital femenino.

16. ¿Qué estudio radiográfico se hace normalmente como previo a todo estudio más complejo del aparato urinario o/y reproductor?

a) Radiografía simple de abdomen en proyección AP en decúbito supino.
b) Radiografía simple de abdomen en proyección L en decúbito supino.
c) Radiografía AP de tórax.
d) Radiografía L de tórax.

17. ¿Qué vísceras son retroperitoneales?

a) Bazo e hígado.
b) Riñones y uréteres.
c) El recto y sigma.
d) Estómago y duodeno.

18. ¿Qué composición poseen la mayoría de los cálculos que se originan en las litiasis renales muchos de ellos visualizados mediante una radiografía simple de abdomen?

a) Oxalato de calcio.
b) Urato de calcio.
c) Fosfato cálcico.
d) Fosfato-amónico-magnésico.

19. ¿Qué longitud comparativa y situación espacial vertebral poseen los uréteres?

a) Van desde la vértebra D1 a S1.
b) Van desde la vértebra D2 a L2.
c) Van desde la vértebra L2 a L5.
d) Van desde la vértebra L1 a S3.

20. ¿Qué estructuras del aparato genitourinario son visibles normalmente en radiografía simple de abdomen?

a) Uretra.
b) Vasos abdominales.
c) Próstata.
d) Todos son invisibles.

21. ¿Qué proyecciones radiográficas generalmente aclaran dudas sobre el origen y la localización de calcificaciones abdominales observables en la proyección previa abdominal?

a) En la proyección lateral en decúbito supino con rayo horizontal.
b) En la proyección lateral en bipedestación.
c) En la proyección oblicua.
d) En la proyección AP en decúbito lateral con rayo horizontal.

22. ¿Qué estudio se define como el examen radiológico del aparato urinario, concretamente de los riñones, uréteres y vejiga, utilizando un medio de contraste radiopaco administrado por vía intravenosa?

a) UroTAC.
b) Urografía intravenosa.
c) Pielografía retrógrada.
d) Cistourografía.

23. ¿Qué afirmación respecto de la urografía intravenosa es incorrecta?

a) Posee una sensibilidad elevada (87-90 %) y una especificidad también elevada (94-100 %).
b) La urografía intravenosa es una técnica morfológica que permite estudiar la morfología de aparato urinario, no es una técnica funcional.
c) La urografía IV no se debe hacer durante la fase aguda del cólico porque la eliminación del contraste puede tardar horas.
d) Es el método de elección en adultos a no ser que otro método esté claramente indicado.

24. ¿Qué estudio radiológico seriado es el de la imagen?

a) Urografía IV.
b) Prostatografía.
c) Cistouretrografía miccional (CUMS).
d) Radiografía simple de abdomen.

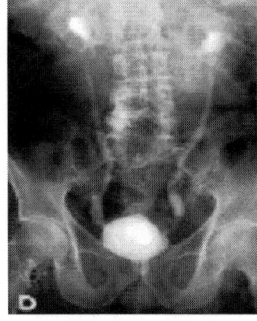

Imagen pregunta 24

25. ¿Qué estructura anatómica es la observable en este estudio con una flecha?

a) Pelvis renal (origen del uréter).
b) Uréter.
c) Uretra.
d) Arteria renal.

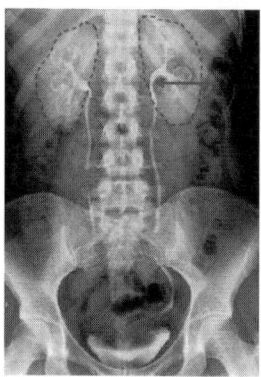

Imagen pregunta 25

26. ¿Qué estructura anatómica es la observable en este estudio con una flecha?

a) Próstata.
b) Vejiga.
c) Útero.
d) Pelvis renal.

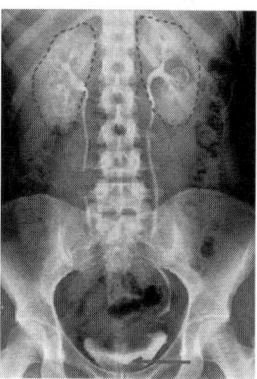

Imagen pregunta 26

27. ¿Qué fase de la urografía intravenosa es aquella que se da en los primeros minutos en la que el contraste se concentra en los túbulos contorneados proximales, opacificando el parénquima renal?

a) Fase excretora o ureteral.
b) Fase nefrográfica.
c) Fase pielográfica.
d) Fase filtrativa.

28. ¿Qué otra técnica en la actualidad ha relevado a la punción renal percutánea?

a) TC.
b) RM.

c) Ecografía.
d) Gammagrafía.

29. ¿Cómo se denomina la exploración radiológica de la vejiga urinaria?

a) Urografía.
b) Uretrografía.
c) Cistografía.
d) Pielografía.

30. ¿Qué estudio radiológico seriado es el de la imagen?

a) Urografía IV.
b) Prostatografía.
c) Cistouretrografía miccional (CUMS).
d) Pielografía.

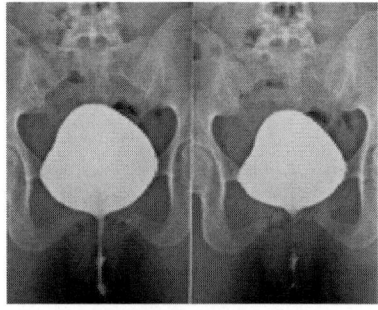

Imagen pregunta 30

Solución al test n.º 43

1. c) Aparato respiratorio, urinario, digestivo y la piel.

2. d) Vejiga, uretra y uréteres.

3. b) La uretra membranosa.

4. c) La porción abdominal.

5. a) Uréter izquierdo.

6. b) Pesan aproximadamente entre 200-300 g y tienen forma de habichuela o frijol.

7. c) Arteria renal.

8. b) La corteza y la zona glomerular.

9. b) Es la unidad anatomofuncional de los riñones.

10. b) Glomérulo.

11. c) Túbulo colector.

12. b) Los escrotos.

13. c) La unión del conducto deferente y el conducto de la vesícula seminal.

14. c) Istmo.

15. a) Se dividen en dos partes, a saber: la cortical, más interna y la medular, más externa.

16. a) Radiografía simple de abdomen en proyección AP en decúbito supino.

17. b) Riñones y uréteres.

18. a) Oxalato de calcio.

19. c) Van desde la vértebra L2 a L5.

20. d) Todos son invisibles.

21. c) En la proyección oblicua.

22. b) Urografía intravenosa.

23. b) La urografía intravenosa es una técnica morfológica que permite estudiar la morfología de aparato urinario, no es una técnica funcional.

24. a) Urografía IV.

25. a) Pelvis renal (origen del uréter).

26. b) Vejiga.

27. b) Fase nefrográfica.

28. c) Ecografía.

29. c) Cistografía.

30. c) Cistouretrografía miccional (CUMS).

TEST N.º 44

Principios de tomografía axial computerizada (TAC). Bases físicas y aspectos técnicos. Ventajas e inconvenientes. Equipos para la tomografía axial computerizada. Características y funcionamiento

1. ¿Para qué región anatómica se fabricaron los primeros equipos de TC? Se fabricaron los primeros equipos de TC para explorar:

a) Tórax.
b) Abdomen.
c) Cráneo.
d) Extremidades.

2. ¿Qué equipo de TC es el último que se introduce para la práctica clínica?

a) TC de traslación-rotación con un solo detector, pero enorme.
b) Tomografía lineal.
c) TC helicoidal.
d) TC multidetector.

3. ¿Qué inconvenientes presentaba el TC de primera generación respecto a los actuales equipos?

a) Estudios larguísimos en el tiempo.
b) Sus indicaciones se limitaban al TC de encéfalo.
c) Peor calidad de la imagen diagnóstica.
d) Son ciertos todos los anteriores.

4. ¿A qué equivale el PITCH o factor de paso en equipos de TC helicoidal?

a) Equivale al giro de la mesa (en mm) por el diámetro del/de los detectores (en m) partido por el grosor de corte (en mm).
b) Equivale al movimiento de la mesa (en mm) por el giro (en segundo) partido por el grosor de corte (en mm).

c) Equivale al movimiento de la mesa (en mm) por el número de píxeles partido por el grosor de corte (en mm).

d) Equivale al movimiento de la mesa (en mm) por el vóxel partido por el grosor de corte (en mm).

5. ¿Qué equipos de TC ayudan a caracterizar las lesiones al introducir una nueva capacidad para cuantificar y separar materiales tales como el calcio, el yodo y el agua, permitiendo así determinar la composición química de las lesiones y su evolución?

a) TC helicoidal.
b) TC de haz cónico.
c) TC espectral.
d) TC multidetector.

6. ¿Cuál es el motivo de denominar a los equipos TC duales como tales? Se adquieren los volúmenes de interés mediante:

a) Dos detectores diferentes.
b) El empleo de dobles colimadores.
c) Dos diferentes energías promedio de fotones (dos voltajes distintos).
d) En dos monitores distintos, y un solo espectro de radiación, con solapación posterior de imágenes.

7. ¿Qué ventaja aporta en los equipos de TC el empleo del haz de rayos cónico?

a) Aplicar durante el estudio dos energías diferentes, que nos permite una mejor diferenciación entre ciertos tejidos con y sin patologías.
b) Ayuda a caracterizar las lesiones porque introduce una nueva capacidad para cuantificar y separar materiales tales como el calcio, el yodo y el agua.
c) La adquisición del volumen total de imágenes con sólo una rotación.
d) La capacidad para la fusión de imágenes morfológicas y funcionales en un mismo examen.

8. ¿Cómo se transmiten generalmente los perfiles de atenuación registrados en el gantry al ordenador en un TC? Se transmiten mediante:

a) Cables eléctricos.
b) Cables ofimáticos.
c) Tecnologías de la comunicación inalámbrica.
d) No se transmiten, sigue un proceso de transformación progresiva y luego se digitaliza en el ordenador.

9. ¿Generalmente qué angulación presenta el gantry en un equipo TC actual? La angulación normalmente suele ser de:

a) +/-15º.
b) +/-30º.

c) +/-45º.
d) +/-90º.

10. ¿Qué característica de los tubos de rayos de los equipos actuales de TC no es correcta?

a) El ánodo posee un punto focal muy fino.
b) El ánodo es rotatorio.
c) Funcionan con una intensidad de hasta 1000 mA, los de haz de rayo pulsátil; y los de haz de rayo continuo con corriente de hasta 400 mA.
d) Su potencial de funcionamiento es de 80 a 110 Kv.

11. ¿Cuántos detectores sólidos poseen probablemente los actuales equipos de TC helicoidal multicorte?

a) Puede poseer hasta 50 detectores.
b) Puede poseer hasta 100 detectores.
c) Puede poseer hasta 300 detectores.
d) Puede poseer hasta 3.000 detectores.

12. ¿De qué elemento consta los actuales detectores de estado sólido de los equipos TC helicoidal multicorte?

a) Tubos fotomultiplicadores.
b) Fotodiodos.
c) Dínodos.
d) Gas.

13. ¿Dónde se sitúa en el equipo TC el Sistema de Adquisición de Datos?

a) Debajo de los detectores.
b) Arriba de los detectores.
c) Delante del colimador prepaciente.
d) Delante del colimador postpaciente.

14. ¿Qué afirmación es incorrecta del sistema de colimación de un equipo TC?

a) El colimador prepaciente se encuentra situado en la carcasa del tubo de Rx.
b) El colimador postpaciente están junto con los detectores.
c) El colimador prepaciente limita las zonas del paciente a irradiar y disminuye la dosis de radiación, optimizándola.
d) Los colimadores prepaciente y postpaciente no se deben ajustar sincrónicamente, ya que cada uno cumple su función independiente de forma concreta.

15. ¿Qué tipo de colimadores poseen los actuales equipos de TC?

a) Colimadores prepaciente.
b) Colimadores post-paciente.

c) Colimadores prepaciente y colimadores post-paciente.
d) No poseen colimadores.

16. ¿Cuál es la fuente de alimentacion del tubo de rayos X en el gantry de los equipos actuales de TC?

a) Los dínodos de los fotodiodos.
b) Los colimadores del gantry.
c) El generador de alta tensión.
d) El generador de baja tensión.

17. ¿Cuántas salas poseen las actuales Unidades de TC?

a) 4 salas: sala de exploración, sala del ordenador, sala de mandos y sala de análisis e interpretación de resultados.
b) 3 salas: sala de exploración, sala del ordenador y sala de mandos.
c) 2 salas: sala de exploración y sala de control.
d) 2 salas: sala de exploración y sala de análisis e interpretación de resultados.

18. ¿De qué aspecto esencial del objeto de estudio depende la formación de la imagen en TC?

a) Del material que está hecho el objeto de estudio.
b) Del coeficiente de atenuación de los rayos X del objeto de estudio.
c) Del sexo del usuario y de la edad.
d) No depende de nada de lo anterior.

19. ¿Qué vóxeles son los ideales para hacer las reconstrucciones 2D y 3D?

a) Atrópicos.
b) Isotrópicos.
c) Anisotrópicos.
d) Homocromáticos.

20. ¿A qué tejido o estructura anatómica nos referimos con un valor de densidad electrónica cercana al (-90) UH?

a) Tejido blando.
b) Hueso compacto.
c) Tejido graso.
d) Tejido pulmonar.

21. ¿Con qué elemento del equipo de TC se sincroniza el parámetro de adquisición denominado tiempo de rotación?

a) Se sincroniza con el desplazamiento de la camilla.
b) Se sincroniza con la angulación del gantry.

c) Se sincroniza con los anillos detectores.
d) Se sincroniza con todos los anteriores.

22. ¿Qué modo de adquisición de la imagen en TC es el que prácticamente se utiliza en la mayoría de exploraciones?

a) Secuencial.
b) Global.
c) Helicoidal.
d) Parcelar.

23. ¿Qué nombre recibe la herramienta informática que permiten ajustar y limitar los rangos de densidades a las necesidades del estudio?

a) PITCH.
b) Ventana.
c) SFOV.
d) Coeficiente de atenuación en UH.

24. ¿Cuál de estas no es una causa de ruidos en la imagen TC?

a) Menor tamaño del píxel que el habitual.
b) Aplicación incorrecta de voltaje (Kvp).
c) Un inapropiado mA.
d) Filtro de reconstrucción inadecuado.

25. ¿Qué tipo de artefactos en TC se ven en escalera, en las imágenes reconstruidas?

a) Artefacto por error en la linealidad.
b) Artefacto por error de aliasing.
c) Artefacto de origen cinético.
d) Artefacto de reconstrucción multiplanar.

26. ¿Qué herramienta evita la aparición de los artefactos en estrella?

a) Los filtros de convolución.
b) Los filtros Kernel.
c) Mantenimiento apropiado de los detectores.
d) Son ciertas a) y b).

27. ¿Cuál de estas consideras causa de artefactos de origen cinético debido a los movimientos del sistema? Artefactos por:

a) Los movimientos del paciente.
b) Estar el paciente comatoso y agitado.

c) Vibración del sistema tubo-detectores o mesa de exploración.

d) Son todos los anteriores.

28. ¿Qué nombre recibe el tiempo de espera que se lleva a cabo en la TC dinámica tras la administración del contraste donde se adquieren imágenes mediante una secuencia rápida de cortes?

a) Tiempo de rotación.

b) Tiempo de exploración.

c) Tiempo de barrido.

d) Tiempo de preparación o retraso.

29. ¿Qué otro nombre recibe la fase de equilibrio en la TC dinámica?

a) Fase venosa.

b) Fase portal.

c) Fase arterial.

d) Fase venosa tardía.

30. ¿Cuál no es una ventaja de la TC?

a) Se expone al paciente a menos radiación que con la radiología convencional.

b) Se puede obtener cortes axiales nítidos e imágenes en múltiples planos (multiplanares) con un solo examen.

c) Se consigue un gran perfeccionamiento en las densidades radiológicas (debido a los números TC o UH).

d) Todas las afirmaciones anteriores son ventajas.

Solución al test n.º 44

1. c) Cráneo.

2. d) TC multidetector.

3. d) Son ciertos todos los anteriores.

4. b) Equivale al movimiento de la mesa (en mm) por el giro (en segundo) partido por el grosor de corte (en mm).

5. c) TC espectral.

6. c) Dos diferentes energías promedio de fotones (dos voltajes distintos).

7. c) La adquisición del volumen total de imágenes con sólo una rotación.

8. c) Tecnologías de la comunicación inalámbrica.

9. b) +/-30º.

10. d) Su potencial de funcionamiento es de 80 a 110 Kv.

11. d) Puede poseer hasta 3.000 detectores.

12. b) Fotodiodos.

13. a) Debajo de los detectores.

14. d) Los colimadores prepaciente y postpaciente no se deben ajustar sincrónicamente, ya que cada uno cumple su función independiente de forma concreta.

15. c) Colimadores prepaciente y colimadores post-paciente.

16. c) El generador de alta tensión.

17. c) 2 salas: sala de exploración y sala de control.

18. b) Del coeficiente de atenuación de los rayos X del objeto de estudio.

19. b) Isotrópicos.

20. c) Tejido graso.

21. a) Se sincroniza con el desplazamiento de la camilla.

22. c) Helicoidal.

23. b) Ventana.

24. a) Menor tamaño del píxel que el habitual.

25. d) Artefacto de reconstrucción multiplanar.

26. d) Son ciertas a) y b).

27. c) Vibración del sistema tubo-detectores o mesa de exploración.

28. d) Tiempo de preparación o retraso.

29. d) Fase venosa tardía.

30. a) Se expone al paciente a menos radiación que con la radiología convencional.

TEST N.º 45

Técnicas radiológicas de exploración con TAC

1. ¿Qué afirmación no es cierta en la preparación del paciente y su relación con el técnico en los estudios de TC?

a) Nuestra relación con el paciente la debemos llevar a cabo con suma prudencia.

b) En la tomografía computarizada cardíaca (cardioTC), se preparará e informará bien al paciente para que mantenga la apnea cuando se le diga.

c) No debemos mostrarnos amable, sino serio y profesionales, y si está nervioso es su problema, ya que el nuestro es realizar la técnica lo más eficientemente posible.

d) El Técnico, desde que el paciente entra en la Unidad de TC, debe estar en contacto directo con él.

2. Indica en este TC de tórax (ventana mediastínica), qué estructura anatómica expresa la letra X, siendo este corte axial alto a nivel de esternón (manubrio):

a) Esófago.
b) Tráquea.
c) Aorta.
d) Hioides.

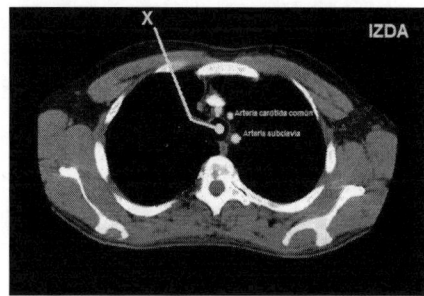

Imagen pregunta 2

3. ¿A qué tipo de estudios de TC nos referimos con el TC de Tórax oncológico? Cuando el estudio abarca un TC de:

a) Tórax simplemente.
b) Tórax superior (mediastino superior).
c) Tórax inferior (mediastino inferior).
d) Tórax y abdomen superior.

305

4. Indica en este TC de tórax (ventana mediastínica), qué estructura anatómica indica la letra Y, siendo este corte axial a nivel de la primera porción de la zona inferior del cuerpo esternal:

a) Ventrículo izquierdo.
b) Ventrículo derecho.
c) Aurícula izquierda.
d) Aurícula derecha.

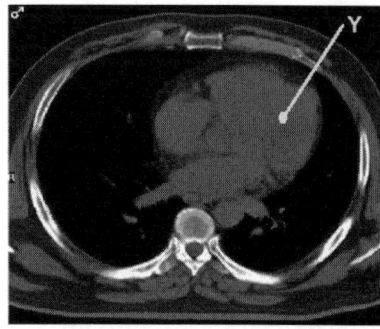

Imagen pregunta 4

5. ¿Qué arterias son mayoritariamente las causantes de la hemoptisis amenazante?

a) No bronquiales.
b) Toráxicas.
c) Bronquiales.
d) Subclavias.

6. ¿Dónde se localiza el *locator* en angio-TC de tórax atendiendo al protocolo de TEP (tromboembolismo pulmonar)?

a) En seno costofrénico.
b) En la carina.
c) En cayado aórtico.
d) En ninguna de las anteriores.

7. ¿Qué estructura anatómica vascular es la de la imagen, marcada con el número 1 en este examen de TC de tórax, corte sagital?

a) Vena cava inferior.
b) Aorta ascendente.
c) Aorta descendente.
d) Arteria pulmonar.

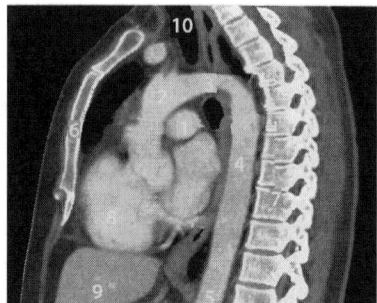

Imagen pregunta 7

8. ¿Qué modalidad de TC de abdomen es el más empleado en la práctica de todos los protocolos de TC abdominales y el que más se emplea en urgencias (normalmente, sin contraste oral)?

a) TC basal.
b) TC portal (rutina).
c) TC de páncreas.
d) TC de suprarrenales.

9. ¿Cómo se denomina la primera fase del TC dinámico de hígado? Se denomina fase:

a) De equilibrio.
b) Arterial.
c) Basal.
d) Venosa.

10. ¿Dónde se posiciona el ROI en TC de páncreas?

a) Se posiciona el ROI en aorta descendente.
b) Se posiciona el ROI en aorta ascendente.
c) Se posiciona el ROI en cayado aórtico.
d) Se posiciona el ROI en riñón izquierdo.

11. ¿Qué órgano es el de la imagen, marcado con la letra Z en este examen de TC de abdomen, corte axial?

a) Estómago.
b) Páncreas.
c) Bazo.
d) Riñón izquierdo.

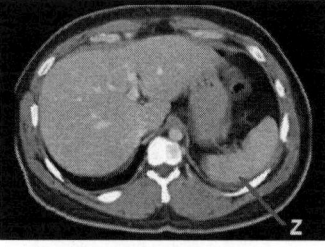

Imagen pregunta 11

12. ¿Qué estructura anatómica de la imagen es la marcada con la letra X en este TC de pelvis femenina, corte axial?

a) Recto.
b) Próstata.
c) Vejiga urinaria.
d) Coxis.

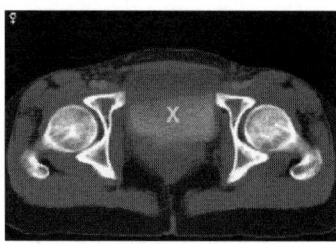

Imagen pregunta 12

13. ¿Cuántas fases elimina la técnica "split bolus" es un Uro-TC para reducir la radiación sobre el paciente?

a) Elimina solo una fase de la UroTC convencional.

b) Elimina una o más fases de la UroTC convencional.

c) Elimina todas las fases de la UroTC convencional.

d) No elimina ninguna fase de la UroTC convencional, ya que se acortan todas en el tiempo.

14. ¿Qué modalidad de TC está indicado ante un deterioro cognitivo/demencia?

a) TC basal sin contraste.

b) TC con contraste.

c) TC basal sin contraste más TC con contraste.

d) TC basal sin contraste más reconstrucción hueso.

15. ¿Qué plano estandarizado de los estudios de TC del oído interno/peñasco es aquel que es perpendicular al canal semicircular superior, y con el mismo podemos visualizar el eje corto de la cóclea, nervio facial, ventana redonda y acueducto vestibular?

a) Plano de Pöshl.

b) Plano sagital.

c) Plano de Stenver.

d) Plano de West.

16. ¿Qué estructura anatómica es la que muestral la imagen TC (coronal) con una X?

a) Órbita izquierda.

b) Seno maxilar izquierdo.

c) Seno esfenoidal izquierdo.

d) Seno etmoidal izquierdo.

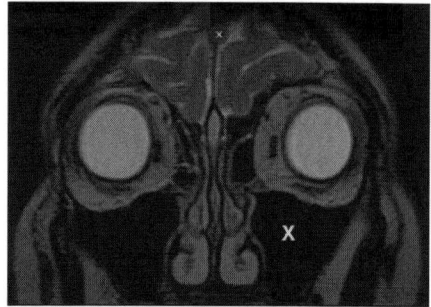

Imagen pregunta 16

17. ¿Qué cajón debe tomarse en un TC cuello C/C?

a) Desde senos frontales hasta parte baja del mentón.

b) Desde senos frontales hasta maxilar superior.

c) Desde senos frontales hasta las últimas cervicales.

d) Desde la línea orbitomeatal hasta gonión.

18. ¿Cuál es el protocolo de referencia en el estudio de la patología cerebral vascular? El protocolo de referencia es:

a) El protocolo de referencia es el Tronco Basilar.
b) El protocolo de referencia son las Carótidas Comunes.
c) El protocolo de referencia es el "Polígono de Willis".
d) El protocolo de referencia son las yugulares y su red venosa.

19. ¿Qué exploraciones o protocolos son frecuentes en la práctica diaria en los estudios TC con una sola inyección de contraste intravenoso (I.V.)?

a) Exámenes PET-TC.
b) Exámenes SPECT-TC.
c) Protocolos combinados (de varias zonas anatómicas).
d) Son ciertas a) y b).

20. ¿Dónde se sitúa el cajón (sus límites) en los exámenes de AngioTC de aorta abdominal?

a) Se sitúa desde la base del pulmón hasta los dedos del pie.
b) Se sitúa desde hioides hasta 2 cm debajo de la calota.
c) Se sitúa desde la base del pulmón hasta femorales.
d) Se sitúa desde la base del pulmón hasta rodillas.

21. ¿Dónde se localiza el locator en angio-TC aorta abdominal?

a) Estómago.
b) Mitad de mediastino.
c) Hígado.
d) Sigma.

22. ¿Qué estructura anatómica es la marcada con el número 2 en este TC óseo?

a) Trocánter menor derecho.
b) Trocánter menor izquierdo.
c) Trocánter mayor izquierdo.
d) Trocánter mayor derecho.

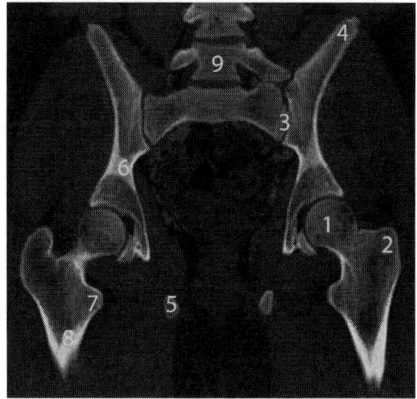

Imagen pregunta 22

23. ¿Qué estructura anatómica es la marcada con una X en este TC óseo?

a) Capitel tibial derecho.
b) Cóndilo femoral derecho.
c) Tróclea femoral derecha.
d) Plano poplíteo izquierdo.

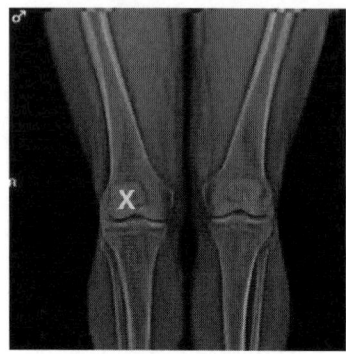

Imagen pregunta 23

24. ¿Cuál debe ser el posicionamiento del paciente en los estudios TC de medición de miembros inferiores? Debe ser en:

a) Decúbito supino con rotación externa de los pies de 15º, poniendo un apoyo plantar.
b) Decúbito supino con rotación externa de los pies de 45º, poniendo un apoyo plantar.
c) Decúbito prono con rotación interna de los pies de 30º, poniendo un apoyo plantar.
d) Bipedestación.

25. ¿Qué factor de exposición aproximado debe poseer un TC óseo en adulto de raquis dorsal/ lumbar según modulación mA?

a) 80 - 200.
b) 80 - 400.
c) 120 - 400.
d) 80 - 300.

26. ¿Qué parámetro del CBCT nos dirá si hay o no hueso para poner un implante en mandíbula o maxilar?

a) Rotación de 180º en el estudio.
b) Potenciómetro de la imagen.
c) Curva densitométrica.
d) Ninguna de las anteriores.

27. ¿En qué posición se realiza normalmente los estudios CBCT?

a) Bipedestación.
b) Decúbito supino.
c) Decúbito prono.
d) Sedestación.

28. ¿Qué modalidad de examen de TC es el de la imagen?

a) Broncoscopia virtual.
b) Colonoscopia virtual.
c) Oído medio.
d) Fosas nasales.

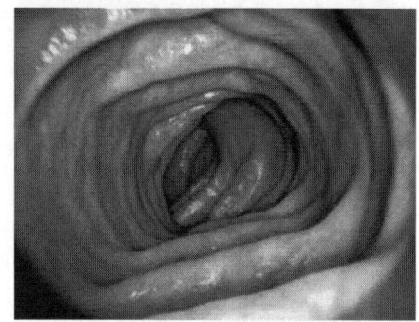

Imagen pregunta 28

29. ¿Qué patologías de las que se nombran es simuladora de un ictus cerebral?

a) Hipoglucemia (bajada de azúcar) o alteraciones en niveles de sodio en sangre.
b) Alteraciones oftalmológicas.
c) Traumatismos craneales.
d) Cualquiera de las anteriores es simuladora de ictus.

30. ¿Qué modalidad de ictus hemorrágico es el de la imagen?

a) Subaracnoideo.
b) Subdural.
c) Epidural.
d) Intracerebral.

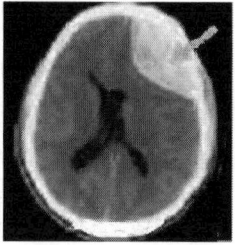

Imagen pregunta 30

Solución al test n.º 45

1. c) No debemos mostrarnos amable, sino serio y profesionales, y si está nervioso es su problema, ya que el nuestro es realizar la técnica lo más eficientemente posible.

2. b) Tráquea.

3. d) Tórax y abdomen superior.

4. a) Ventrículo izquierdo.

5. c) Bronquiales.

6. b) En la carina.

7. d) Arteria pulmonar.

8. b) TC portal (rutina).

9. c) Basal.

10. a) Se posiciona el ROI en aorta descendente.

11. c) Bazo.

12. c) Vejiga urinaria.

13. b) Elimina una o más fases de la UroTC convencional.

14. a) TC basal sin contraste.

15. c) Plano de Stenver.

16. b) Seno maxilar izquierdo.

17. c) Desde senos frontales hasta las últimas cervicales.

18. c) El protocolo de referencia es el "Polígono de Willis".

19. c) Protocolos combinados (de varias zonas anatómicas).

20. c) Se sitúa desde la base del pulmón hasta femorales.

21. c) Hígado.

22. c) Trocánter mayor izquierdo.

23. c) Tróclea femoral derecha.

24. a) Decúbito supino con rotación externa de los pies de 15º, poniendo un apoyo plantar.

25. c) 120-400.

26. c) Curva densitométrica.

27. a) Bipedestación.

28. b) Colonoscopia virtual.

29. d) Cualquiera de las anteriores es simuladora de ictus.

30. c) Epidural.

Resonancia Magnética (RM): Secuencias de pulso: imágenes potenciadas en T1, T2 y densidad protónica. Contraindicaciones y precauciones en RM. Equipos de resonancia: Tipos, características y funcionamiento

1. ¿Qué afirmación es incorrecta respecto a la resonancia magnética nuclear (RMN)?

a) Es un examen no invasivo.

b) Los núcleos fundamentalmente de hidrógeno son los que nos van a aportar la información y la señal en los tejidos del cuerpo.

c) Se trata de un estudio de medicina nuclear.

d) Nos sirve de herramienta para llegar a diagnosticar una patología.

2. ¿Qué características de estas deben reunir los núcleos atómicos susceptibles del fenómeno de RM?

a) Que posean un número par de protones/neutrones.

b) Que no tengan electrones.

c) Que posean un número impar de protones/neutrones.

d) No ser susceptibles a la fuerza de un campo magnético.

3. ¿Qué autor de los que se nombran demostró que la resonancia magnética, podía ser usada para detectar enfermedades, porque distintos tipos de tejidos emiten señales que varían en su duración en respuesta a un campo magnético, creando la patente del primer equipo de RM?

a) W. Pauli (1928).

b) Felix Bloch (1940).

c) Walther Gerlach (1978).

d) Raymon V. Damadian (1971).

4. ¿Dónde se encuentran los gradientes magnéticos en una unidad RM?

a) En la sala del imán.
b) En la sala de control.
c) En la sala técnica.
d) En la sala de informes.

5. ¿Cómo se denomina el aislamiento especial que posee la sala de exploración de una unidad de RM, cuya función principal es eliminar la interferencia de radiofrecuencias del exterior para que no afecten la recepción y generación de imágenes, así como para evitar la emisión de fuertes campos magnéticos al exterior?

a) Jaula de Damadian.
b) Jaula de Faraday.
c) Tubo de quench.
d) Compresor de helio.

6. Indica de la imagen siguiente qué elemento del equipo de RM se corresponde con el descrito como número 3:

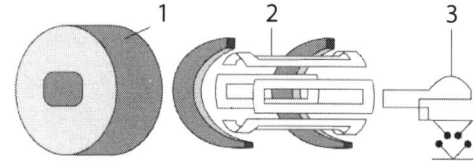

a) Generador de pulso de RF.
b) Bobina receptora de RF.
c) Sistema de gradiente.
d) Imán.

Imagen pregunta 6

7. ¿Cuántos teslas (T) son 20.500 gauss?

a) 2 T.
b) 2,5 T.
c) 2,05 T.
d) 1,25 T.

8. ¿Cómo se denomina el efecto que surge como consecuencia del ajuste que se le hacen a las bobinas para compensar las distorsiones del campo principal?

a) Efecto Faraday.
b) Efecto Shimming.
c) Efecto Quench.
d) Efecto Tesla.

9. ¿Qué imanes son los más empleados de los que se nombran en la imagen por RM?

a) Imanes de alto campo superconductivos.
b) Imanes de bajo campo superconductivos.
c) Imanes de alto campo resistivos.
d) Imanes de medio campo resistivos.

10. ¿Qué gradiente crea el par de bobinas del gradiente magnético que están en la dirección de derecha e izquierda?

a) Gradiente de selección de corte.
b) Gradiente de selección de frecuencia.
c) Gradiente de selección de fase o codificación de fase.
d) Gradiente de selección de espesor.

11. ¿Qué parámetro de los que se nombran para el funcionamiento eficaz de los gradientes es incorrecto?

a) El tiempo que tardan en alcanzar la potencia media, se denomina mediorisetime o tiempo medio de subida.
b) La capacidad de realizar variaciones de intensidad en el campo en un espacio y en un tiempo (o *slew rate* o aceleración).
c) La fuerza máxima o amplitud del gradiente.
d) La potencia de los gradientes 200 - 400 Gauss.

12. ¿Cuál es la regla muy importante en resonancia a la hora de elegir una antena para un estudio en concreto?

a) Tan grandes como sea posible y tan grandes como sea necesario.
b) Tan pequeñas como sea posible y tan grandes como sea necesario.
c) Tan grandes como sea posible y tan pequeñas como sea necesario.
d) Tan pequeñas como sea posible y tan pequeñas como sea necesario.

13. ¿Qué antena es la de la imagen?

a) Antena de extremidades.
b) Antena de mama.
c) Antena de cráneo.
d) Antena de flexible multicanal abdominal.

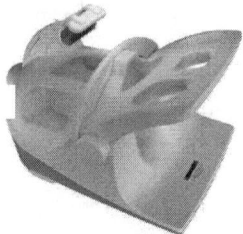

Imagen pregunta 13

14. ¿Qué afirmación no es correcta sobre las antenas *phased array*?

a) Se emplean es estudios de columna.
b) Reúne un conjunto de antenas de superficie (hasta un número de 16) cada una con su receptor.
c) El operador debe centrar al paciente y elegir los elementos que quiere activar de la antena para elegir entre hacer un raquis cervical, dorsal o/y lumbar; o hacer un estudio de columna completa.
d) Nos proporcionan un pequeño o escaso campo de visión.

15. ¿De qué objetos no debe desprenderse el paciente antes de entrar a realizarse la exploración mediante RM?

a), pendientes o/y cinturón o correa.
b) Reloj o/y cadenas o pulseras.
c) Llaves, monedas, móviles o/y audífonos.
d) Debe desprenderse de todos los anteriores.

16. ¿Qué átomos son los más empleados en resonancia magnética?

a) El hidrógeno, tipo protio, con sólo un protón en su núcleo.
b) El hidrógeno, tipo deuterio, con un solo protón y un solo neutrón en su núcleo.
c) El hidrógeno, tipo tritio, con sólo un neutrón y dos protones en su núcleo.
d) Cualquiera de los hidrógenos anteriores, ya que son todos hidrógenos.

17. ¿Cuál es la magnitud habitualmente utilizada es la densidad de flujo magnético?

a) Tesla (T).
b) Weber (Wb).
c) Intensidad del campo magnético (B_o).
d) Julio (J).

18. ¿Qué materiales se caracterizan por ser repelidos por los imanes?

a) Diamagnéticos.
b) Paramagnéticos.
c) Ortomagnéticos.
d) Ferromagnéticos.

19. ¿Qué ecuación es la que se expresa F = γ.B_o o W0 = γ.B_o; utilizada como herramienta en RM, para calcular la frecuencia de precesión del protón?

a) Vectorial.
b) De Larmor.
c) De Damadian.
d) De Faraday.

20. ¿Qué afirmación es cierta respecto a las orientaciones de los núcleos de hidrógeno bajo la influencia de un campo magnético? Se expresan dos orientaciones de los protones donde se manifiestan dos estados energéticos...

a) En paralelo, se encuentran en un estado de más energía, o posición "up" y en antiparalelo, donde se encuentran en un estado de menos energía, o posición "down".
b) En paralelo, se encuentran en un estado de más energía, o posición "down" y en antiparalelo, donde se encuentran en un estado de menos energía, o posición "up".

c) En paralelo, se encuentran en un estado de menos energía, o posición "up" y en antiparalelo, donde se encuentran en un estado de más energía, o posición "down".

d) En paralelo, se encuentran en un estado de menos energía, o posición "down" y en antiparalelo, donde se encuentran en un estado de más energía, o posición "up".

21. ¿Qué magnetización se logra cuando sometemos al paciente a un campo magnético, debido a que no se anulan todos los protones influenciados por el mismo?

a) Magnetización vectorial.
b) Magnetización longitudinal.
c) Magnetización transversal.
d) Magnetización diagonal.

22. ¿Cómo se denomina el ángulo que forma la magnetización M con la posición inicial?

a) FLIP ANGLE.
b) DP ANGLE.
c) Ángulo de inclinación.
d) Son ciertas a) y c).

23. ¿Qué otro nombre recibe el tiempo que tarda en recuperar el 63 % de la magnetización longitudinal en un tejido?

a) T1.
b) T2.
c) DP.
d) FLIP ANGLE.

24. ¿Qué afirmación es incorrecta?

a) En el agua libre, los núcleos de H perciben prácticamente el mismo campo magnético, lo que implica que hay poca interacción spin-spin y por tanto el agua libre tendrá un T2 largo.

b) El T2 es siempre más largo que el T1.

c) Un tejido con gran interacción spin-spin implica una gran incoherencia en la relajación de sus núcleos y se expresa con un T2 corto (mayor desfase).

d) Un tejido con poca influencia spin-spin implica un T2 largo y en la imagen tendrá una alta señal (se vería más blanco).

25. ¿En qué espacio virtual se almacenan las frecuencias (señales) espaciales obtenidas, o dicho de otra manera, es la matriz con los datos sin procesar, obtenidos por los elementos del equipo de RM y un paciente, antes de la aplicación de la transformada de Fourier?

a) FID.
b) Espacio K.
c) Espacio spin-plasma.
d) Espacio spin-látex.

26. ¿A qué se le llama el tiempo que transcurre entre un pulso de radiofrecuencia y otro?

a) T1.
b) T2.
c) TR.
d) TE.

27. ¿Qué estructura anatómica se verá en T1 como blanca?

a) Orina.
b) Grasa.
c) Quistes.
d) Tumores.

28. ¿En qué señal se potenciará la imagen en una secuencia spin-eco si empleamos un TE corto y un TR corto? Se potenciará en:

a) T1.
b) T2.
c) DP.
d) No se potenciará la señal.

29. ¿Cómo se denomina el gradiente magnético que nos permite examinar un corte específico?

a) Gradiente inespecífico.
b) Gradiente de herida.
c) Gradiente de selección de corte.
d) Gradiente de campo.

30. ¿Qué tipo de artefacto se ocasiona por supresión de la grasa?

a) Artefacto por susceptibilidad magnética.
b) Artefacto por defecto de la homogeneidad del campo magnético.
c) Artefacto por movimiento y pulsación de flujo.
d) Artefacto de selección de corte o *crosstalk*.

Solución al test n.º 46

1. c) Se trata de un estudio de medicina nuclear.

2. c) Que posean un número impar de protones/neutrones.

3. d) Raymon V. Damadian (1971).

4. c) En la sala técnica.

5. b) Jaula de Faraday.

6. b) Bobina receptora de RF.

7. c) 2,05 T.

8. b) Efecto Shimming.

9. a) Imanes de alto campo superconductivos.

10. b) Gradiente de selección de frecuencia.

11. a) El tiempo que tardan en alcanzar la potencia media, se denomina medioriseti-me o tiempo medio de subida.

12. b) Tan pequeñas como sea posible y tan grandes como sea necesario.

13. c) Antena de cráneo.

14. d) Nos proporcionan un pequeño o escaso campo de visión.

15. d) Debe desprenderse de todos los anteriores.

16. a) El hidrógeno, tipo protio, con sólo un protón en su núcleo.

17. a) Tesla (T).

18. a) Diamagnéticos.

19. b) De Larmor.

20. c) En paralelo, se encuentran en un estado de menos energía, o posición "up" y en antiparalelo, donde se encuentran en un estado de más energía, o posición "down".

21. b) Magnetización longitudinal.

22. d) Son ciertas a) y c).

23. a) T1.

24. b) El T2 es siempre más largo que el T1.

25. b) Espacio K.

26. c) TR.

27. b) Grasa.

28. a) T1.

29. c) Gradiente de selección de corte.

30. b) Artefacto por defecto de la homogeneidad del campo magnético.

Técnicas de exploración con Resonancia Magnética (RM)

1. ¿Qué afirmación respecto a la angioRM no es cierta?

a) No requiere preparación previa a menos que se emplee con contraste intravenoso.
b) Es un estudio no invasivo.
c) Si se emplea en el examen contraste intravenoso el paciente debería permanecer seis horas en ayunas.
d) La apariencia del flujo sanguíneo en el interior de los vasos en la angioRM es fácil de predecir, ya que es muy poco variable.

2. ¿Qué secuencia se aplica generalmente para la sangre blanca?

a) Secuencia eco de gradiente potenciada en T1.
b) Secuencia STIR.
c) Secuencia spin-eco.
d) Secuencia inversión-recuperación.

3. ¿Cuál es la técnica de elección en el estudio del polígono de Willis y en el abordaje diagnóstico de las fistulas durales mediante secuencias TOF?

a) La secuencia 3DTOF con contraste.
b) La secuencia 2DTOF sin contraste.
c) La secuencia 3DTOF sin contraste.
d) La secuencia 2DTOF con contraste.

4. ¿Qué afirmación es incorrecta respecto a las secuencias TOF en sangre blanca?

a) Se dividen en secuencias de pulso (anatómicas), secuencias eco de gradiente (anatómicas y cine), secuencias de flujo y secuencias eco de gradiente 3D.
b) Las secuencias de sangre blanca son las *bright-blood*.

c) Las imágenes de "sangre blanca" visualizan los protones de la sangre, y en las imágenes de "sangre negra" no, ya que no están ahí.

d) En las secuencias de sangre blanca, la sangre circulante es hipointensa (señal baja) con respecto al miocardio normal.

5. ¿De qué factores depende las secuencias TOF de sangre blanca?

a) TE cortos y TR cortos.
b) TE largos y TR cortos.
c) TE cortos y TR largos.
d) TE largos y TR largos.

6. ¿Qué secuencias TOF son apropiadas para estudiar segmentos relativamente amplios de flujo rápido, requiriendo zonas no muy móviles de la anatomía?

a) Las secuencias 3DTOF o TOF 3D.
b) Las secuencias 2DTOF o TOF 2D.
c) Son ciertas a) y b).
d) Son inciertas a) y b).

7. ¿En qué procesos patológicos la información que nos da la espectroscopia por RM (ERM), puede ser de mayor impacto clínico?

a) Malformaciones congénitas a nivel del tubo digestivo.
b) Patología vascular carotidea y vertebral.
c) Tipificación prequirúrgica de los tumores cerebrales.
d) En ninguno de los anteriores.

8. ¿Cuál es el elemento químico que nos interesa es el estudio espectroscópico por RM?

a) Hidrógeno H1.
b) Hidrógeno H2.
c) Hidrógeno H3.
d) Son las tres modalidades de hidrógeno (isótopos).

9. ¿A qué sustancia le corresponde el pico más alto de ERM, comportándose como un compuesto indispensable en el SNC (metabolismo), que actúa como marcador de densidad y viabilidad neuronal?

a) NAA.
b) Cr.
c) Glx.
d) Cho.

10. ¿Qué ERM en la actualidad son las más utilizadas para los estudios?

a) Las ERM de S^{38} e H^3.
b) Las ERM de S^{38} y P^{32}.
c) Las ERM de P^{31} y H^3.
d) Las ERM de P^{31} y H^1.

11. ¿Qué estructura anatómica del corazón y grandes vasos es la marcada con el número 14 de la imagen?

a) Válvula aórtica.
b) Válvula pulmonar.
c) Válvula tricúspide.
d) Válvula bicúspide o mitral.

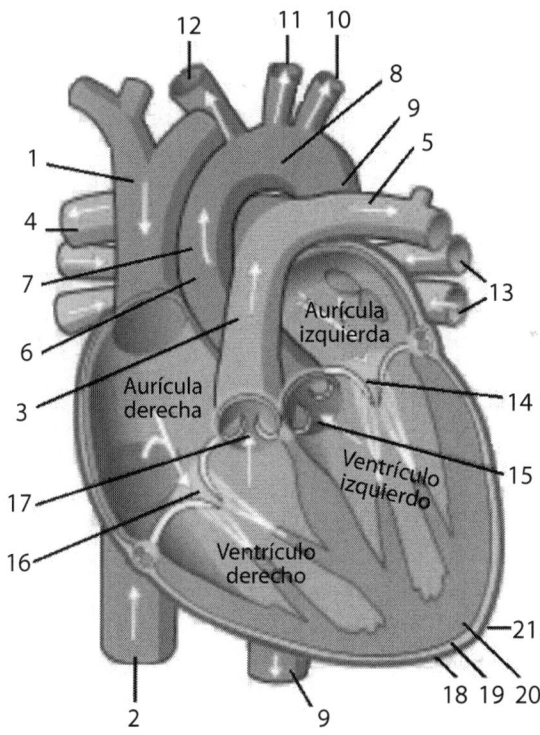

Imagen pregunta 11

12. ¿Qué dispositivos cardíacos no son compatibles con la cardioRM?

a) Prótesis valvulares.
b) Balón contrapulsasión.
c) Stents.
d) TAVI.

13. ¿Qué modalidad de antena se emplean en la actualidad más habitualmente en los estudios de cardioRM?

a) Antenas o bobinas Body.
b) Antenas o bobinas Phased-Array.
c) Antenas o bobinas Body-Array.
d) Ninguna de las anteriores.

14. ¿En términos generales con qué punto anatómico haremos coincidir la línea de centraje en un estudio de cardioRM? La haremos coincidir con:

a) La zona superior del manubrio esternal.
b) El centro del apéndice xifoides.
c) La mitad del esternón.
d) La zona inferior del manubrio esternal.

15. ¿Qué plano intrínseco del corazón es el que se visualiza en la imagen de RM?

a) Eje largo horizontal.
b) Cuatro cámaras.
c) Eje largo vertical.
d) Eje corto.

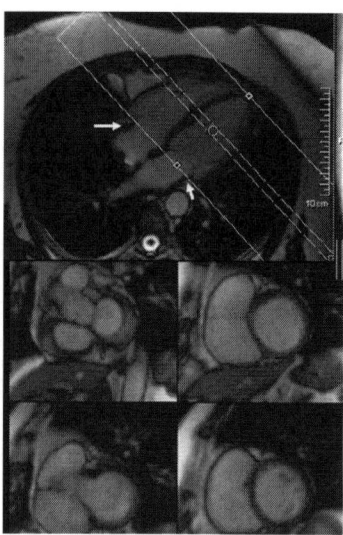

Imagen pregunta 15

16. ¿Cuál es el estudio más importante para el diagnóstico correcto de las enfermedades de la aorta?

a) Eco Doppler color.
b) Cardio-TC.
c) Cardio-RM.
d) Ventriculogammagrafía de dos tiempos.

17. ¿Qué nombre recibe la técnica de neuroimagen capaz de detectar los cambios fisiológicos (y consecuentemente metabólicos) ocurridos en el cerebro relacionados con los procesos mentales, como por ejemplo durante la ejecución de una tarea?

a) RM funcional cerebro.
b) RM de perfusión cerebral.
c) ERM cerebral.
d) Tractografía cerebral.

18. ¿Cómo se denomina el efecto que se da en la RM funcional del cerebro que se basa en el flujo sanguíneo cerebral (FSC), el metabolismo neuronal y las propiedades magnéticas de la hemoglobina, que es lo que permite obtener una señal al someter al cerebro a un campo magnético?

a) Efecto de vacío de señal.
b) Efecto de masa.
c) Efecto Bold.
d) Efecto máximo del contraste.

19. ¿Cuáles son los protocolos clínicos motores más comúnmente empleados en la RM funcional del cerebro (RMNf)?

a) Pisar fuerte con ambos pies y andar en puntillas.
b) Abrir y cerrar la palma de la mano, y el *tapping*.
c) Extender y flexionar la cabeza al máximo.
d) Hacer los movimientos de trocus y ginglismo c von la rodilla.

20. ¿Qué técnica utiliza la tractografía para poner de manifiesto los tractos neuronales o vías cerebrales mediante RM?

a) La absorción.
b) La transformación.
c) La difusión.
d) La filtración.

21. ¿Qué enfermedades principalmente nos permite valorar la entero-RM?

a) Diverticulosis y diverticulitis.
b) Enfermedad de Cröhn y colitis ulcerosa.
c) Colon irritable y colitis funcional.
d) Hernias cólicas y síndrome de obstrucción intestinal.

22. ¿Qué contraste por vía oral se administrará en enterorresonancia (enteroRM) una hora previa al estudio, para garantizar una buena distensión intestinal, como medio de preparar al paciente para la misma?

a) Yodo hidrosoluble.
b) Bario.
c) Gadolinio (en forma de quelatos).
d) Manitol al 5 % (1.500 ml).

23. ¿Cuál es la indicación fundamental de la RM de perfusión cerebral?

a) Oncológica.
b) Angiológica.
c) Cardiológica.
d) Endocrina.

24. ¿Qué plano en esta enteroRM es el de la imagen?

a) Plano ortogonal.
b) Plano axial.
c) Plano sagital.
d) Plano coronal.

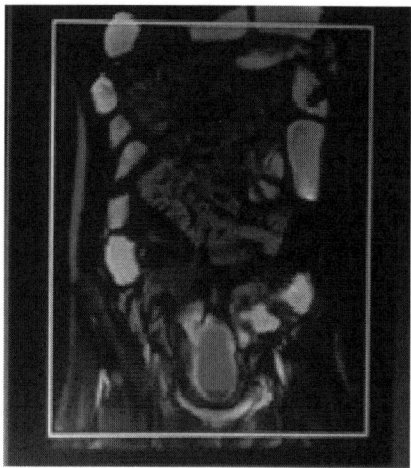

Imagen pregunta 24

25. ¿Cómo se denomina el fenómeno que se da o la propiedad paramagnética que poseen los contrastes de gadolinio que a su paso por el sistema cerebro vascular producen una caída de señal en secuencias T2?

a) Extensibilidad cerebral.
b) Elasticidad magnética local.
c) Susceptibilidad magnética.
d) Traccionalidad magnética regional.

26. ¿Qué indica la letra «h» de la imagen?

a) Vena crural.
b) Arteria femoral.
c) Arteria ilíaca.
d) Vena safena mayor.

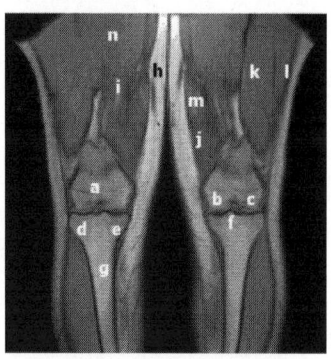

Imagen pregunta 26

27. ¿Qué estructura anatómica indica el número 1 de la imagen?

a) Cejas cotiloideas.
b) Cuello humeral.
c) Músculo deltoides.
d) Músculo bíceps braquial.

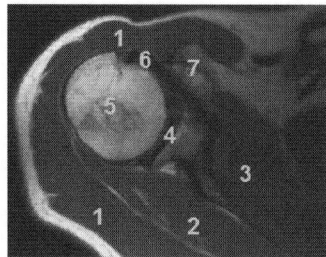

Imagen pregunta 27

28. ¿De esta RM de pie, indicar que número se corresponde con la primera cuña o primer hueso cuneiforme?

a) El número 11.
b) El número 12.
c) El número 13.
d) El número 14.

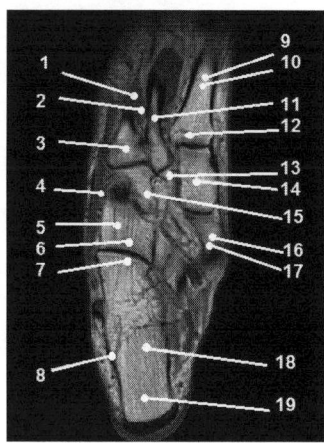

Imagen pregunta 28

29. ¿Qué tipo de secuencias suelen pedir los neurólogos en los estudios de raquis, independientemente de la parte anatómica que se explore, debido a que a nivel clínico es importante discriminar la antigüedad de la lesión diferenciando así las lesiones agudas (brillan más) de las lesiones crónicas?

a) STIR.

b) T1*.

c) Gradiente.

d) Ultrafast.

30. ¿Qué numeración se corresponde con la denominada "cola de caballo" en estas RM?

a) 18.

b) 19.

c) 20.

d) 21.

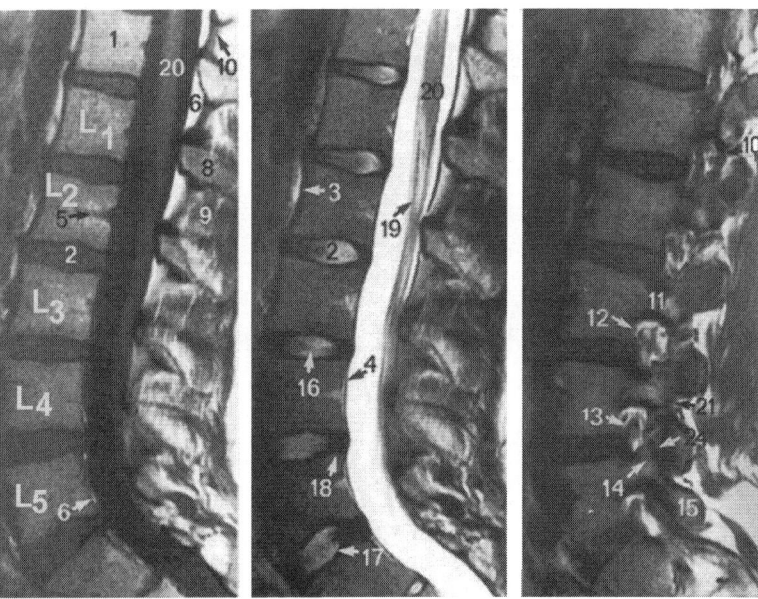

Imagen pregunta 30

Solución al test n.º 47

1. d) La apariencia del flujo sanguíneo en el interior de los vasos en la angioRM es fácil de predecir, ya que es muy poco variable.

2. a) Secuencia eco de gradiente potenciada en T1.

3. c) La secuencia 3DTOF sin contraste.

4. d) En las secuencias de sangre blanca, la sangre circulante es hipointensa (señal baja) con respecto al miocardio normal.

5. a) TE cortos y TR cortos.

6. a) Las secuencias 3DTOF o TOF 3D.

7. c) Tipificación prequirúrgica de los tumores cerebrales.

8. a) Hidrógeno H1.

9. a) NAA.

10. d) Las ERM de P^{31} y H^{1}.

11. d) Válvula bicúspide o mitral.

12. b) Balón contrapulsasión.

13. b) Antenas o bobinas Phased-Array.

14. c) La mitad del esternón.

15. d) Eje corto.

16. c) Cardio-RM.

17. a) RM funcional cerebro.

18. c) Efecto Bold.

19. b) Abrir y cerrar la palma de la mano, y el tapping.

20. c) La difusión.

21. b) Enfermedad de Cröhn y colitis ulcerosa.

22. d) Manitol al 5 % (1.500ml).

23. a) Oncológica.

24. d) Plano coronal.

25. c) Susceptibilidad magnética.

26. d) Vena safena mayor.

27. c) Músculo deltoides.

28. d) El número 14.

29. a) STIR.

30. b) 19.

Contrastes utilizados en los Servicios de Radiodiagnóstico. Tipos de contrastes. Composición y aplicaciones. Complicaciones y reacciones adversas producidas por los contrastes

1. ¿Cuál es el principal motivo del empleo de medios de contraste?

a) Químicos (por su reactividad).
b) Físicos (por sus tipos de estado).
c) Biológicos (por su metabolismo).
d) Anatómicos (para diferenciar estructuras).

2. ¿Qué afirmación es incorrecta en cuanto a los medios de contrastes?

a) Generan imágenes en negro, para destacarlas de otras.
b) Generan imágenes en blanco, para destacarlas de otras.
c) Siempre tienen un Z o una densidad alta (como el yodo o bario).
d) Todo lo anterior es falso.

3. ¿Qué afirmación es incorrecta respecto de los contrastes radiológicos positivos?

a) Son radiotransparentes.
b) Ocasionan una importante absorción de los rayos X.
c) Son sustancias con un coeficiente de atenuación superior al de los tejidos biológicos.
d) Poseen un elevado número atómico.

4. ¿Qué tipo de medio de contraste empleado en radiología es positivo?

a) Nitrógeno.
b) Compuestos yodados.
c) Aire o anhídrido carbónico.
d) Oxígeno.

5. Todo lo que se dice respecto al empleo de doble contraste en radiología es falso, excepto que:

a) En la técnica de doble contraste se emplean dos contrastes positivos.
b) Un ejemplo de esta sería el empleo compuesto yodado asociado al sulfato de bario.
c) En la técnica de doble contraste se emplean dos contrastes negativos.
d) Siempre hay que combinar un medio de contraste positivo con uno negativo.

6. ¿Qué característica de las que se nombran no se da en los contrates positivos?

a) Densidad óptica: Blanco.
b) Elevado número atómico.
c) Son gases.
d) Coeficiente de atenuación lineal: superior al de los tejidos.

7. ¿Qué características comunes a todos los medios de contraste es falsa?

a) Deben poseer una fácil eliminación por el organismo.
b) Aquellos medios de contraste que vayan a ser inyectados han de ser estériles; exceptuando los que se toman por boca, cuya preparación de esterilidad no es tan rígida en la toma.
c) Deben producir un adecuado contraste en las imágenes, debido a la diferencia de atenuación entre las estructuras y el propio contraste.
d) Todas las anteriores afirmaciones son ciertas.

8. ¿Qué propiedad de los compuestos baritados, empleados como medio de contraste, es incorrecta?

a) En su composición, el elemento de contraste (Ba) debe poseer un elevado número atómico (56).
b) Las sustancias utilizadas son sales orgánicas de bario.
c) Están indicados en los estudios del tubo digestivo, por ser inocuos, ya que son compuestos no son reactivos.
d) Generalmente se administran en suspensión por vía oral o rectal.

9. ¿Cuándo están contraindicados los contrastes baritados en estudios digestivos?

a) En los casos de enema opaco, en estudios sin complicación aparente.
b) En estudios de esófago sin complicación aparente, como una acalasia.
c) Ante la sospecha de perforación de víscera hueca (PVH), asociado a un cuadro de abdomen agudo.
d) En estudios de tránsito gastroduodenal o tránsito intestinal ante sospecha de un tumor.

10. ¿Qué número atómico posee el yodo (I)?

a) 35.
b) 53.

c) 57.
d) 61.

11. Todo lo que se dice de los medios de contrastes yodados es cierto, excepto que:

a) Estos contrastes se administran en forma de solución por diversas vías, pero siempre evitando una composición con un menor grado de toxicidad y haciéndolos así más tolerables.
b) El yodo es un elemento químico que *a priori* posee una gran toxicidad.
c) Son aquellos que contienen yodo.
d) Deben ser introducidos en el organismo como compuestos inorgánicos, que tienen una reactividad química mínima.

12. ¿Qué medios de contrastes yodados no deben administrarse por vía intravascular?

a) Los compuestos yodados liposolubles.
b) Los compuestos yodados hidrosolubles.
c) No pueden administrarse los indicados en a) ni en b).
d) Pueden administrarse los indicados en a) y en b).

13. ¿En qué circunstancias está indicada la toma de los compuestos yodados por vía oral?

a) Siempre que sean hidrosolubles.
b) Cuando existen perforaciones a cualquier nivel del tubo digestivo.
c) Siempre que sean hidrosolubles y cuando existen perforaciones a cualquier nivel del tubo digestivo.
d) Siempre que no sean hidrosolubles y cuando existen perforaciones a cualquier nivel del tubo digestivo.

14. ¿Qué afirmación de las que se nombran de los contrastes yodados es correcta?

a) No se absorben por el organismo.
b) Generalmente son moléculas orgánicas simples.
c) Los compuestos yodados liposolubles poseen actualmente escasas indicaciones de uso.
d) Se administran en suspensión, nunca en soluciones.

15. ¿Qué características de las enunciadas es aquella que condiciona su capacidad de absorber la radiación X, es decir, su coeficiente de atenuación o, dicho de otro modo, su poder contrastante?

a) Solubilidad.
b) Viscosidad.

c) Volatilidad.

d) Ninguna de las anteriores.

16. ¿Qué propiedad de un contraste yodado hidrosoluble idóneo es incorrecta?

a) Una alta solubilidad en sangre.

b) Una baja viscosidad.

c) Una escasa concentración de yodo.

d) Una osmolalidad que tendrá que ser lo más baja posible y muy similar a la sanguínea.

17. ¿Cuál de estos es un compuesto yodado dímero no iónico?

a) Ácido amidotrizoico.

b) Iotrolan.

c) Ioxaglato.

d) Iopentol.

18. ¿Qué compuesto yodado de los que se nombran no posee carácter iónico y bajísima osmolalidad?

a) Monómeros iónicos.

b) Dímeros iónicos.

c) Monómeros no iónicos.

d) Dímeros no iónicos.

19. ¿De qué depende la distribución del medio de contraste yodado por el organismo tras ser inyectado por vía IV?

a) Depende de la permeabilidad de la membrana de los capilares.

b) Depende de del grado de vascularización de cada órgano.

c) Depende de la permeabilidad de la membrana de los capilares y del grado de vascularización de cada órgano.

d) Depende de la impermeabilidad de la membrana de los capilares y de lo eficaz que sea su eliminación.

20. ¿Por qué mecanismo se eliminan los compuestos yodados por orina?

a) Por difusión simple sin reabsorción.

b) Por difusión facilitada con reabsorción.

c) Por filtración glomerular sin reabsorción.

d) Por filtración glomerular con reabsorción.

21. ¿Qué parámetros que determinan la intensidad de la señal y el contraste de la imagen en IRM es aquel que describe la capacidad de una sustancia para magnetizarse en presencia de un campo magnético externo?

a) Capacidad de relajación.

b) Perfusión.

c) Densidad protónica.

d) Susceptibilidad magnética.

22. ¿Qué parámetros son los principales que se le exige a un medio de contraste en IRM para que actúe como tal?

a) Capacidad de relajación y densidad protónica.

b) Perfusión y difusión.

c) Capacidad de relajación y susceptibilidad magnética.

d) Densidad protónica y perfusión.

23. ¿Qué elementos químicos deben poseer en su composición como principio activo los medios de contrastes empleados en RM?

a) Hierro.

b) Manganeso.

c) Gadolinio.

d) Cualquiera de los anteriores.

24. ¿Cómo actúan en la imagen de RM las sustancias paramagnéticas y super-magnéticas?

a) Con una señal hiperintensa en T1 y una hiperintensa en T2.

b) Con una señal hipointensa en T1 y una hipointensa en T2.

c) Con una señal hiperintensa en T1 y una hipointensa en T2.

d) Con una señal hipointensa en T1 y una hiperintensa en T2.

25. ¿A qué grupo de medios de contrastes pertenece el gadolinio?

a) Al grupo de contrastes paramagnéticos e inespecíficos.

b) Al grupo de contrastes paramagnéticos y específicos.

c) Al grupo de contrastes diamagnéticos y específicos.

d) Al grupo de contrastes diamagnéticos e inespecíficos.

26. ¿Cuál es la dosis aprobada para uso clínico de la gadodiamida (*Omniscan*®)?

a) 0,05 mmol/kg.

b) 0,1 mmol/kg.

c) 0,25 mmol/kg.

d) 0,5 mmol/kg.

27. ¿Qué estudios de IRM requieren principalmente de la inyección de agentes de contrastes? Los estudios de:

a) Aparato digestivo.

b) SNC (cerebro y médula espinal).

c) Aparato respiratorio.
d) Ninguno de los anteriores.

28. ¿Por dónde son eliminados los contrastes de bario?

a) Junto con las heces.
b) Por el riñón (vía urinaria).
c) Por la respiración (al espirar).
d) Por la piel.

29. ¿En qué exámenes radiológicos los contrastes yodados pueden ocasionar como efecto adverso convulsiones o/y desorientación al actuar sobre el sistema nervioso central?

a) Radiografías contrastadas intraarticulares de rodilla.
b) Mielografías.
c) PA de tórax.
d) En cualquiera de las anteriores.

30. ¿Cómo debe ser el filtrado glomerular en pacientes con insuficiencia renal por una fibrosis nefrogénica sistémica, u otra circunstancia que contraindica el empleo de compuestos de gadolinio para una RM?

a) El filtrado glomerular debe estar por debajo de 30 ml/min/1,73 m^2.
b) El filtrado glomerular debe estar en hemodiálisis.
c) Son correctas a) y b).
d) Son incorrectas a) y b).

Solución al test n.º 48

1. d) Anatómicos (para diferenciar estructuras).

2. c) Siempre tienen un Z o una densidad alta (como el yodo o bario).

3. a) Son radiotransparentes.

4. b) Compuestos yodados.

5. d) Siempre hay que combinar un medio de contraste positivo con uno negativo.

6. c) Son gases.

7. d) Todas las anteriores afirmaciones son ciertas.

8. b) Las sustancias utilizadas son sales orgánicas de bario.

9. c) Ante la sospecha de perforación de víscera hueca (PVH), asociado a un cuadro de abdomen agudo.

10. b) 53.

11. d) Deben ser introducidos en el organismo como compuestos inorgánicos, que tienen una reactividad química mínima.

12. a) Los compuestos yodados liposolubles.

13. c) Siempre que sean hidrosolubles y cuando existen perforaciones a cualquier nivel del tubo digestivo.

14. c) Los compuestos yodados liposolubles poseen actualmente escasas indicaciones de uso.

15. d) Ninguna de las anteriores.

16. c) Una escasa concentración de yodo.

17. b) Iotrolan.

18. d) Dímeros no iónicos.

19. c) Depende de la permeabilidad de la membrana de los capilares y del grado de vascularización de cada órgano.

20. c) Por filtración glomerular sin reabsorción.

21. d) Susceptibilidad magnética.

22. c) Capacidad de relajación y susceptibilidad magnética.

23. d) Cualquiera de los anteriores.

24. c) Con una señal hiperintensa en T1 y una hipointensa en T2.

25. a) Al grupo de contrastes paramagnéticos e inespecíficos.

26. b) 0,1 mmol/kg.

27. b) SNC (cerebro y médula espinal).

28. a) Junto con las heces.

29. b) Mielografías.

30. c) Son correctas a) y b).

TEST N.º 49

Ecografía. Bases Físicas. Ventajas. Inconvenientes

1. ¿Qué tipo de ondas sonoras utiliza la ecografía diagnóstica y terapéutica?

a) Infrasonidos de menos de 16 Hz de frecuencia.
b) Sonidos de 16 Hz a 16.000 Hz.
c) Ultrasonidos de 1 a 15 MHz.
d) Ultrasonidos de 15 MHz a 30 MHz.

2. ¿Qué parámetro en ecografía indica las oscilaciones sonoras en la unidad de tiempo o ciclos en un segundo?

a) Amplitud sonora.
b) Longitud de onda.
c) Potencia sonora.
d) Frecuencia.

3. ¿Cómo se denomina la interferencia de las ondas (A y B) que aparecen en la imagen, dando una onda diferente?

a) Interferencia productiva.
b) Interferencia enemiga.
c) Interferencia destructiva.
d) Interferencia constructiva.

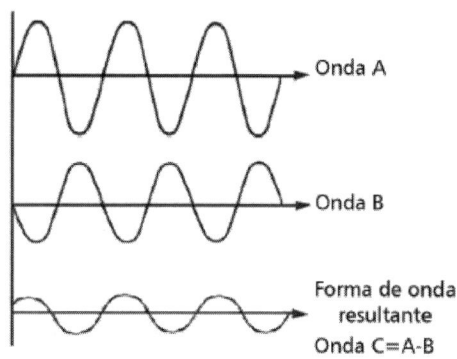

Imagen pregunta 3

4. ¿A qué se le denomina la tasa de flujo de energía a través de una unidad de área, referente a ultrasonidos?

a) Intensidad.
b) Amplitud sonora.
c) Potencia sonora.
d) Longitud de onda.

5. ¿En qué unidad se mide la intensidad sonora?

a) Decibelios (dB).
b) W/cm^2.
c) Se puede medir tanto en decibelios (dB) como en W/cm^2.
d) No se puede medir en ninguna de las anteriores.

6. ¿En qué unidad se mide la potencia sonora en el SI?

a) Vatios (W).
b) Julios (J).
c) S^{-1}.
d) Voltios (v).

7. ¿Cómo se denomina la medida del ultrasonido definida como el producto de la energía sonora por la longitud de onda?

a) Frecuencia.
b) Amplitud.
c) Energía.
d) Potencia.

8. La resistencia de la onda ultrasonora a su paso por el medio material es la impedancia, y este parámetro es importante en ecografía por ser el fundamento del origen de:

a) La potencia de las ultrasonografías.
b) El alcance sonoro en un medio material.
c) La reflexión o producción de ecos.
d) Los artefactos.

9. ¿Qué afirmación es incorrecta de todo lo que se expresa en relación con si aumentamos la frecuencia de un transductor de ultrasonidos?

a) Se producirá todo lo que se expresa, excepto que el haz se hace más colimado y direccional.
b) Se producirá todo lo que se expresa, excepto que disminuirá la resolución, por lo que se distinguirán mejor objetos grandes.

c) Se producirá todo lo que se expresa, excepto que disminuirá la penetración del haz de ultrasonidos dentro del organismo.
d) Nada de lo anterior se producirá.

10. ¿Qué sonda o transductor es el idóneo en lactante para explorar fontanelas?

a) Convex.
b) Endocavitario.
c) Lineal.
d) Infantil.

11. ¿Qué tipo de eco se hará en un ecocardiograma?

a) Ecografía tipo A.
b) Ecografía tipo B o scan.
c) Ecografía tipo M.
d) Ecografía tipo RT (Real Time).

12. ¿Qué es incierto de las imágenes anecoicas?

a) Representa lesiones que ocupan un espacio completo (no da eco).
b) Una patología que da esta imagen es un tumor sólido, tipo sarcoma.
c) Generalmente indican benignidad.
d) En ellas no se producen reflexión.

13. Los artefactos generalmente aparecen:

a) Por uso adecuado de los equipos.
b) Por ecos indeseables.
c) Por equipos con escaso mantenimiento.
d) Por nada de lo anterior.

14. ¿Qué artefactos en ultrasonidos son útiles para el diagnóstico?

a) La cola de cometa y el Ring-Down.
b) La sombra acústica posterior y el refuerzo posterior.
c) La reverberación y la imagen en espejo.
d) Todos son inútiles, ya que no son deseables.

15. El artefacto "cola de cometa" es una variante de:

a) El Ring-Down.
b) La sombra acústica posterior.
c) La reverberación.
d) La imagen en espejo.

16. ¿Qué artefacto ecográfico no deseable posee forma de V, que lo forman bandas paralelas en sonografía en modo banda de grises, y se da por la presencia de un medio con burbujas de gas, cuyo eco da esa imagen?

a) La reverberación.
b) El ancho de haz.
c) El Ring-Down.
d) La sombra acústica posterior.

17. ¿A qué característica se asocia el artefacto "ancho de haz" en ecografía?

a) Característica del haz.
b) Presencia de múltiples ecos.
c) Errores de velocidad.
d) Errores de atenuación.

18. ¿A qué característica se asocia el artefacto "imagen especular" en ecografía?

a) Característica del haz.
b) Presencia de múltiples ecos.
c) Errores de velocidad.
d) Errores de atenuación.

19. ¿Qué artefacto ecográfico se da por errores de atenuación?

a) El refuerzo acústico.
b) La reverberación.
c) El ancho de haz.
d) El haz lateral.

20. ¿Qué nombre presenta por la imagen este estudio ecográfico: de la *tríada portal*?

a) Con imagen de Mickey Mouse.
b) Con imagen de Pocoyó.
c) Con imagen de Peter Pan.
d) Nada de lo anterior.

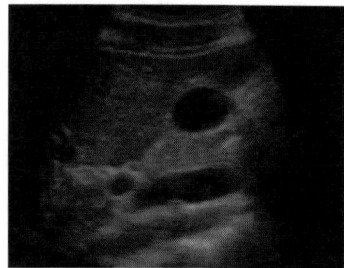

Imagen pregunta 20

21. En la anterior placa ecográfica de la tríada portal, se le denomina así, porque se observa: vía biliar, vena porta y:

a) Colédoco.
b) Arteria hepática.

c) Arteria esplénica.
d) Nada de lo anterior.

22. ¿Qué estructura anatómica está señalada con una X (ecografía anterior)?

a) Conducto biliar.
b) Arteria aorta.
c) Vena cava inferior.
d) Vena cava superior.

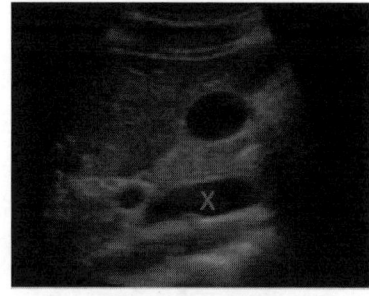

Imagen pregunta 22

23. ¿Qué estructura anatómica está señalada con una Y (ecografía anterior)?

a) Arteria aorta.
b) Vena porta.
c) Colédoco.
d) Vesícula biliar.

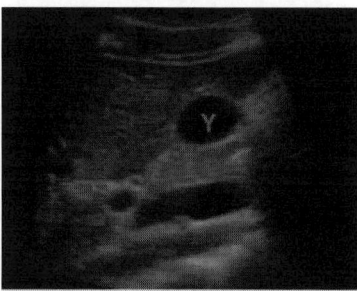

Imagen pregunta 23

24. ¿Qué dos estructuras vasculares en este orden están marcadas en esta ecografía con los números 4 y 5 (corte transversal a nivel epigástrico)?

a) Arteria aorta y vena cava inferior.
b) Vena cava inferior y arteria aorta.
c) Vena porta y arteria hepática.
d) Arteria hepática y vena porta.

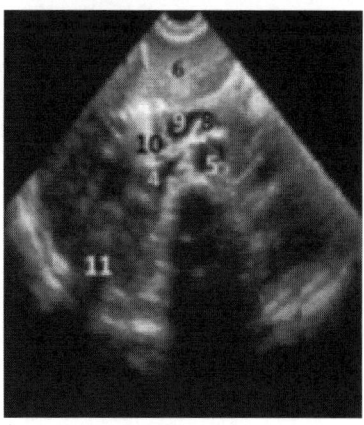

Imagen pregunta 24

25. ¿Qué tamaño suelen ser tener los cálculos detectables en ecografía y dónde se localizan normalmente?

a) Sólo se detectan cálculos mayores de 4 mm, y normalmente se localizan en pelvis renal.

b) Sólo se detectan cálculos mayores de 8 mm, y normalmente se localizan en el trayecto medio del uréter.

c) Sólo se detectan cálculos mayores de 10 mm, y normalmente se localizan en la unión ureterovesical.

d) Sólo se detectan cálculos mayores de 4 mm, y normalmente se localizan en el interior de la vejiga.

26. ¿Qué zona anatómica es la que se corresponde con una X en esta imagen de ecografía pélvica femenina (axial)?

a) Útero o matriz.
b) Vejiga.
c) Recto.
d) Sínfisis púbica.

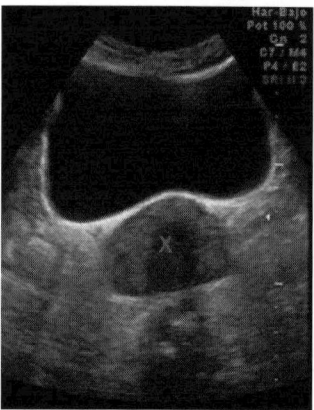

Imagen pregunta 26

27. ¿Qué zona anatómica es la que se corresponde con una Y en esta imagen de ecografía pélvica femenina (axial)?

a) Recto.
b) Sínfisis púbica.
c) Peritoneo.
d) Vejiga.

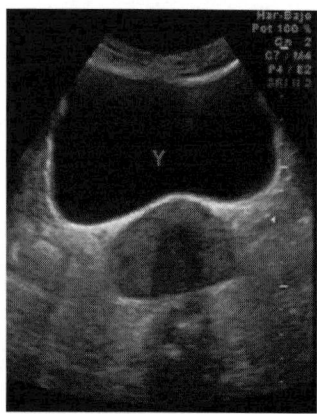

Imagen pregunta 27

28. ¿Qué estructura anatómica es la que se marca con una X en este corte transversal de esta ecografía de cuello donde se indica la situación de la tráquea?

a) Lóbulos de la glándula tiroides.
b) Carótida derecha e izquierda.
c) Músculos omohioideos.
d) Venas yugulares.

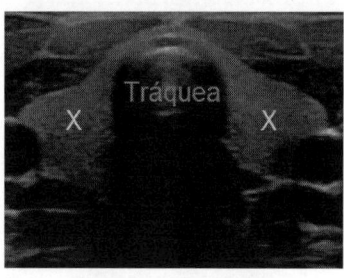

Imagen pregunta 28

29. ¿Cómo se introduce el contraste en ecografía a nivel endocavitario?

a) Por administración intravenosa.
b) Por administración intraarterial.
c) Por administración intratecal.
d) Mediante un catéter de drenaje, que se lleva a la misma.

30. ¿Qué afirmación es incorrecta del empleo de la ecografía en imagen médica?

a) Esencialmente es una técnica no invasiva.
b) Están asociadas a otras técnicas de reconstrucción digital, por el auxilio y soporte de la informática, que la ha convertido en técnica digital.
c) Se puede realizar en embarazadas.
d) Todo lo anterior es cierto.

Solución al test n.º 49

1. c) Ultrasonidos de 1 a 15 MHz.

2. d) Frecuencia.

3. c) Interferencia destructiva.

4. a) Intensidad.

5. c) Se puede medir tanto en decibelios (dB) como en W/cm^2.

6. a) Vatios (W).

7. d) Potencia.

8. c) La reflexión o producción de ecos.

9. b) Se producirá todo lo que se expresa, excepto que disminuirá la resolución, por lo que se distinguirán mejor objetos grandes.

10. a) Convex.

11. c) Ecografía tipo M.

12. c) Generalmente indican benignidad.

13. b) Por ecos indeseables.

14. b) La sombra acústica posterior y el refuerzo posterior.

15. c) La reverberación.

16. c) El Ring-Down.

17. a) Característica del haz.

18. b) Presencia de múltiples ecos.

19. a) El refuerzo acústico.

20. a) Con imagen de Mickey Mouse.

21. b) Arteria hepática.

22. c) Vena cava inferior.

23. d) Vesícula biliar.

24. b) Vena cava inferior y arteria aorta.

25. a) Sólo se detectan cálculos mayores de 4 mm, y normalmente se localizan en pelvis renal.

26. a) Útero o matriz.

27. d) Vejiga.

28. a) Lóbulos de la glándula tiroides.

29. d) Mediante un catéter de drenaje, que se lleva a la misma.

30. d) Todo lo anterior es cierto.

Radiología y técnicas de imagen médica en pediatría y neonatología. El paciente prematuro y el lactante. Cuidados. Manejo e inmovilización

1. ¿Cuánto mayor es el riesgo potencial de presentar complicaciones tardías por la radiación diagnóstica en niños en relación a los adultos?

a) De 2 a 4 veces.
b) De 4 a 6 veces.
c) De 6 a 8 veces.
d) De 8 a 10 veces.

2. En pacientes pediátricos suele ser adecuado un valor nominal del foco comprendido entre:

a) 0,1 y 0,5.
b) 0,6 y 1,3.
c) 1,1 y 1,5.
d) 1,5 y 2,3.

3. ¿En qué circunstancias especialmente la dosis total de radiación debe mantenerse baja en pacientes pediátricos?

a) Cuando se emplean sistemas hoja de refuerzo-película de poca sensibilidad.
b) Cuando se emplean técnicas de intensificación de imágenes.
c) Son correctas a) y b).
d) Son incorrectas a) y b).

4. ¿Qué materiales se utilizarán preferiblemente en rejillas antidifusoras en exámenes radiográficos en la infancia?

a) Wolframio.
b) Fibras de carbono.
c) Cobre.
d) Aluminio.

5. ¿Cuál debe ser la distancia habitual foco-película (DFP), cuando se emplean para el examen los chasis verticales en la infancia?

a) 80 cm
b) 100 cm.
c) 115 cm.
d) 150 cm.

6. ¿En qué margen de tolerancia (en %), deben estar los generadores con una calibración adecuada y estable, para poder usarse en pacientes pediátricos? Dentro de un margen de tolerancia máximo de alrededor del:

a) 10 %.
b) 20 %.
c) 30 %.
d) 40 %.

7. Los CAE diseñados especialmente para pacientes pediátricos tienen:

a) Un pequeño detector móvil para su uso tras un chasis sin plomo.
b) Un gran detector móvil para su uso tras un chasis sin plomo.
c) Un pequeño detector móvil para su uso tras un chasis con plomo.
d) Un gran detector móvil para su uso tras un chasis con plomo.

8. ¿Qué se debe hacer para evitar en niños tasas de dosis excesivas durante las exploraciones radioscópicas cuando haya zonas relativamente grandes de material de contraste positivo?

a) Se deberá aumentar el kV pico.
b) Se deberá aumentar el tiempo de exposición y la corriente del tubo.
c) Deberá desconectarse el control automático del brillo.
d) No se deberá aumentar el kV pico.

9. ¿Cómo se consiguen tiempos de exposición cortos?

a) Se consiguen con generadores y tubos potentes.
b) Se consiguen con una rectificación óptima y tubos potentes.
c) Se consiguen con interruptores cronométricos exactos y una rectificación óptima.
d) Se consiguen con generadores y tubos potentes, una rectificación óptima e interruptores cronométricos exactos.

10. ¿Qué valores debe tener la densidad óptica de las zonas de la placa que son importantes para el diagnóstico?

a) Entre 0,5 y 1.
b) Entre 0,1 y 1,1.

c) Entre 0,5 y 2,2.
d) Entre 1,8 y 3,2.

11. ¿De qué no depende el oscurecimiento de la radiografía?

a) De la posición del paciente.
b) De la técnica radiográfica.
c) Del tamaño del paciente.
d) De la dosis de radiación.

12. ¿Qué criterios de calidad relativos a la imagen son adecuados en una proyección PA/AP de tórax tras el periodo neonatal?

a) La reproducción del tórax debe extenderse desde justo encima de los ápices pulmonares hasta D12/L1.
b) Reproducción del tórax sin rotación ni inclinación.
c) Son correctas a) y b).
d) Son incorrectas a) y b).

13. ¿Qué clase de sensibilidad nominal presentará el sistema de hoja refuerzo-película en una proyección PA/AP de tórax después del periodo neonatal?

a) 50 - 150.
b) 150 - 350.
c) 400 - 800.
d) 700 - 900.

14. ¿Qué debe valorarse en una proyección PA de tórax en niños mayores de un mes de vida (posneonatos)?

a) La visualización de tráquea.
b) La reproducción del tórax con ligera rotación.
c) La reproducción del tórax hasta L3 – L4.
d) La realización en espiración.

15. ¿Qué afirmación es incorrecta en una proyección lateral de tórax después del periodo neonatal?

a) Es una proyección habitual, como la PA de tórax.
b) Se realiza normalmente en bipedestación, pero puede hacerse también en decúbito supino.
c) La tráquea debe visualizarse desde los ápices pulmonares hasta los bronquios principales, inclusive.
d) Todo lo anterior es incorrecto.

16. La tensión radiográfica utilizada en la proyección lateral de tórax es:

a) 60 - 80 kV.
b) 60 - 100 kV.
c) 80 - 100 kV.
d) 80 - 150 kV.

17. En neonatos, la proyección AP de tórax:

a) Se realiza sin protección del abdomen con plomo.
b) La distancia foco-película es siempre de 100 cm.
c) No se utiliza rejilla antidifusora.
d) El tiempo de exposición es inferior a 20 ms.

18. En la proyección PA de cráneo:

a) Se deben visualizar primeras vértebras cervicales.
b) Se realiza en inspiración máxima.
c) Se visualizan los senos paranasales.
d) El tiempo de exposición es inferior a 20 ms.

19. ¿Qué proyección en niños es la de la imagen?

a) AP cráneo.
b) L cráneo.
c) Towne.
d) Panorámica.

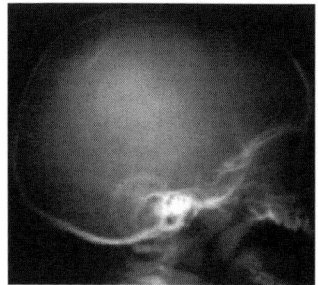

Imagen pregunta 19

20. ¿Qué kilovoltaje debe emplearse en una proyección lateral (L) de cráneo?

a) 50 - 60 kV.
b) 65 - 85 kV.
c) 90 - 100 kV.
d) 100 - 110 kV.

21. ¿Cuál de los criterios de calidad en un estudio de pelvis en proyección AP en niños mayores es incorrecto?

a) Reproducción de la esponjosa y la cortical de huesos pélvicos.
b) Visualización de los troquíteres acorde con la edad.

c) Reproducción simétrica de la pelvis.

d) Visualización del sacro y de sus orificios intervertebrales.

22. ¿De dónde a dónde deben abarcar los estudios radiográficos de seguimiento de raquis total en proyección PA en pacientes escolióticos?

a) Desde la C1 a las crestas ilíacas.

b) Desde la C7 a las crestas ilíacas.

c) Desde la C1 a la sínfisis púbica.

d) Desde la C7 a la sínfisis púbica.

23. ¿Qué tiempo de exposición se requiere en la proyección AP/PA de abdomen?

a) Menor a 10 ms.

b) Menor a 20 ms.

c) Menor a 50 ms.

d) Menor a 80 ms.

24. ¿En qué edad se recomienda en la infancia la preparación intestinal ante una proyección AP/PA del tracto urinario con contraste?

a) Niños menores de un mes de vida.

b) Niños mayores de un mes de vida.

c) Niños menores de un año.

d) Niños mayores de un año.

25. ¿Qué indica un APGAR de 10 a los diez minutos después de nacer?

a) Deprimido leve.

b) Deprimido moderado.

c) Deprimido grave.

d) No deprimido o normal.

26. ¿Qué patología de estas presenta el índice de resistencia (IR) aumentado por disminución del flujo cerebral, observado en una Eco Doppler?

a) Hidrocefalia.

b) Hematoma subdural.

c) Encefalopatía hipóxico-isquémica.

d) Edema cerebral.

27. ¿Cuál es el tumor más metastizante en la infancia?

a) Las leucemias.

b) Los sarcomas.

c) El neuroblastoma.

d) El tumor de Ewing.

28. ¿En qué zonas corporales a radiografiar se emplean frecuentemente los sacos de arena como método de inmovilización en la infancia?

a) Para inmovilizar cráneo.

b) Para inmovilizar extremidades.

c) Para inmovilizar tórax.

d) Para inmovilizar abdomen.

29. ¿Qué método de inmovilización es el de la imagen que se emplea en estudios radiográficos?

a) Los cabeceros.

b) El pigg-o-stat.

c) Los sacos de arena.

d) Las almohadillas.

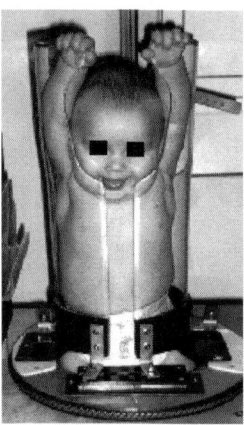

Imagen pregunta 29

30. ¿Cuál es el método de inmovilización más frecuente del paciente pediátrico en RM, esencialmente si la prueba dura mucho tiempo y este no es colaborador?

a) Las bandas fijadoras.

b) La sedación.

c) La teja.

d) La mordaza.

Solución al test n.º 50

1. b) De 4 a 6 veces.

2. b) 0,6 y 1,3.

3. b) Cuando se emplean técnicas de intensificación de imágenes.

4. b) Fibras de carbono.

5. d) 150 cm.

6. a) 10 %.

7. a) Un pequeño detector móvil para su uso tras un chasis sin plomo.

8. c) Deberá desconectarse el control automático del brillo.

9. d) Se consiguen con generadores y tubos potentes, una rectificación óptima e interruptores cronométricos exactos.

10. c) Entre 0,5 y 2,2.

11. a) De la posición del paciente.

12. c) Son correctas a) y b).

13. c) 400 - 800.

14. a) La visualización de tráquea.

15. a) Es una proyección habitual, como la PA de tórax.

16. a) 60 - 80 kV.

17. c) No se utiliza rejilla antidifusora.

18. c) Se visualizan los senos paranasales.

19. b) L cráneo.

20. b) 65 - 85 kV.

21. b) Visualización de los troquíteres acorde con la edad.

22. b) Desde la C7 a las crestas ilíacas.

23. b) Menor a 20 ms.

24. d) Niños mayores de un año.

25. d) No deprimido o normal.

26. c) Encefalopatía hipóxico-isquémica.

27. c) El neuroblastoma.

28. b) Para inmovilizar extremidades.

29. b) El pigg-o-stat.

30. b) La sedación.

Cómo acceder al Curso

Técnico/a Superior de Radiodiagnóstico
Test Materia Específica

El uso de los códigos **es exclusivo de los compradores de los productos de Editorial MAD**. Cada producto posee un código único y de un solo uso. Es personal e intransferible y da acceso a servicios y contenidos adicionales. Editorial MAD se reserva el derecho de hacer cuantas comprobaciones sean necesarias para identificar al legítimo poseedor del código y dejar de dar servicio a quien haga uso fraudulento del mismo, además de emprender cuantas acciones legales estime oportunas según la legislación vigente.

Deberás acceder a:

mad.es/registro-campus

Si una vez aceptadas las condiciones de uso del Campus decides hacer uso del mismo, necesitarás del siguiente código de acceso junto con los códigos del resto de títulos que se exigen (si fuera el caso):

629ARMT1VB